教育原理
与教学技术概论

主　编　◎　孟宪乐　王润强　曹雪菲

图书在版编目（CIP）数据

教育原理与教学技术概论/孟宪乐，王润强，曹雪菲主编．—北京：研究出版社，2022.12
ISBN 978-7-5199-1413-4

Ⅰ.①教… Ⅱ.①孟… ②王… ③曹… Ⅲ.①教育理论②教学技术 Ⅳ.①G40②G424

中国版本图书馆CIP数据核字（2022）第257999号

出 品 人：赵卜慧
出版统筹：丁　波
责任编辑：陈侠仁

教育原理与教学技术概论
JIAOYU YUANLI YU JIAOXUE JISHU GAILUN

孟宪乐　王润强　曹雪菲　主编

研究出版社 出版发行

（100006　北京市东城区灯市口大街100号华腾商务楼）

北京建宏印刷有限公司　新华书店经销

2022年12月第1版　2023年2月第1次印刷
开本：787毫米×1092毫米　1/16　印张：16.5
字数：420千字

ISBN 978-7-5199-1413-4　定价：80.00元
电话（010）64217619　64217612（发行中心）

版权所有·侵权必究
凡购买本社图书，如有印制质量问题，我社负责调换。

前 言

　　教育是指教育者有意识地通过若干方法、媒介等形式向被教育者传递信息，期望以此影响被教育者的精神世界或心理状态，帮助或阻碍被教育者获得某种（些）观念、素质、能力的社会活动。百年大计，教育为本。改革开放以来，我国经济飞速发展，社会生产力水平持续提高，对教育不断提出新的要求，随着科技、经济、社会的发展，教育在社会发展中的地位和作用在不断变化。同时，我国教育有了空前的发展，教育改革不断深入。教育实践呼唤着教育理论的指导。教育科学也有了很大的发展。但是，我们必须看到，教育理论还远远不适应教育改革的需要，我们还需要努力。一方面要继承和发扬我国优秀的教育传统，另一方面要吸收外国先进的理论和经验，但重要的是要深入我国的教育实际，总结我们自己的经验，形成有中国特色的社会主义教育理论体系。

　　21世纪是信息时代，各国教育面临机遇和挑战。计算机多媒体技术、虚拟技术和网络技术的迅速发展，必将引起教育方式、模式的改变，引发教育内容、教学策略、学校内涵、教师作用等方面的重大变革。现代教育技术将成为各国政府宏观思考本国教育体制，并从根本上改革的一个新视角。新时代的教师，不仅要掌握现代教育技术的基本理论，还要掌握现代教育技术应用于教育的过程和方法，这样才能立足于教育的制高点，处于不败之地。

　　本书的内容分为两大部分。第一部分主要讲述关于教育的基础理论，使读者全面地掌握教育的基础理论知识。第二部分详细介绍教育技术，使读者在信息时代的背景下了解先进的课堂教育技术。

　　本书的编写具有诸多特点。第一，具有完整的理论体系。教育学是研究教育现象、教育问题，揭示教育规律的一门社会科学，有自身的研究内容、研究方法、研究范畴，是一个内容体系完备的学科。第二，贴近学生的实际需要。本书内容丰富，深入浅出，既能帮助学生掌握教育教学理论，又能通过教育案例来培养学生解决教育问题的能力，从而形成教育观念。第三，突出新颖性。结合当前信息化发展的趋势和教学的实际情况，努力体现时代感，并把当前的现代教育技术和信息化教育的最新理论、技术、方法和模式融入本书。第四，注重理论与实践的紧密结合。遵循"以理论分析为基础，以实践应用为目的，理论与实践并重"的编写原则，将知识与实践能力融为一体，体现了学以致用的理念。

在编写的过程中，参考了一些专家学者的相关著作。在此，谨向所引文献的作者致以诚挚的谢意！由于编者水平有限，书中不足之处在所难免，恳请广大读者、专家批评指正。

编 者

2022 年 7 月

目 录

第一章 教育学概述 … 1
第一节 教育的概念及其起源与发展 … 1
第二节 教育学的研究对象、任务与方法 … 5
第三节 教育学的产生与发展 … 14

第二章 教育的本质与目的 … 23
第一节 教育的本质 … 23
第二节 教育的目的 … 26

第三章 教育的制度与结构 … 38
第一节 教育的制度 … 38
第二节 教育的结构 … 45

第四章 教师与学生 … 48
第一节 教师 … 48
第二节 学生 … 61
第三节 教学中的师生关系 … 63

第五章 课程与课堂教学 … 66
第一节 课程 … 66
第二节 课堂教学 … 74

第六章 班级管理 … 83
第一节 班级组织 … 83
第二节 班级的管理工作 … 86
第三节 班集体的建设和培养 … 96

第七章　当代的高等教育改革 ·· 101
第一节　高等教育改革概述 ·· 101
第二节　当代中国高等教育改革 ······································ 104

第八章　教育技术概述 ·· 111
第一节　教育技术的内涵与应用 ······································ 111
第二节　现代教育技术的特点和作用 ·································· 116
第三节　现代教育技术的发展趋势 ···································· 122

第九章　教育技术理论基础 ·· 124
第一节　现代学习理论 ·· 124
第二节　现代教学理论 ·· 129
第三节　传播理论 ·· 133
第四节　系统科学理论 ·· 140

第十章　信息技术教学模式 ·· 146
第一节　信息化教学模式概述 ·· 146
第二节　讲授型教学模式 ·· 151
第三节　探究型教学模式 ·· 154
第四节　合作学习 ·· 156

第十一章　信息技术教学原则与教学方法 ································ 162
第一节　信息技术教学原则 ·· 162
第二节　信息技术教学方法 ·· 168

第十二章　现代教学媒体与教学环境 ···································· 186
第一节　现代教学媒体 ·· 186
第二节　现代教学环境 ·· 191

第十三章　多媒体信息技术 ·· 201
第一节　图形与图像技术——Adobe Photoshop 软件的应用 ·············· 201
第二节　音频技术——Adobe Audition 软件的应用 ···················· 206
第三节　数字视频技术——会声会影软件的应用 ························ 211

第十四章　数字化教学资源 ·· 218
第一节　数字化教学资源概述 ·· 218
第二节　多媒体课件 ·· 226

第三节　网络课程…………………………………………………………… 231

第十五章　信息化教学设计与评价 …………………………………………… 236
　　第一节　信息化教学设计…………………………………………………… 236
　　第二节　信息化教学评价…………………………………………………… 243

参考文献 ………………………………………………………………………… 253

第一章 教育学概述

第一节 教育的概念及其起源与发展

一、教育的概念

教育的概念可以从广义和狭义两个角度进行探究。

（一）广义的教育

广义的教育是指有意识地以人的身心为直接对象、以影响人的身心发展为首要和直接目的的社会活动。教育属于人类社会实践活动，教育活动的本质、独特性与其他社会活动的区别在于：教育活动的直接对象是人和人的身心各个方面，不仅注重人的身心健康方面，还注重人的智慧、创造力、品德这些本质方面。而物质生产、精神生产以物质、精神为活动对象，医疗主要指向人的身心疾病；教育活动的主要目的或本质独特能力是影响人的身心发展。其他各种社会活动也会对人的身心发展产生影响，具有教育上的意义和作用，但这种影响和作用可能是无意识的、次要的、附带的、派生的，既可能是积极的影响和作用，也可能是消极的影响和作用。广义的教育包括零碎的和系统的、无组织的和有组织的各种形式，具体而言，有家庭教育、社会教育、学校教育等。

（二）狭义的教育

狭义的教育是指学校教育，即由专业人员承担的，在专门机构中有目的、有计划、有组织地进行的，以促进学生的身心发展为首要和直接目的的教育活动。它是人类社会发展到一定历史阶段的产物，是教育的一种主要形式。学校教育的主要特点如下。

1. 专门化和制度化

专门化体现在具有专门的机构、专门的教职人员和学生；制度化则体现在各级各类学校之间的关系、学校内部各部门之间的关系、各类课程之间的关系上，这些关系都有一定的制度规定和约束。

2. 组织性和系统性

学校教育对学生的身心施加影响，对学生的培养有具体的目标、明确的计划、周密的组织，是井然有序地、系统地进行的。

3. 以教学为主要教育活动

教学是具有严密组织形式的、以传授与学习系统知识为核心的、统一的师生双边活动，它是学校培养人的基本途径，是学校教育的主要形式。也就是说，学校主要以传授人类积累的基本经验为基础和手段，影响学生的身心变化发展。没有教学活动，就不能称为学校（充其量只能称为其他教育机构）。

教育是社会整体活动的一个部分，学校教育是整体教育中的一个部分。部分从属于整体，部分只有在与整体的其他各部分有机相连时，才能发挥其独特的作用。受教育者的发展不仅是学校专职机构的事，而且是全社会的事、受教育者自己的事。因此，教育绝不能忽视或离开其他社会活动，学校教育也应该密切关注与家庭教育、社会教育，以及受教育者自我教育的有机联系。只有相互配合、协调一致，才能全面、准确地实现整个教育在时空上的紧密衔接，保证整个教育方向上的一致，实现各种教育之间的功能互补，从而有效解决教育、人的发展问题。

二、教育的起源与发展

（一）教育的起源

任何事物都有其产生、发展的过程，教育也不例外，它有自己的起源、发展和未来。长久以来，教育的起源都是人们研究的重点，至今人们已经提出了各种不同的理论观点。

1. 生物起源论

生物起源论的代表人物有利托尔诺、沛西·能等。利托尔诺是法国哲学家和社会学家，19世纪末，他在《各人种的教育演化》一书中认为教育这种现象是超出人类社会范围并在人类出现之前产生的，教育起源于动物界，起源于动物的生物本能。动物为了保存自己的种群，将自己对环境的适应能力传递给幼小的动物，从而导致生理成熟，产生自发的本能行为。英国的教育家沛西·能在其《教育原理》一书中也认为教育是一个生物学的过程，是扎根于本能的不可避免的行为，生物的冲动是教育的主流。他们共同的观点即认为教育是一种自然现象、生物现象。但我们认为，教育是人类独有的一种社会实践活动，动物界不存在教育。一方面动物传递、遗传的内容是生物经验、本能；另一方面动物没有复杂的语言，同类中个体后天习得的经验，几乎不可能相互传递、交流，随个体死亡而消逝，有限的后天习得行为只能是在个体自身经验的基础上形成。这种学说忽视了人的社会性与主观能动性，忽视了人与动物的本质区别，因而在理论上存在着缺陷和偏颇，是不完善的。

2. 心理起源论

心理起源论的主要代表人物是美国著名教育史学家孟禄。他在1918年出版的《教育史课本》一书中提出原始教育就是儿童对成年一代的无意识的模仿，同时这也是教育的本质，因此他认为教育起源于"儿童对成人的模仿"。孟禄认为利托尔诺等人对于教育起源的认识没有揭示人的心理和动物心理的本质区别，并从心理学角度对其进行了批判。这种观点有其合理的一面，不能否认教育中存在着模仿的因素，但把全部教育归根于模仿显得过于简单化，没有认识到人的学习是一种有意识的能动活动,教育是一种有目的有意识的活动,所以这种观点也是不成立的。

3. 劳动起源论

在20世纪30年代,学者米丁斯基及凯洛夫等借鉴恩格斯"劳动创造了人"的说法,引申推导出了教育起源于"人类的劳动"。他们认为,教育从人类生产生活资料和生产资料的时候就已经开始,同时认为教育是人类特有的一种有意识、有目的的社会活动。马克思主义认为教育起源于人类社会的物质生产劳动,起源于劳动过程中传递、学习劳动经验和社会规范的实际需要。在生产劳动过程中,人一方面与自然界发生关系,与自然界进行物质交换,个体必须掌握制造和使用劳动工具的知识技能,以适应生产力的发展,维持生存;另一方面人与人之间通过交往结成一定的人际关系,形成一定的社会。每个人不是孤立的个体,而是生活在一定的社会关系中。社会人的行为不能单凭本能、个人需要、欲望支配,必须遵循一定的行为规范,以调节关系、维护秩序、保证个体和共同体的存在。传承劳动经验和社会规范,满足个体、人类生存需要是教育产生的最根本的必然性。人有发达的大脑思维和意识,能理解自己的所作所为,能审视自己的经验;人有语言,个体头脑中的经验能相互传递、交流,人与人之间的互动能进一步促进人的语言能力和思维能力的发展。人所特有的意识和语言是教育产生的可能与条件。

4. 交往起源论

交往起源论的代表人物是华东师范大学的叶澜教授,她在其著作《教育概论》一书中提出,从形态的角度看,可以认为教育不是起源于生产劳动,而是起源于人类的交往活动。人类在交往时总是包含一定的内容,交往总是由双方组成,各种各样的教育其实就是起源于人与人之间的交往。就像原始社会中人与人之间的交往,其实也已具备了教育所必需的基本要素。但要注意交往不一定产生教育,只有当交往双方相对特殊化,并以传递经验、影响人的身心为直接目的时,交往才会转化为教育。因此,叶澜教授认为,"交往"与"教育"是一般与特殊的关系,教育是人类交往的一种特殊形式。这一观点指出了教育是人与人之间的一种特殊交往活动,它不同于劳动中的交往,它是非物质性的交往,是一种具有生存意义的教育性、创造性的交往。我们现在的教育高度重视师生、生生互动,这与教育的交往起源论是有联系的。

(二)教育的发展

可以将教育的历史发展分为两大时期:一是古代教育,包括原始社会、奴隶社会和封建社会的教育;二是现代教育,包括资本主义社会的教育和社会主义社会的教育。

1. 古代教育的特点

(1)原始的教育

原始的教育主要是在社会生产和生活的过程中进行的,在原始社会里,由于生产力水平很低,教育还没有从社会生活中分化成为专门的事业,没有专门的教育机构和专职教育人员,而是在社会生产和生活的过程中进行的。这种教育,我们称为原始的教育。需要注意,原始的教育方式并不局限于原始社会,奴隶社会和封建社会虽然有了学校教育这种新的教育形式,但那是极少数人的事情，绝大多数人仍然是在社会生产和生活的过程中进行教育的，这是古代教育的基本方式。

(2) 古代学校的出现和发展

在奴隶社会里，出现了专门从事教育工作的教师，产生了学校教育，使教育从社会生活中分化出来，成为独立的形态。学校的出现意味着人类正规教育制度的诞生，是人类教育文明发展的一个质的飞跃。西方古代学校有一些共同特征：以文法学校、修辞学校等古典学校为主；学校一方面是培养古代统治阶级所需要的人才，如官吏、骑士等，另一方面是对广大劳动人民进行道德或政治的教化；课程内容主要是一些古典学科；教学方法强调严格的纪律和严酷的体罚；教学组织形式以个别化教学为主，没有严格的班级及学年区分；师生关系反映了农业社会的阶级关系、等级关系；劳动人民基本上被排斥在教育体系之外，在日常生活和生产中接受一些朴素的教育，有的也通过师徒制的形式接受一些民间专门技术的教育。

(3) 教育阶级性的出现和强化

原始社会没有阶级，因而原始社会的教育是没有阶级性的。到了奴隶社会，学校教育被奴隶主阶级所独占，所有的学校都是奴隶主阶级用来培养贵族子弟的场所。因此，从学校产生之日起，教育便具有了阶级性，成为统治阶级统治人民的工具。在封建社会，教育的阶级性得到了进一步的强化。

(4) 学校教育与生产劳动相脱离

奴隶社会中体力劳动与脑力劳动分离与对立的状况反映在教育上就表现为学校教育与生产劳动的脱离。奴隶被剥夺了上学的权利，而他们正是当时社会的直接生产者，能进学校的是与直接生产无关的统治阶级的子女。奴隶主并不关心生产，他们要生活得更好，不是靠改进生产，而是靠占有更多的奴隶。这就决定了为奴隶主阶级服务的学校教育与生产劳动不仅相脱离，而且极端鄙视生产劳动。体力劳动与脑力劳动的分离与对立，从历史的观点看是不可避免的，它在促进社会生产力和文化教育事业的发展方面都起过积极作用。奴隶社会的学校是这一传统的起点，封建社会的学校进一步强化了这一传统。随着社会生产和文化的发展，这一传统越来越成为限制社会生产与技术发展、限制教育发展与人的发展的消极因素。

2. 现代教育的特点

(1) 学校教育逐步普及

19世纪中叶以后，各个国家通过了有关普及义务教育的法律，这些法律大都具有强制性。正是这些强制性法律的实施，使得一些国家在19世纪末20世纪初普及了初等教育。20世纪，发达国家在二战后完成了中等教育的普及，并实现了高等教育大众化；发展中国家由教育的极端落后向普及教育迈进，并取得了巨大的成绩。

(2) 教育的公共性日益突出

资本主义社会初期，教育的阶级性比较明显，主要为新兴的资产阶级服务，不反映或很少反映广大劳动人民的利益和愿望。但是，随着大工业生产的发展，随着工人阶级和其他劳动人民对教育权的争取，随着现代社会管理方式的变化，教育的阶级性越来越不合时宜，越来越受到来自统治阶级和被统治阶级两方面的批判。在此情形下，教育逐渐成为社会的公共事业，成为社会的公共话题，也成为政治家们优先考虑的社会问题。

(3) 教育的生产性不断增强

在现代社会，随着机器大工业生产的发展和科学技术的进步，从事生产的劳动者需要有一定的科学知识和技术。这就决定了现代社会的学校教育，在教育目的上既要培养统治和管理人才，又要培养大量的劳动者；在教学内容上增加科学技术教育的分量，提高科学技术教育的地位，使之成为现代教育的中心；在教学方法上，要采用与教学内容相适应的演示实验、实习等方法。这样，学校教育日益与生产劳动相结合。现代教育与生产劳动的逐步结合，促使现代教育成为劳动力再生产的重要手段，也成为科学知识再生产和发展科学技术的重要手段，对提高社会生产效率和增加社会财富起着重要作用。因此，现代教育具有明显的生产性。

(4) 教育制度逐步完善

现代教育兴起以后，特别是在公共教育制度形成以后，随着学校大量增加，需要确定一定的规范作为衡量学校工作的尺度，并在学校职能健全以后解决上下级别学校的衔接、不同类型学校的分工及办学权限之类的问题。于是，学校制度、课程设置、考试制度等措施应运而生，促使现代教育向制度化的方向发展。现代教育的早期，以班级教学代替个别教学，出现了"制度化教育"的端倪；教育系统的形成、教育事业的普及，推动了"制度化教育"的进程；教育研究和教育改革的进展、教育经验的积累，使"制度化教育"趋于成熟。

第二节 教育学的研究对象、任务与方法

一、教育学的研究对象

每门学科都有自己的研究对象和特定的研究内容，正是因为其研究对象的特殊性而与其他学科区别开来成为一门特定的学科。教育学的研究对象有以下四个。

(一) 教育规律

20世纪50年代初期，受凯洛夫《教育学》的影响，我国教育学界普遍认为教育学就是研究教育规律的科学。但随着教育学学科的不断发展，这种观点受到了越来越多的质疑。因为规律是客观事物间的必然联系，教育规律是教育内部诸因素间及教育与其他事物之间的必然联系，它是客观的，不以人的意志为转移，所以，它应是教育研究追求的结果，而不是研究的对象。随着后现代哲学的兴起，学者们开始重新审视教育理论的客观性、普适性、真理性、权威性和超越性。其间，教育话语的具体性、当下性、主观性、价值性得到了尊重。目前，教育界研究的教育问题和教育现象仅仅是表面的东西，是一种手段，其目的在于揭示教育规律。教育规律就是教育活动中不以人的主观意志为转移的内在的、本质的、必然的联系及其发展趋势。比如，无论何种形态的教育都受当时生产力发展水平及政治经济制度的制约。又如，所有的教育都受到受教育者身心发展水平的制约。再如，教和学之间、传授知识和发展智力之间都存在着内在的、本质的联系。这些都是教育过程中的普遍规律。

准确把握教育学的研究对象，还要辨析两个问题。一是教育学不等同于教育方针、政策汇编。教育学是通过研究教育现象和教育问题揭示教育规律的科学，而规律是不以人的意志为转移的，人们只能认识和利用它，却不能创造和制定它。教育方针、政策是由人们制定出来的，

具有主观性。如果它的制定反映了教育客观规律的要求，那它就是正确的；如果它的制定违背了教育客观规律的要求，那它就是错误的。二是教育学也不等同于教育经验汇编。教育经验和教育实践是教育理论的真正源泉，也是教育学发展的源泉。离开了教育经验的总结研究，教育学也就无从发展，但决不能把教育学搞成教育经验的汇编。教育经验只是教育实践表面的、局部的、个别的反映，带有一定的偶然性，有的甚至可能是片面的甚至错误的反映，不能准确地揭示教育的规律。如果我们把教育学等同于教育经验汇编，满足于教育经验的介绍和总结，那就会否定教育学的科学性，使其失去原有的地位和作用。

（二）教育事实

现代意义上的教育学是在近代自然科学的催生下产生的。因此，在成立之初，教育学就追求科学化和确定性。许多人认为，能否揭示隐藏在教育现象或教育事实背后的所谓客观的教育规律，是教育学能否科学化的关键。但近些年一些学者对此也提出了质疑，理由在于，"科学"教育学把教育事实等同于自然事实，过分注重教育学所谓的科学色彩，把教育学的基础建立在严格确证的经验事实上，试图用自然科学的方法来研究教育现象，处理教育问题。这就使教育本应具有的人文属性和教育学据以成长的实践性，表现出"去生活化"的倾向；忽视了研究者的价值取向和生命体验，影响了对人文学科研究成果的吸收；无法澄清应然与实然、理论与现实的矛盾，导致教育理论与实践的脱离。

（三）教育问题

我国学者孙喜亭在《教育学研究问题概述》中说："教育学的对象应是以教育事实为基础的教育中的一般问题。教育学是研究教育中一般性问题的科学。"教育的科学研究，看起来像是从观察教育事实开始的，其实是从对"教育问题"的关注开始的，是出于对教育目的如何、教育手段如何、教育手段与教育目的的关系如何、教育效果如何之类教育问题的关注，并力图检验有关这类问题的原有假设。张斌贤、劳凯声、郑金洲三人进一步明确了教育学研究的"问题取向"，认为教育学研究的主要目的不是学科的知识积累或学科体系的完善，也不是建立新的学科，而是为增进、更新、深化和拓展对特定问题的认识，从而有助于人们对该问题的了解、评价，并有助于对该问题的解决。这里的"问题"含义是多重的，包括通常所说的存在的不足、困难，也包括引起认识主体疑惑、疑虑的种种现象。"问题"的层次也是多重的，可以是重大的教育理论和实际问题，也可以是中观、微观层次和具体的问题。以"问题"为研究对象，所遵循的应当是问题本身的逻辑。

教育问题是在教育现象的基础上被提出来的。只有当这种客体（教育事实）被人议论、评说，被当作一个个的教育问题提出来时，这才是教育学研究的发端，这时教育事实才构成了教育学研究对象。教育问题一般都是教育领域的重点、难点和热点，也是教育领域中最常见的问题，如"教育是什么""教育和人的关系是什么""教育和社会的关系是什么""教育培养什么样的人""教育为谁培养人""教育通过哪些内容，采取哪些形式去培养人"等。

（四）教育现象

教育现象就是教育活动的外在表现形式，凡是一切培养人的活动都属于广义的教育活动，凡是一切培养人的活动的外在表现形式，都可称为教育现象。不少教育学教材把教育学的研究对象表述为研究教育现象，揭示教育规律。但近些年来一些学者对此提出了质疑，理由主要有以下两点。第一，只有独特的教育视角，没有独立的教育现象。现象是客观存在的事实，教育现象是用"教育"这个概念限定的一个现象领域。人类社会中，人的行为时刻都在发生，对于某一种行为，从不同的角度加以观察、界定，它就构成了不同的现象领域。一种现象很可能不独为教育学所有，当人们从不同的角度去研究它时，它就走进了不同的学科领域。第二，教育现象过于繁杂，一门学科不可能包罗所有的教育现象，只有当那些事实日渐明显突出，引起了人们的注意，使人们对它产生了研究兴趣并且提出了一系列问题时，它才成为教育学科的研究对象。

由上述可知，关于教育学的研究对象，研究者们各执一词，至今没有公认的定义。但多数学者认为，教育学的研究对象是"研究教育现象和教育问题，揭示教育规律"。教育现象内容复杂、形式多样。从横向来看，教育的主要形式包括学校教育、家庭教育和社会教育。学校教育指在各级各类学校所受的正规教育，家庭教育通常是指年长者对年青一代进行的教育，社会教育指学校和家庭以外的社会教育机构所实施的教育。从纵向来看，教育的主要形式包括原始教育、古代教育、近代教育、现代教育等。

二、教育学的研究任务

根据教育学的一般定义，教育学的研究任务在于依照教育的逻辑层次，揭示教育的各种规律，并在揭示教育规律的基础上，阐明教育工作的原理、原则、方式、方法和组织形式等问题，为教育工作者提供理论和方法上的依据。

（一）揭示教育规律

1. 教育规律及其特殊性

规律是事物内部或事物之间内在的、必然的和稳定的本质联系，它是不以人的意志为转移的客观存在，具有不可避免的必然性，在相同条件下具有可重复性与有效性。综合国内外学术界的研究，可以认为，教育规律就是教育系统在其运行发展过程中内部诸要素之间、教育系统与其外部环境（物质的、精神的、社会的）之间的一种本质或必然的联系。理解教育规律的必然性，不仅涉及教育规律存在的问题，而且涉及理解教育规律的特殊性问题。社会规律与自然规律是有区别的。社会规律是与人的活动联系在一起的，是和人与人的关系联系在一起的，是和人的需要、价值、目的联系在一起的。相对于自然规律，它有一定的弹性。所谓必然联系，也绝非一种简单的、线性的因果必然联系。因此，教育规律不像自然规律那样具有刚性，而是具有一定的柔性。这也是教育活动具有一定的灵活性和艺术性的根本原因和依据。

2. 教育规律的内容

对于教育规律的内容人们有不同的理解，有的将教育规律系统划分为教育结构规律、教育功能规律和教育发展规律三个子系统；有的提出要从矛盾意义、概率意义和混沌意义来揭示教育规律。学术界对贯穿于教育活动的基本矛盾和基本规律基本上达成了共识：教育与社会发展之间的矛盾或规律（关系），即教育要适应和促进社会发展的规律；教育与人的身心发展之间的矛盾或规律（关系），即教育要适应和促进人的身心发展的规律。这被认为是教育活动的两个最基本规律，教育其他方面的各种矛盾或规律（关系）都是由此派生出来的，最终又复归于这两个基本规律之中。

（二）构建教育学的理论体系

学科的理论体系是事物发展过程在理性思维中的再现。要完成教育理论体系的建构，首先要找出教育学的逻辑起点，其次沿着逻辑的进程，将各范畴之间复杂的联系形成一个概念、逻辑的体系，最后达到逻辑终点。教育学的任务，就是要研究教育的基本范畴，建立一门科学化的教育学。逻辑起点是科学体系的起始范畴，它决定了教育学体系的性质，制约着教育学体系的展开。教育学逻辑起点，探讨的是以什么样的假设作为理论构建与实践操作的前提。从已有的研究来看，关于教育学逻辑起点主要有以下四种观点。

1. 知识论起点观

知识论起点观强调教育的目的在于培育人的理性能力，求知是理性能力的最高表现。教育学理论体系的建构以培养知识为目的，以知识的传递与学习为基础。从苏格拉底、柏拉图到亚里士多德，都把理性知识的获得作为教育的重要出发点，在漫长的中世纪，知识为信仰所取代，知识在教育中逐渐处于次要地位。直到近代科学创造出前所未有的人类奇迹，知识又重新处于教育的统治地位。从培根、赫尔巴特到斯宾塞，科学知识教育成为教育的主要载体。当代社会，知识经济成为影响现代社会发展的关键性力量，培养具有知识的人成为现代教育追求的目标。

2. 道德论起点观

道德论起点观认为，道德性是人性的本质，教育应以人的道德本性为基础，把培养有道德的人作为教育的目标和理想。教育实践从本质上是一种道德实践，教育过程与道德修养过程是完全一致的，把教育工作视为人类一项杰出的道德事业。我国古代教育从本质上说，就是一种道德教育。空想理论家欧文、自然主义者卢梭一生都矢志于通过教育改善人的道德。

3. 力量论起点观

力量论起点观的代表是一批生命论哲学家。他们认为力量就是生命意志，是生命克服一切阻力、保存自我、努力向上的一种动力。这种动力是先于人的一切存在的本质。在力量论的逻辑起点观看来，无论是从人的理性本质出发，还是从人的道德本质出发，都不能促进人性的自由发展。因为理性与道德只有在生命的自我确认中，才能成为一种"为我"的存在、从而获得丰富的人性意义。

4. 生命论起点观

生命论起点观强调生命的整体性与生成性，其主要包括以下内容。

（1）生存的教育，追求生命的体验。生存教育的本质是培养每一个人坚强的意志品质和顽强的民族精神。教育应该体现出强烈的个人生存意识的培养，强调一种个人精神、集体精神、民族精神的形成，要教育儿童感受生活、学习生活；要从精神上领悟生命的真谛，学会自我放逐，体验在艰苦恶劣的环境中生存的乐趣。

（2）爱的教育，追求生命的活力。爱是生命的推动力，是生命行动的力量，是创造力的源泉。教育追求爱的理想。以爱为教育的重要价值，是教育表达生命之力的基本方式。教育要提供爱的机会，肯定爱的价值，使学生在感受爱的过程中，学会创造爱、给予爱，最终获得一种爱的能力。

（3）信仰的教育，追求生命的力量。意志与信仰是生命之"力"的核心，也是生命之"力"的升华。意志寻求生命的理性之根，并对感性生命进行理性规范。信仰是人内心深处对终极真理的无限追求和对生命价值的永恒确信。教育过程中的信仰陶冶，不仅依赖于引导学生发现生活中丰富的精神资源，还要让学生在生活的创造、追求、尝试和冒险中建立自己内心的信念。

（4）智慧的教育，追求生命的境界。智慧是生命发展及反思的理性力量，生命在智慧中获得灵魂和力量，有了智慧，人才能怀疑和批判，才能把握真实的自我，才能向世界无限开放。智慧不能在知识传递中实现，智慧需要超越既定的知识边界，进行永无止境的追问与探索才能获得。智慧的教育只能在启迪和批判中进行，只能通过与世界的对话和交往产生。智慧的教育力求避免把教育与知识灌输及智力训练相混淆，在智慧教育中，知识教育不是单纯的传递和灌输，也不是严格的智力训练，而是把知识视为精神愉悦的内容。教育目的不再是既定的知识体系，而是对有限知识的无穷追问与怀疑，在知识的学习中实现从"知性"到"智慧"的飞跃。

（三）为教育实践提供理论和方法的指导

教育学的任务在于揭示教育规律，并以此来指导教育实践。教育政策是根据一定的需要制定的，是政治意志的体现。正确的教育方针政策是符合教育规律的，但不能代替教育规律。人们只能认识教育规律，而不能制造教育规律。教育学虽然也要阐明一些教育方针、政策的问题，但教育方针、政策不是教育学研究的主要对象和最终依据。如果把阐发、论证教育的方针、政策作为教育学的主要任务，就会忽视对教育自身特点和规律的探讨，最终导致按主观意志随心所欲办教育的错误。

教育经验汇编多为教育实践经验的汇集，只是表面的、局部的、个别的具体经验，尚未揭示出教育的普遍性和规律性。当然，教育学不能离开教育的实践经验，经验之中有规律，规律也往往蕴含在经验中，因而应当重视教育经验，将教育的实践经验提高到理论高度，从教育经验中总结出教育规律，以丰富和发展教育学。教育学理论与教育实践之间的相关性是有层次的，不能要求任何教育理论都必须进入应用研究的层次，对一系列操作问题作出具体明确的回答。如果达不到直接应用的水平，就指责教育学研究脱离实际，指责教育学研究没有为教育实践提供理论和方法的指导，是不妥的。因为这样的要求实质上否定了学科基本理论研究存在的必要性。基本理论研究对实践的作用形式可能是间接的，但它更具有总体性、根本性、动力性、透析性和方向性，它通过对人们的观念、思想方法带来的冲击性影响，促进他们在自己的实践中进行新的创造来发挥其作用。不区分教育学理论的层级性，简单要求无论什么理论都要直接带来对实践的可操作性效应的观点，至少是对理论与实践关系简单化理解的产物，是一种误解，也是一种误区。

三、教育学的研究方法

研究教育学的方法包括历史唯物主义方法和唯物辩证认识论方法。除此以外，在研究过程中，还包括观察、实验、调查、研究文献的方法，理性思维中抽象的方法、逻辑的方法、数学的方法，现代科学方法中控制论、信息论、系统论的方法，建立理论体系中的历史与逻辑统一的方法，抽象上升到具体的方法，科学论证的方法等。现介绍七种探索教育规律的一般常用方法。

（一）教育文献法

教育文献法是一种既古老又富有生命力的科学研究方法。无论哪一种社会活动，想要留下永久的痕迹，都离不开各种文献。因此，文献法也称历史文献法，就是收集、分析和研究各种现存的有关文献资料，从中选取信息，以达到某种调查研究目的的方法。它所要解决的是如何在浩如烟海的文献中选取适用于课题的资料，并对这些资料作出恰当的分析和使用。教育文献法就是通过阅读与教育相关的文件、资料、图书、作业、作品、试卷等，全面而准确地掌握所要研究的情况。

教育文献法要求的材料，最好是第一手原始材料。如果是间接材料，首先要鉴别其真伪及是否准确。文献法的实际操作步骤为：

（1）收集一切可以收集的文献，并从中选择出重要的和确实可用的材料；

（2）详细阅读有关文献，认真审阅，并作摘录、分类；

（3）分析研究材料、提出研究意见，确立大纲；

（4）写出研究报告。

千百年来，丰富的教育文献资料积累了无数有关的教育事实、数据、理论、方法以及科学假设和幻想，成为人类宝贵的精神财富。

（二）教育观察法

1. 教育观察法的含义、特点和功能

（1）教育观察法的含义：研究者在比较自然的条件下，通过感官或借助于一定的科学仪器，在特定空间内进行有目的、有计划的考察并描述教育现象的方法。

（2）教育观察法的主要特点：第一，目的明确。观察是根据研究课题的需要，为解决某个问题而主动进行的，目的在于获得直接的经验事实素材。第二，真实自然。观察是在观察对象不加干预控制的自然状态下进行的，从而使研究者能够考究被观察者在教育教学活动和日常生活中的自然的、真实的、典型的以及一般的心理与行为表现。第三，直接翔实。观察者和对象共处一体，在发生教育现象及采取某措施而发生现象时，研究者能够直接地、准确地了解并获得真实、生动、翔实的资料。

（3）教育观察法的功能：第一，可以了解学生的学习、生活、娱乐等方面的情况，以进一步探寻学生学习、成长过程中的规律，深入研究教育现象、教育规律，改进教育工作；第二，可以了解教师的教育、教学活动，帮助我们系统地观察教师在课堂教学中的活动情况，从而探讨与教师教学活动有关的规律；第三，可以了解学生与教师的关系，研究教育者与被教育者之间的相互影响，促进学生更好地发展；第四，可以了解学生与教师的群体氛围，揭示各项教育因素的作用，使教育过程得到更好的调控，从而产生更好的教育效果；第五，可以了解其他教育影响的作用，如内外环境、教学手段、教材等方面的情况。

2. 教育观察法的分类

（1）自然观察法和实验观察法

自然观察法是在自然状态下，即事件自然发生而对观察环境不加改变和控制的状态下进行的观察。

实验观察法是在人工控制的环境中进行的系统观察，具有明确的观察目的和周密的实施计划。对观察对象的行为表现作精确的观测，对被观察者的行为的一个或一个以上的影响因素（自变量）进行控制，并观察这种控制对被观察者的行为表现（因变量）的影响，从而发现这些影响因素与被观察者的行为表现之间的关系。

（2）直接观察法和间接观察法

直接观察是直接通过观测者的感官考察被研究者的活动，获取具体而初始的第一手材料的方法。

间接观察是观察者借助一定的仪器、设备考察研究对象活动的方法。

（3）参与式观察法与非参与式观察法

参与式观察法是研究人员参与到观察对象的活动之中，通过与观察对象共同进行的活动从内部进行观察。

非参与式观察法是研究者不参与被观察者的任何活动，完全以局外人的身份进行观察的方法。

所有的参与观察研究都介于"参与者的观察"与"观察者的参与"之间。

（4）全结构观察法和非结构观察法

全结构观察法是在观察前有详细的观察计划、明确的观察指标体系，观察时严格按计划进行，能对整个观察过程进行系统、有效的控制和完整、全面的记录。

非结构观察法是研究者只有总的观察目的和要求，或只有一个大致的观察范围和内容，没有详细的观察计划和观察指标体系。

（5）时间取样观察法和事件取样观察法

时间取样观察法是在选定的一定时间内进行观察，对观察对象在这一时间段内或这一时刻发生的各种各样的行为表现和事件做全面观察记录。

事件取样观察法是对某种研究目的有关的、预先确定了的、有代表性的行为或现象以及背景、起因、经过、结果、持续时间等方面进行的观察和记录。

（三）教育实验法

教育实验法是在人工控制教育现象的情况下，有目的、有计划地观察教育现象的变化和结果的一种方法。它能使观察、研究更精密，便于弄清每一个条件下所产生的影响，保证研究工作的准确进行。

实验法分为自然实验法和实验室实验法。教育研究多采用自然实验法。自然实验法是在正常情况下进行的，以取得更加准确的材料和数据。没有教育实验，严格来说，就没有真正的教育科学。实验法一般可以分为单组法、等组法和循环法三种。

单组法，就是在一组或一个班中进行实验，研究施加某一实验因子之后，再与施加之前或施加另一实验因子之后比较，效果上有何不同。

等组法，就是将各方面基本相同的两个班或组，分别施以不同的实验因子，再来比较其效果，作出肯定或否定的评价。

循环法，是把各个不同的实验因子，按照预定的排列顺序，分别施加在不同的班或组中，然后把每个因子的几次效果加在一起进行比较，得出结论。进行实验要事先拟订好实验计划，选好实验对象，确定实验方式，想好实验手段，认真做好实验记录，处理好实验结果，最后，得出实验结论。必要时可进行反复实验，以验证结论的可靠程度。

（四）比较法

比较法是教育研究中常用到的一种方法。比较研究不仅是研究各国教育的基本方法，而且是研究我们一个国家、一个地区、一个学校、一个课题的重要方法。研究教育上诸问题，应寻找出比较与被比较对象之间的差异，以便我们获得新认识。有比较才有鉴别，只有通过比较，才能认识事物的异同，才能把握事物的本质。比较的根本要求是同质相比，而在同一教育问题上由两个或两个以上的单位进行比较，进行比较的材料必须是同类范围的，采用的标准、处理的方法必须都是统一的，否则就没有可比性。

比较研究，可分为横向比较和纵向比较。横向比较即在同时代的不同国度、民族、地区、学校等之间在某一课题上的比较。纵向比较即同一国家、民族、地区、学校等在某一课题上现在与过去的比较。横向比较做得正确，有助于我们大开眼界，全面认识自己研究的课题；纵向比较做得正确，有助于我们从历史经历中探索自己研究课题的变化线索和规律。事实上，在研究工作中，横向比较与纵向比较总是相辅相成的。任何较重要的课题，既要从静的方面进行横向比较，又要从动的状态进行纵向考察，这样才能较全面地把握所考察的事物。离开了"横向"和"纵向"的结合，就难以完成研究任务。

比较研究法的步骤：一般来说，先广泛收集所要研究课题的教育资料，然后对资料进行分析比较，进而得出比较的结论。按照美国贝雷迪在《教育中的比较法》一书中所提出的见解，比较教育研究工作可分为以下四步。

第一，描述，主要任务是描述各个国家的教育制度和教育实践。为此，必须广泛收集资料。

第二，解释，主要是对所了解的教育情况进行解释，并从社会、经济、心理诸方面分析影响教育的各种原因。

第三，并列，主要是把要比较的材料按可比的形式排列起来，决定比较的格局，确立比较的标准，然后进行资料分析，提出比较分析假说。

第四，比较，即全面的比较研究，验证假说，作出结论。贝雷迪所提出的比较研究的步骤和方法，把这一方法加以完善化、具体化，对我们有重要参考价值。

（五）统计法

统计法是把通过观察、测验、调查、实验所得到的大量的数据材料进行统计分类，然后对问题作出数量分析的一种方法，这是数理统计法在教育上的应用。统计法可用于研究教育问题的各个方面，如对教育行政效率的检验、对教育经费的合理分配、对课程量规定的测定、对学生成绩科学的比较等。教育统计分为描述统计和推断统计两大类。统计法一般分为两大步骤。第一，统计分类：整理数据，列成系统；分类统计，绘制统计表或统计图。第二，数量分析：通过数据进行计算，找出集中趋势、离散趋势或相关系数等，以便从中找出规律性的东西。要想掌握统计法，必须学习统计学，以掌握科学推理方法和统计计算技术。

（六）个案研究

个案研究是指对某一个体、某一群体或某一组织在较长时间里连续进行调查，从而研究其行为发展变化的全过程。这种研究方法也称为案例研究法。个案研究法亦称个案历史法，它是追踪研究某一个体或团体的行为的一种方法。它包括对一个或几个个案材料的收集、记录，并写出个案报告。在现场收集数据的叫作"实地调查"。它通常采用观察、面谈、收集文件证据、描述统计、测验、问卷等方法。在大多数情况下，尽管个案研究以某个或某几个个体作为研究的对象，但这并不排除将研究结果推广到一般情况，也不排除在个案之间做比较后在实际中加以应用。对个案研究结果的推广和应用属于判断范畴，而非分析范畴，个案研究的任务就是为这种判断提供经过整理的经验报告，并为判断提供依据。在这一点上，个案研究有点像历史研究，它在判断时常需描述或引证个案的情况。

（七）教育调查法

教育调查法是在科学方法论和教育理论的指导下，通过运用问卷、访谈、测量等科学方式，有目的、有计划、系统地收集有关教育问题或教育现状的资料，从而获得关于教育现象等科学事实，并形成关于教育现象的科学认识的一种研究方法。

1. 问卷调查

亦称"书面调查法"，或称"填表法"，是用书面形式间接收集研究材料的一种调查手段，是通过向调查者发出简明扼要的征询单（表），请其填写对有关问题的意见和建议来间接获得材料和信息的一种方法。

问卷调查，按照问卷填答者的不同，可分为自填式问卷调查和代填式问卷调查。其中，自填式问卷调查按照问卷传送方式的不同，可分为报刊问卷调查、邮政问卷调查和送发问卷调查；代填式问卷调查按照与被调查者交谈方式的不同，可分为访问问卷调查和电话问卷调查。

2. 访谈调查

访谈，就是研究性交谈，是以口头形式，根据被询问者的答复收集客观的、不带偏见的事实材料，以准确地说明样本所要代表的总体的一种方式。尤其是在研究比较复杂的问题时需要向不同类型的人了解不同类型的材料。访谈调查法又称晤谈法，是指通过访员和受访人面对面地交谈来了解受访人的心理和行为的心理学基本研究方法。

在访谈过程中，尽管谈话者和听话者的角色经常在交换，但归根结底访员是听话者，受访人是谈话者。访谈以一对一为主，但也可以在集体中进行。

3. 测量调查

所谓测量调查，是用一组测试题（标准化试题或教师自编题）去测量某种教育现象的实际情境，从而收集资料数据进行研究的一种方法。其基本特点是根据一定法则，以测验为工具对研究对象进行测试并进行数量化分析。根据不同的分类标准，可以得出不同的测量类型。一般按行为目标、测验内容划分，可将测量分为四大类，即智力测量、能力倾向测量、成就测量和个性人格测量。

第三节　教育学的产生与发展

教育随人类社会的产生而产生，也随人类社会的发展而发展，具有永恒性。教育自产生以来，经历了一个相当漫长的历史过程，一般可划分为四个阶段。

一、教育的萌芽阶段

在教育萌芽阶段，教育学还没有形成独立的学科，以部分教育家的实践经验总结为主，也有少数思想家的理论探索，但都是零散的、碎片化的，既不完整，也没有体系，而且基本都散见于政治、哲学等思想当中。

（一）我国古代教育思想

当人类从原始社会过渡到奴隶社会后，为了更好地延续人类文明，学校就诞生了。随着教育实践的发展，人们开始对教育实践中积累的经验进行概括和总结，这些都反映在一些哲学、政治学和伦理学等著作和学说中。例如，我国的《论语》记录了大量关于教育的论说，反映了我国古代对教育学的认识。我国古代的《学记》是世界上最早、最完整的一部教育学专著，写作年代约在战国晚期，作者为孟子的学生乐正克。书中在总结先秦儒家教学经验基础上提出的教学原理、教学原则与方法以及尊师重道的思想，对我国教育学和心理学的发展，都产生了重大影响，是我国也是世界珍贵的教育遗产之一。《学记》主张课内与课外相结合，课本学习和实际训练相结合。重视启发式教学，重视教学的循序渐进，强调激发学生内在的学习动机，培养学生学习的自觉性，重视因材施教。

我国古代的教育思想对后世影响深远，其中影响最大的就是儒家的教育思想。

1. 孔子的教育思想

孔子是我国历史上最伟大的教育家，儒家学派的创始人，从他30岁起从未间断过教育活动，是当时办学规模最大、名气最高的私学大师。孔子在办学过程中首倡"有教无类"的思想。所谓"有教无类"，就是无论贫还是富，贵还是贱，只要愿意学，都可入学读书。在"学在官府"且等级森严的奴隶社会，"有教无类"的思想打破了奴隶主贵族垄断教育的局面，把教育对象扩大到平民，是孔子教育思想伟大的标志。

孔子在论述教育的作用时，首先谈到了教育与社会的关系，认为教育为立国之本。在孔子看来，立国有三大条件：庶、富、教，即人口众多是立国的基础，经济富足是发展教育的前提，而教育为立国之本。其次他在谈到教育与人的关系时，认为教育在人的成长中起决定作用。

孔子在谈到教育目的时，认为教育目的是培养德才兼备的"士"或"君子"，明确要求学生子夏"女（汝）为君子儒，无为小人儒""君子坦荡荡，小人长戚戚"。"士"或"君子"也就是统治者。他的学生子夏说得更明白："仕而优则学，学而优则仕。"学为官是孔子的基本办学思想。为了实现"学为官"的办学目的，孔子在教育内容上提出文、行、忠、信四个方面，《论语·述而》中说："子以四教：文、行、忠、信。"文就是文化常识，行、忠、信属于道德范畴的内容，是为人处世的基本道德原则，可见，孔子在教育活动中，始终把"德"放在非常重要的位置，具体来说，孔子在教育过程中，开设了礼、乐、射、御、书、数（俗称"六艺"）六门课程进行教学，并整理了"六经"作为教材。他在教育教学过程中，重视因材施教，强调启发诱导，"不愤不启，不悱不发"；主张学思结合，"学而不思则罔，思而不学则殆"；倡导由博反约，"博学于文，约之以礼"，开创性地践行了因材施教、启发诱导、学思结合、由博反约的教育教学方法。

孔子在教育实践中所获得的宝贵经验，是我国文化遗产中的瑰宝，许多思想和方法至今仍值得我们学习和借鉴。

2. 孟子的教育思想

孟子从"性善论"的思想出发，认为教育的作用就是扩充人的"善性"。他认为人生来就有"恻隐之心""善恶之心""辞让之心""是非之心"四种善端，教育就是要让这种与生俱来的善端发扬光大。

孟子从"学为善"的思想出发，把"仁、义、礼、智"作为教育内容，并把"仁、义、礼、智"贯穿到父子、君臣、夫妇、朋友、长幼这五种关系当中，演变成"父子有亲，君臣有义，夫妇有别，长幼有序，朋友有信"五种伦常规则，表现为忠义孝悌的伦常道德，它们成为古代社会最重要的教育内容。因此，孟子提出"明人伦"的教育目的，对儒学后来成为封建社会的官方哲学起了很大的作用，孟子为了恢复人的本心"善"，在去弊求善的教育中，提出了"存心寡欲、持志养气、反求诸己、改过迁善、磨炼意志"等道德修养方法。

3. 荀子的教育思想

在人性论问题上，荀子与孟子的"性善论"相反，提出了"性恶论"。他认为人的本性是好逸恶劳，如果人的欲望不加以限制，就容易引发暴力和罪恶。他说，"人之性恶；其善者伪也"。教育的作用就是化性起伪，积善成德，即通过教育和学习来改变自己的本性，形成适应社会需要的道德品质。由于荀子主张教育是化性起伪，不断积累知识，形成品质的过程，所以，与孔子、孟子内省的方法不同，他强调"外积"，特别重视学习中"积"的过程。他说："可以为尧、禹，可以为桀、跖。可以为工匠，可以为农贾。在势注错习俗之所积耳。""注错习俗"是指客观环境对人的影响和教育。他还说："积土成山，风雨兴焉；积水成渊，蛟龙生焉；积善成德，而神明自得，圣心备焉。"荀子的"外积说"在一定程度上丰富了我国古代的教育思想。

4. 墨子的教育思想

墨子是战国后期的一位思想家,是墨家学派的创始人,他创立的墨家学说与儒学在当时并称为"显学"。墨子代表的是小生产者(农民与手工业者)的立场和利益,他希望建立一个"强不执弱,众不劫寡,富不侮贫,贵不傲贱"的公平合理的大同社会,因此,在政治立场上,主张"兼爱""非攻",在教育目标上,提出培养有兼爱品德、懂生产技术、有管理能力的"兼士"或"贤士"。在教育内容上,重视包括军事知识、科学知识、生产知识及其技能在内的广博知识的传授,大大突破了儒学的"六艺"教育传统。墨子还非常重视环境的教育作用。他以染丝为例,把人性看成素丝,把环境看成染料,"染于苍则苍,染于黄则黄,所入者变,其色亦变,故染不可不慎也"。

5.《学记》的教育思想

《学记》成书于战国末期,是世界上最早,也是最完整的一部教育专著,因此被人称为"教育学的雏形"。它主要总结了儒家的教育理论和经验,系统地阐述了教育的作用和任务,教育、教学的制度,教育的原则和方法,以及教师的作用和地位等问题。《学记》把教育的作用概括为"化民成俗""君子欲化民成俗,其必由学""建国君民,教学为先"。《学记》设计了一个从地方到中央的完整的学校教育制度,并提出了严格的视学和考试制度。《学记》阐述了教师的教与学的辩证关系。在教师的专业发展中,教与学都是教师成长的重要基础。"师道尊严"则是教师成长的重要方法,"凡学之道,严师为难,师严然后道尊,道尊然后民知敬学",通过师严来实现道尊,由道尊而致民知敬学,其既是一种教育方法,也是教师专业成长的过程。

《学记》在教学方面,主张启发式教学。引导而不牵着走,督促而不强压,启发而不告知,学生才能和谐、安顺、思考,达到启发式教学的目的。《学记》还提出了豫、时、孙、摩的教育教学原则。"豫"则是预防,防患于未然;"时"则是及时,及时施教;"孙"就是顺序;"摩"则是相互观摩,取长补短。

(二)西方古代教育思想

同样,古希腊和古罗马的文化遗产中也记载了很多教育的观点,哲学家柏拉图在《理想国》中阐述了相当丰富的教育思想和教育主张。由于历史条件的限制,此时的教育尚未形成独立的体系,仅以某种教育思想的形式与政治学、哲学、伦理学、文化及宗教等交织在一起。这些总结与概括也往往停留在现象、经验的描述,形象的比喻和简单形式逻辑的推理上,缺乏科学的根据,因而不可避免地带有主观随意性。这一阶段的主要特征是教育学还没有从哲学、政治学、伦理学等学科中分化出来而形成独立学科。

1. 苏格拉底的教育思想

苏格拉底是古希腊著名的哲学家和教育家。苏格拉底十分重视教育在人成长中的作用,认为人人都有受教育的必要。他提出"知识即美德"的主张,认为"德行可教"。在他看来,人的行为善恶,主要取决于人是否具有相关的知识,道德不是天生的,只要通过传授知识和发展智慧,就可以培养有道德的人。为了有效传授知识,培养学生品德,苏格拉底从他的产婆母亲那里得到启示，提出了知识"产婆术"的教学方法，又称"苏格拉底法"，即在教学过程中，教师并不将知识直接告诉学生，而是师生通过问答甚至辩论的方式揭露学生认识中的矛盾，逐步引导学生自己得出正确答案的方法。苏格拉底法预设了学生的知识是本身固有的前提，教师的作用类似于产婆，他只是帮助学生把先天的知识生产下来而已。苏格拉底法是西方世界出现最早的启发式教学法，它有利于激发学生思考的积极性与主动性，但其预设的前提是错误的，是客观唯心主义哲学观的体现。

2. 柏拉图的教育思想

柏拉图是苏格拉底的学生，古希腊著名的思想家和教育家。其教育思想主要体现在他的代表作《理想国》中。在柏拉图所设计的理想国中，主张人人生而平等，所有婴儿都归国家所有，他们一起进入幼儿园，6岁后进入普通学校读书，主要学习音乐、体育以及读、写、算等知识。10年后进行第一次筛选考试，淘汰者成为农民和手工业者，合格者进入埃弗比集团进行军事训练；他们在埃弗比集团进行教育，除军事训练外，主要学习几何、天文、算术和音乐四门课程，俗称"四艺"。3年后进行第二次筛选考试，淘汰者成为军人，合格者进入高一级的学校进行教育。在高一级的学校，除"四艺"的学习外，还加强了哲学和辩证法的学习。10年后进行第三次筛选考试，淘汰者成为国家的高级官吏，合格者再进入高深哲学的研究阶段。在这阶段，个别天赋优异者进行5年的辩证法训练，再经过15年的实践锻炼，到50岁成为哲学王，也就是国家的"国王"。我们从柏拉图理想国的建设中可以看出教育的重要作用和价值，它不仅是实现理想国的重要工具，也是成就人的重要手段。

3. 亚里士多德的教育思想

亚里士多德是古希腊著名的"百科全书式"学者，他的学术思想涉及哲学、美学、诗学、伦理学、文法学、逻辑学、天文学、物理学、生物学、解剖学、心理学等内容，被恩格斯称为"古希腊最博学"的思想家。亚里士多德把人类的灵魂分成植物灵魂、动物灵魂和理性灵魂三种；植物灵魂对应的是身体的营养、生长、发育等，动物灵魂对应的是人的本能、情感、欲望等，理性灵魂对应的是人的思维、理解、判断等。亚里士多德根据人身心发展的特点，把人从出生到21岁的教育分为三个阶段。第一个阶段为0～7岁，属于植物灵魂阶段，主要是发展儿童身体；教育方面注意营养，实施以游戏为主的体育，兼学音乐。第二个阶段为7～14岁，属于动物灵魂阶段，是容易出问题的阶段；在教育方面，实施以音乐为主的德育，同时兼顾阅读、书写和体育。第三个阶段属于理性灵魂阶段，理智获得发展；在教育方面，实施以哲学和思辨学为主的智育，也学习"四艺"（算术、天文、几何、音乐）和"三艺"（文法、修辞、哲学）。在亚里士多德看来，教育要遵循人身心发展的年龄特点，在人的一生中实施体、德、智、美的教育，促进人健康和谐发展，这就是我们常说的"博雅教育"（或称"文雅教育"）思想。

4. 昆体良的教育思想

昆体良是古罗马最著名的教育思想家，他的代表作《雄辩术原理》（或称《论演说家的培养》）是西方世界第一部专门论述教育问题的专著。昆体良认为，教育的最终目的就是要培养具有崇高品德、广博知识、雄辩才能的雄辩家。为了培养雄辩家广博的视野和厚实的知识基础，昆体良设置了"四艺"以及哲学、文法、修辞学等学科课程。在家庭教育与学校教育的对比中,他强调了学校教育的优势,并萌生了班级授课的思想。

二、独立形态的教育学产生阶段

从欧洲文艺复兴时期起,随着科学技术的发展,教育权的下移已成必然趋势,教育规模的扩大,需要一种全新的教育模式和方式来承载,教育学发展进入一个新阶段,它从哲学中分化出来,逐渐形成独立的教育学理论体系。

（一）夸美纽斯的教育思想

夸美纽斯是17世纪捷克的教育家。他在1632年出版的《大教学论》是教育学形成一门独立学科的标志,也被看成近代第一本教育学著作。《大教学论》提出了普及教育的"泛智教育"思想,并探讨"把一切事物教给一切人类"的方法。他不仅论证了教育适应自然的原则,而且论证了"学年制"和"班级授课制"的必要性和可行性。

（二）卢梭的教育思想

卢梭是18世纪法国著名的思想家,他的代表作《爱弥儿》这部教育小说中体现出了十分浓郁的自然主义教育思想。卢梭推崇自然教育和儿童本位的教育观,认为人的本性是善良的,但被现实环境和教育破坏了。

（三）裴斯泰洛齐的教育思想

裴斯泰洛齐是18世纪末19世纪初瑞士著名的教育家。他深受卢梭自然主义教育思想的影响,提出教育的目的在于按照自然的法则促进人的一切天赋能力和力量的全面和谐发展。教育应使受教育者成为有道德、有智慧、有劳动能力和身体健康的人。为了达到此目的,他认为教育必须与生产劳动相结合,必须符合学生的本性。在西方教育史上,他是第一个明确提出"教育心理学化"的教育家,对推动教育活动科学化与教育学的创立都起到了重要作用。

（四）赫尔巴特的教育思想

赫尔巴特是18世纪末19世纪初德国著名的心理学家和教育学家,在世界教育史上被认为是"现代教育学之父"和"科学教育学的奠基人"。他在1806年出版的《普通教育学》被看成规范教育学建立的标志,也被认为是第一本现代教育学著作。赫尔巴特的主要教育思想可概括为以下五点。

第一,把伦理学和心理学作为建构教育理论体系的理论基础。他把道德教育理论建立在伦理学的基础之上,把教学理论建立在心理学之上,由此奠定了科学教育学的基础。第二,强调系统科学知识的传授、课堂教学的作用以及教材的重要性。他强调教师的权威作用和中心地位,形成了传统教育"课堂中心""教材中心""教师中心"的三中心教学模式。第三,提出了教学形式的"四阶段教学"理论。他把教学过程分为明了、联想、系统和方法四个阶段。之后,他的学生席勒将其修改为预备、提示、联系、总结、应用五个阶段,即"五段教学法"。第四,提出了教育性教学原则。在西方教育史上,赫尔巴特第一次明确地提出了"教育性教学"的原则，他说："我想不到有任何无教学的教育，正如反过来，我不承认有任何无教育的教学。"第五，教育的最高目的是道德和性格的完善，具体来说，是要养成内心自由、完善、仁慈、正义和公平五种道德观念。他的最高教育目的也可理解为培养良好的社会公民。

三、科学教育学的建立阶段

20世纪，在赫尔巴特创立的教育理论基础之上，出现了许多新的教育理论和教育学派别，这些教育学理论相互争鸣，形成不同的派别。

（一）实验教育学

19世纪末20世纪初，受实验心理学发展的影响，欧美一些国家兴起了用自然科学的实验法研究儿童发展及其与教育关系的理论，主要代表人物是德国教育家梅伊曼和拉伊，代表作有梅伊曼1914年出版的《实验教育学纲要》和拉伊1908年出版的《实验教育学》，实验教育学所强调的定量研究成为20世纪教育学研究的一个基本范式，推动着教育科学的发展。实验教育学的主要观点如下。

第一，反对以赫尔巴特为代表的强调概念思辨的教育学，认为这种教育学对检验教育方法的优劣毫无用途。

第二，提倡把实验心理学的研究成果和方法运用于教育研究，从而使教育研究真正"科学化"。

第三，认为教育实验与心理实验的差别在于心理实验是在实验室独立进行的，而教育实验是在真正的学校环境和教学实践活动中进行的。

第四，主张用实验、统计和比较的方法探索儿童心理发展过程的特点及其智力发展水平，用实验数据作为改革学制、课程和教学方法的依据。

实验教育学把科学的定量研究夸大为教育科学研究唯一有效的方法是片面的，很快就遭到了文化教育学的批判。

（二）文化教育学

文化教育学又称精神教育学，出现于19世纪的德国，主要代表人物有狄尔泰、斯普朗格、利特等。代表作有狄尔泰的《关于普遍妥当的教育学问题》、斯普朗格的《文化与教育》、利特的《职业陶冶、专业教育、人的陶冶》等。文化教育学的基本观点如下：第一，人是一种文化存在，因此人类历史是一种文化的历史；第二，教育的对象是人，教育又是在一定社会历史背景下进行的，因此，教育的过程是一种历史文化过程；第三，因为教育过程是一种历史文化过程，所以教育的研究既不能采用赫尔巴特纯粹的概念思辨来进行，也不能靠实验教育学的数量统计来进行，而必须采用精神科学或文化科学的方法，即理解与解释的方法来进行。

文化教育学是作为科学主义的实验教育学和理性主义的赫尔巴特式教育学的对立面而存在与发展的，深刻影响着德国乃至世界20世纪教育学的发展，在教育的本质、目的、师生关系以及教育学性质等方面都能给人以启示。

（三）实用主义教育学

实用主义教育学是19世纪末20世纪初在美国兴起的一种教育思潮，主要代表人物是杜威、克伯屈，代表作有杜威1916年出版的《民本主义与教育》、1938年出版的《经验与教育》，克伯屈1918年出版的《设计教学法》。实用主义教育学是在批判以赫尔巴特为代表的传统教育学的基础上提出来的，杜威提出"儿童中心（学生中心）""活动中心""经验中心"的"新三中心论"，成为现代教育理论的代表。杜威的主要教育思想如下。

第一，教育本质观。杜威认为，教育即生活、教育即生长、教育即经验的改组或改造，此外，杜威还提出"学校即社会"，这是对"教育即生活"的进一步引申。

第二，教育目的论。杜威从教育即生活引出了"教育无目的论"。他认为，教育的过程在它自身以外没有目的，它就是它自己的目的。教育过程是一个不断改组、不断改造和不断转化的过程。

第三，"从做中学"。在经验论的基础上，杜威提出"从做中学"，要求以活动性、经验性的主动作业取代传统的书本式教材的统治地位。"从做中学"是一种教学方法，也是一种经验的方法、思维的方法和探究的方法。

第四，五步探究教学法。杜威根据思维五步法提出了教学的五步探究法，即创设疑难情境、确定疑难所在、提出解决问题的种种假设、推断哪个假设能解决这个困难、验证这个假设。

杜威的教育思想深刻地影响了20世纪上半叶的教育理论和教育实践，杜威教育学的出现，使赫尔巴特式教育学受到了严重的批判，但它走向了另外一个极端，忽视系统知识的学习，忽视教师在教学中的主导作用，忽视学校的特质，导致教学质量严重下滑，同样遭到了人们的批判。

（四）马克思主义教育学

马克思主义教育学是20世纪以来根据马克思主义世界观和方法论来研究教育问题的一种教育流派。其代表人物有克鲁普斯卡娅、凯洛夫、马卡连柯、杨贤江等。克鲁普斯卡娅1917年出版的《国民教育和民主主义》是最早以马克思主义为基础探讨教育问题的著作；凯洛夫1939年出版的《教育学》被公认为是世界上第一部马克思主义的教育学著作，对新中国教育学的发展产生了深刻的影响；马卡连柯在流浪儿童和违法者的教育方面取得了巨大成就，他的《教育诗》《论共产主义教育》的核心是集体主义教育思想；杨贤江1930年出版的《新教育大纲》是我国第一部以马克思主义为指导的教育学著作。马克思主义教育学的观点是：第一，教育是一种社会历史现象，在阶级社会中具有鲜明的阶级性。第二，教育起源于生产劳动。第三，教育的根本目的是促进学生的全面发展。第四，教育与生产劳动相结合是培养全面发展的人的唯一方法。第五，马克思主义唯物辩证法和历史唯物主义是教育科学研究的方法论基础。第六，教育一方面受政治、经济、文化的制约，另一方面反作用于它们。

马克思主义的产生为教育学的发展奠定了科学方法论基础。

（五）批判教育学

批判教育学是20世纪70年代以后出现的一种教育思潮，也是当前西方教育理论界占主导地位的教育思潮。代表人物有美国的鲍尔斯、金蒂斯，法国的布迪厄等。代表作有鲍尔斯和金蒂斯1976年出版的《资本主义美国的学校教育》，布迪厄1979年出版的《教育、社会和文化再生产》等。由于各自的理论基础不同，所以批判教育学存在不同的派系，它们之间关注的问题、发表的观点会有所区别，但也有一些共同的地方，形成了批判教育学的基本理论观点。批判教育学认为，当代资本主义学校教育并没有如其所预期的那样是推进社会公平强有力的手段。相反，它是维护现实社会的不公平和不公正，造成社会差别、歧视和对立的根源。批判教育学的目的就是要采取实践批判的态度和方法，揭示教育事实背后的利益关系。

四、教育学的多元化发展阶段

第二次世界大战后，社会和科技得到进一步的发展，文化交流不断加强，教育实践日益丰富，教育学的发展也出现了一些新特征。科学技术发展同时呈现出高度分化、高度整体化、高度综合化的新趋势。教育学与心理学、社会学、经济学和系统论等学科的联系日益密切，促使教育学的理论背景、学科体系发生分化，产生了许多新的交叉学科和分支学科。此阶段的显著特征是现代教育学的发展已形成立体、交叉的学科网络结构和立体多维的研究格局。

（一）布鲁姆的教育思想

布鲁姆是美国20世纪著名的教育学家和心理学家。代表作是《教育目标分类》，他把教学目标分为认知、情感和动作技能三大领域，认为教学应该以掌握学习为指导思想，以教育目标为导向，以教育评价为调控手段，并提出了掌握学习理论。

（二）布鲁纳的教育思想

布鲁纳是美国20世纪著名的教育家，著有《教育过程》。他强调知识结构，提出结构主义教学理论，主张应该使学生学习一门学科的知识结构。他说："无论我们选择什么学科，务必使学生理解该学科的基本结构。"他还认为，学科结构要与儿童的认知结构相适应，提出了"任何学科的基本原理都可以用某种形式，教给任何年龄的儿童"。在教学中，布鲁纳提倡发现法，重视培养学生的直觉思维、科学兴趣和创造力。

（三）赞可夫的教育思想

赞可夫是苏联著名的心理学家、教育家，代表作有《教学与发展》。他的理论核心是"以最好的教学效果使学生达到最理想的发展水平"，赞可夫提出"只有当教学走在学生发展前面的时候才是最好的教学"，他以学生的一般发展作为教学的出发点，提出了发展性教学理论的五条原则，即高难度、高速度、理论知识起主导作用、理解学习过程、使所有学生都得到一般发展的原则。

（四）瓦·根舍因的教育思想

瓦·根舍因是德国教育实践家，范例教学法创始人。与布鲁纳和赞可夫一起被认为是课程现代化的三大代表人物。范例教学法是指教师在教学中选择真正基础的、本质的知识作为教学内容，通过对"范例"内容进行讲授，使学生达到举一反三、掌握同一类知识的方法。运用此法的目的在于促使学生独立学习，而不是让学生复述式地掌握知识，要使学生学会将所学知识迁移到其他方面去，进一步发展所学的知识，以改变学生的思维方法和行动能力。

第二章 教育的本质与目的

第一节 教育的本质

人在自然和社会环境中产生,在长期的物质生产和社会生活中成长,同时接受客观世界的教育。人的成长过程,具有遗传、环境和教育三个基本要素,其中人与遗传之间具有自然属性,人与环境之间具有社会属性,而教育则是培养人的,应该兼顾这两方面的属性。人与自然、人与社会的关系,自从有了人类以来都是密不可分的,生产力的提高、社会形态的发展,都是离不开人的。人在自然的、社会的生活中,从不自觉到自觉地接受客观世界的教育,征服自然,建立社会。因此,教育具有培养人适应自然、开发自然和开创社会、改革社会的两种最本质的职能,教育的这两种最本质的职能,反映了教育的本质规律发展的必然性。这两种最本质的教育职能的发挥,开始时是一种无形的教育,即人类为了生存,在和自然斗争、生产斗争中出现的。有形的教育,即有一定的有组织的教育形式,如学校,则是在人类进入阶级社会时出现的。在阶级社会里,教育也存在有形的和无形的两种形式,即有组织的各级各类学校和在社会生活中接受的教育。在现代社会,教育与生产劳动相结合,生产高度发展,生活高度提高,科学和文化将成为人类全体的需要和享受。随着一个高度物质文明和精神文明世界的出现,教育将在其中发挥更大的积极作用,这是教育的本质的规律性发展的必然结果。

一、教育的自然基础

人是具有自然属性的。人首先是一个自然实体,是从一般动物分化而产生的。人由于语言的发展和头脑的发展,从而产生对自然的意识,对自然的改造,最后才能实现对自然的统治。人在生产劳动中发展人的自然实体。这个自然实体的发展,不仅是人能从事生产劳动的必需,而且是人能接受教育的自然基础。

（一）人体的发展是接受教育的根本条件

人的音节分明的语言发展和头脑的巨大发展的基础奠定了人类接受教育的根本条件。手的专门化意味着"工具的出现",人有手就能使用工具,就能对自然界进行改造,也就能进行生产、改造自然界,这一切都是人所特有的活动,随着手的发展,头脑也一步一步发展,首先产生对个别实际效益的条件的"意识",后来由此产生对制约着这些效益的自然规律的理解。具有自我意识的人,在使用手和工具进行生产的过程中,同时也在进行自在的教育。人在生活和生产劳动中,由于手和大脑的发展,进一步强化对自然的意识,并由此而产生对自然规律的理解和认识,随着对自然规律的知识迅速增加,人对自然界施加反作用的手段也在增加。也就是说,人在降服自然界的过程中进行了自为的教育,自为的教育是从人的生产劳动中产生的。

恩格斯进一步论证了手是劳动的产物。他说："在人用手把第一块石头做成刀子以前，可能已经经过很长很长的一段时间，和这段时间相比，我们所知道的历史时间就显得微不足道了。但是具有决定意义的一步完成了：手变得自由了，能够不断地获得新的技巧，而这样获得的较大的灵活性遗传下来，一代代地增加着。""所以，手不仅是劳动的器官，它还是劳动的产物。只是由于劳动，由于和日新月异的动作相适应，由于这样所引起的肌肉、韧带以及在更长时间内引起的骨骼的特别发展遗传下来，而且由于这些遗传下来的灵巧性以越来越新的方式运用于新的越来越复杂的动作。人的手才达到这样高度的完善。在这个基础上它仿佛才能凭着魔力似的产生了拉斐尔的绘画、托尔瓦德森的雕刻以及帕格尼尼的音乐。"但是手并不是孤立的。它仅仅是整个极其复杂的机体的一个肢体。凡是有利于手的，也有利于手所服务的整个身体，而且这是从两方面进行的。

（二）语言的发展使人具有社会化

人在社会化过程中需要语言，语言是人在互相帮助和共同协作中所必需的。恩格斯认为，"语言和劳动一起，成了两个最主要的推动力，正如语言的逐渐发展必然是和听觉器官的相应完善化同时进行的一样，脑髓的发展也完全是和所有感觉器官的完善化同时进行的"。"脑髓和为它服务的感官、越来越清楚的意识以及抽象能力和推理能力的发展，又反过来对劳动和语言起作用，为二者的进一步发展提供越来越新的推动力。这种进一步的发展，并不是在人最终同猿分离时就停止了，而是仍然大踏步地前进，虽然在不同的民族和不同的时代就程度和方向来说是不同的，有时甚至由于局部的和暂时的退步而中断；由于随着完全形成的人的出现而产生了新的因素——社会，这种发展一方面获得了有力的推动力，另一方面又获得了更确定的方向"。恩格斯在《自然辩证法》中论证了人的活动对他的思维的影响。他说，自然科学和哲学一样，直到今天还完全忽视了人的活动对他的思维的影响；它们一个只知道自然界，另一个只知道思想。但是，人的思维的最本质和最贴近的基础，正是人所引起的自然界的变化。而不单独是自然界本身；人的智力是按照人如何学会改变自然界而发展的。

二、教育的社会属性

（一）明确教育社会属性的意义

本质是事物的内在联系及其质的规定性。对事物本质的揭示是一个由浅入深、由初级到高级不断深化的过程。揭示事物本质必先由现象开始。因为现象是事物本质的反映，只有透过现象才能认识本质。教育是一种社会现象。要揭示教育的本质，也必须先从教育现象着手，分清教育的社会属性，掌握其专门特点，最后方能对教育的本质有所认识。划分教育的社会属性，当然还不是对教育本质的真正揭示。过去曾有些人误以为对教育社会属性的研讨就是对教育本质的最终揭示，这显然是不确切的。但是，认识教育的社会属性，的确是认识教育本质必要的一步。对于教育的社会属性尚且不能正确认识，当然就更谈不上对教育本质的揭示了。所以，要揭示教育本质，就必须首先明确教育的社会属性，这是认识的客观规律。因此，对教育社会属性的讨论是完全必要的，是不可逾越的过程。

教育的社会属性指的是教育的社会特性。我们研究教育的社会属性，就是要在社会基本范畴中明确教育的归属。社会是一个系统，它是由相互联系的各种社会要素所构成的整体。社会的构成要素十分复杂，但却是有规律可循的。各种社会现象概括起来不外是生产力、生产关系和意识形态等几个方面的基本要素。马克思对这一历史唯物主义观点的论述为"人们在自己生活的社会生产中发生一定的、必然的、不以他们的意志为转移的关系，即同他们的物质生产力的一定发展阶段相适合的生产关系。这些生产关系的总和构成社会的经济结构，既有法律的和政治的上层建筑竖立其上又有一定的社会意识形式与之相适应的现实基础。物质生活的生产方式制约着整个社会生活、政治生活和精神生活的过程"。与生产力发展阶段相适应的生产关系总和就是社会的经济基础，与生产关系相适应的政治、法律及一定的社会意识形态就是社会的上层建筑。生产力决定生产关系，经济基础决定上层建筑；生产关系反映生产力，上层建筑反映经济基础并为经济基础服务。只有弄清了教育的归属，才能进一步揭示教育的本质。

（二）教育是社会的上层建筑现象

教育是社会现象。按照历史唯物主义观点，教育属于社会上层建筑现象，因为总体上教育与各种社会上层建筑现象具有共同特征。社会上层建筑是建立在一定经济基础之上的社会思想、观点，以及与之相适应的组织制度和设施等复杂的社会体系。它包括社会的政治、法律、哲学、道德、文学、艺术等观点，以及与这些思想观点相适应的组织机构、制度和设施的总和。社会的上层建筑现象是多种多样的，但是，它们却有着共同特征。而教育同样具有这样的特征，所以，教育也当属于社会的上层建筑。上层建筑现象的共同特征主要表现在下述方面。

（1）一定的社会上层建筑都是由一定的社会经济基础决定的，因而它必然反映一定的社会经济基础，被社会经济基础所制约。

（2）上层建筑产生以后，在由经济基础决定的前提下，又反过来对经济基础有能动反作用。一定的上层建筑都要为一定的社会经济基础服务。

（3）因为政治是经济的集中表现，上层建筑由经济基础决定并反过来为经济基础服务，且要通过政治来实现，而社会经济基础和政治在阶级社会都是具有阶级性的，所以，被政治经济所决定的社会上层建筑在阶级社会也都具有鲜明的阶级性质。

（4）社会上层建筑既然是由社会经济基础决定的，就必然要随着经济基础的发展而发展、变更而变更。当社会经济基础发生变革时，社会的上层建筑也迟早要随之发生变革。

（5）社会上层建筑虽然是由经济基础决定的，但却有相对独立性，与其以往的历史都有着一定联系，存在着批判继承关系。

上述各种特征是社会上层建筑现象的共同属性，正是这些共同属性决定了它们属于上层建筑这一共同范畴。

从教育的产生来看，是社会关系决定了教育。社会关系的核心是经济基础，所以一定教育都是反映一定经济基础的性质和要求的。有什么样的经济基础便有什么样的教育。教育的指导思想、教育的方针政策、教育的制度、教育的目的、教育的内容，以及教育的方法，无不受到一定的社会经济制度的制约，这是一切社会教育的共同特点，也是一切社会上层建筑现象所共有的特征。从教育的作用和职能来看，教育一经产生，便能动地反作用于经济基础，为一定政治经济服务。教育一直都体现着社会的要求。教育是通过培养人来为社会服务的。一定的教育，都要为一定社会的政治经济培养合乎要求的社会成员，通过培养人来维护一定社会的政治经济利益。从教育的性质来看，阶级社会的政治和经济都具有阶级性，为政治和经济所决定的教育也同样具有鲜明的阶级性。教育在阶级社会都是为占统治地位的一定阶级所服务的。教育同其他上层建筑现象一样，在阶级社会都有阶级性。从教育的发展来看，教育的发展也完全取决于政治经济。随着经济基础的变更，教育迟早也要相应地发生变革。生产力的发展对教育的影响，也是通过政治、经济的作用实现的。从教育的独立性来看，教育由政治经济决定，但也具有相对独立性。首先，教育的发展并不割断历史，有其历史的批判继承性。既要对历史的优秀遗产进行批判继承，也要对外国的先进经验进行分析借鉴。其次，教育虽然由经济基础决定，但也存在着同经济发展的不平衡性。教育对经济来说，也有超前和滞后的状况发生。最后，教育不仅反映政治和经济，也与其他上层建筑现象相互影响，教育有其相对独立发展的历史。

第二节　教育的目的

一、教育目的的概念

人类的社会实践活动具有意识性、目的性。也就是说，人们开展社会生产和社会生活，是为了达到主体预设的状态和结果，从而实施特定的行为。所谓目的，通常是指行为主体根据自身的需要，借助意识、观念的中介作用，预先设想的行为目标和结果。作为观念形态，目的反映了人对客观事物的实践关系。

（一）教育目的的定义

教育是培养人的社会活动，和其他社会实践活动一样，具有明确的目的性。同时，教育活动是培养人的特殊社会实践活动，其目的存在特定性。由于社会历史的不断发展，不同历史时期的教育活动主体不同，所处的社会条件也不一样，对教育的追求有所不同，这就使得对培养什么人的预期和设想不尽相同，导致不同社会和国家的教育目的存在差别，也就是对"培养什么样的人"有着不同的要求。因此，从根本上说，教育目的可以从两个层面进行理解，即教育目的的概念有广义与狭义之分。广义的教育目的是指人们对受教育者的期望，即人们希望受教育者通过教育在身心诸方面发生什么样的变化，或者产生怎样的结果。这里的人们既包括直接参与教育活动的当事人，如教师、家长、学生等，也包括间接参与教育活动的各种社会组织等。任何一位介入教育活动的成员或组织，都对受教育者接受教育后的结果有一个预期，这种预期可以理解为广义的教育目的。狭义的教育目的是指一个国家对教育活动结果规定的总要求，即一个国家在进行教育活动之前对教育要实现的结果或要达到的标准的预测或规定。

教育目的是对教育活动所要培养的人的个体素质的总的预期与设想，是对社会历史活动的主体的个体素质的规定。具体体现为，把受教育者培养成为一定社会所需要的人的总要求，是学校教育所要培养的人的质量规格。从形态上看，教育目的还可作理论形态和实践形态的区分。理论形态的教育目的是人们根据现存的社会条件和教育目的的基本理论所提出的具有某种倾向性的教育目的。实践形态的教育目的是指教育工作者或与教育有直接联系的人（如学生、家长），在自己的教育行为中所实际追求的教育目的。前者是一种教育的价值取向，具有一定的理想性，不一定都能变成事实，但经过人们对教育目的的调适与积极实践，也可以成为现实上追求的教育目的；后者既是一种教育价值取向，也是一种教育现实。

教育目的是根据不同社会的政治、经济、文化、科学、技术发展的要求和受教育者身心发展的状况确定的。它反映了一定社会对受教育者的要求，是教育工作的出发点和最终目标，也是制定教育目标、确定教育内容、选择教育方法、评价教育效果的根本依据。

（二）对教育目的的正确理解

1. 教育目的是对未来客观实在超前或预先的反映

教育是人类所特有的实践活动，而人的实践活动都是有预定目的的活动。马克思曾经指出："劳动过程结束时得到的结果，在这个过程开始时就已经在劳动者的表象中存在着，即已经观念地存在着。"将这一原理运用到教育活动上，就是说教育活动不是无意识的、盲目的，而是自觉的、有目的的；或者说，对于要把受教育者培养成什么样的人，在教育活动开始以前就已经存在于教育者的头脑之中了，而且已经在观念上有了某种理想的范型，这就是我们所说的教育目的。

2. 教育目的包含社会和个人两方面

社会的教育目的主要反映社会对教育系统的总要求，要求教育为一定社会的政治、经济和文化及其发展服务；个人的教育目的则主要反映教育对个体身心发展的作用，要求教育为个体的全面自由的发展服务。教育的社会目的与个人目的应当是相互联系的两个方面，它们共同组成完整的教育目的整体。有效的社会教育目的必须通过个人教育目的的实现而实现；反之，有效的个人教育目的也必须考虑到社会教育目的，以社会教育目的为设定和实现的前提。

3. 教育目的首先是学校的教育目的

学校作为一种专门培养人的社会机构，它所确定的教育目的具有自身的特点。这种特点表现在以下三个方面。

（1）学校的教育目的比较集中地反映了一定社会对人的要求。不是以培养人为专职的社会组织或机构对于人的发展所持的期望或要求，往往会与整个社会的要求有种种不符之处。相比而言，学校这种专门培养人的机构必须体现国家的意志。因此，在确定教育目的时，学校就更为直接地、自觉地接受社会的制约，在反映社会要求方面就必然更为精确和全面。

（2）学校教育工作者对教育目的的认识更为自觉。在教育活动开始时，教育目的就清晰地存在于教育工作者的观念之中，即对教育目的有着较高的自觉性。正因如此，整个教育活动才能够始终按照既定的教育目的进行。

（3）学校教育目的能更科学地反映受教育者所可能和应当发生的变化。教育作为培养人的社会活动，就是要按照一定的主观意图使受教育者产生自然发展过程中所不能产生的某种新的形态或特征。学校的教育目的能够正确反映受教育者发展的客观要求，因此是一种科学的教育目的。

4. 教育目的是教育的核心问题

教育目的是指导、调节教育活动的根本因素,是一切教育活动的出发点和归宿,是教育活动开展的前提。教育任务、内容、方法、形式的确定与选择,都必须以教育目的为依据。因此,所有教育工作者都必须正确地理解、掌握和执行我国的教育目的。

(三)教育目的与教育方针的关系

(1)教育方针是政府根据一定时期政治、经济发展的总路线、总任务规定的教育工作的发展道路和发展方向,教育方针是教育工作的总方向和根本指针,是教育政策的总概括。

(2)教育方针一般由三部分组成:教育的性质和方向;教育的目的;实现教育目的的途径和方法。

(3)教育目的与教育方针之间的联系:教育目的与教育方针在对教育社会性质的规定上具有内在的一致性,都是一定社会各级各类教育在其性质和方向上不得违背的根本指导原则。

(4)教育目的与教育方针之间的区别:一是教育方针包含了教育目的,教育目的是教育方针的核心和基本内容。二是教育方针与教育目的也是手段和目的的关系。

从总体上看,教育目的是教育活动的出发点和依据,也是教育活动的归宿。它对于明确教育方向、建立教育制度、确定教育内容、选择教育方法、组织教育活动、进行教育管理、评估教育质量、引领和激励受教育者起着指导作用。

二、教育目的的功能

教育目的是一切教育工作的出发点,它贯穿于教育活动的全过程,是教育的根本性问题(或者说是核心问题),教育目的的实现则是教育活动的归宿,对一切教育工作具有指导意义。教育目的在教育实践中具有导向、选择、激励、评价和调控的功能。

(一)教育目的的导向功能

教育目的是一切教育活动的出发点,任何教育活动都要以教育目的为总的目标导向,以便把受教育者培养成一定社会和时代所需要的合格人才。所谓"教育无目的"是根本不存在的。如果不以教育目的为导向,教育活动就有可能偏离正确方向,达不到应当追求的目标。古今中外,无论任何时代的教育,都坚持以一定社会或阶级的教育目的指引所有教育活动,指引所有受教育者的发展方向。教育目的的导向功能既通过教育者对教育目的的认同,并转化为实际的教育行为得到体现,又必须转化为受教育者自我追求的目标才能真正实现。人类的教育活动因学生个性的不同而丰富多彩,但又是在一定的规律支配下进行的。教育目的作为一个国家、阶级或政党人才利益的集中体现,它把通过教育投资要获得的符合社会发展需要的人才浓缩在教育目的上。有了教育目的,就能全方位地规范教育方方面面的活动,有利于教育目的的实现。

教育目的及其所具备的层次性,不仅内含对整体教育活动方向的规定和结果的要求,而且含有对具体教育活动的规定性。具体体现为以下五个方面。

(1)教育目的对教育的社会性质具有导向作用,即对教育"为谁(哪个社会、哪个阶层)

培养人"有明确的规定。

(2) 教育目的规范了人才培养目标和学校的教育方向。任何一个层次和类别的教育活动在开展之前、在进行之中都时时刻刻围绕教育目的去修正自己的培养目标。使教育不仅能改变人自然而盲目的发展性，而且能对人不符合教育目的要求的发展给予正确的引导，使其发展符合教育目的的规定。

(3) 教育目的规范了课程的设置和教学内容。课程是学校教育实践的实体，教学内容是课程的具体化和实践上的展开。学校开设什么课程，讲授什么内容，是由学校的培养目标和教育目的决定的。

(4) 教育目的规范了教师的教学行为。教师要保质保量地完成社会赋予他们的使命，完成人才培养的重任，使教师能够知道所要教的最重要的是什么，必须按照教育目的开展各项教育活动。

(5) 教育目的规范了学校管理。学校管理是为教育教学活动服务的，是为人才成长服务的。学校的科学管理是根据人才培养需要做好相应的服务工作。

正因为教育目的具有导向功能，教育活动才有所依循，避免其社会性质和发展方向上的失误。任何社会为满足自身发展需要，总是首先确定相应的教育目的，引导教育发展的方向，以便从根本上确保教育的社会性质和人才培养的社会倾向性。

（二）教育目的的选择功能

教育目的的选择功能集中体现在教育活动与教育内容的选择上。人类在长期的社会实践中积累的经验浩如烟海，各类社会文化繁杂多样，是学校教育内容的重要源泉，是丰富学生知识结构、扩展个体经验的重要内容。但是，学校又是一个引导人走向健康向上、完善人格的特殊机构，它要求进入学校课堂的教育内容必须是具有积极、进步、科学、健康、有益等方面的特点和价值，其衡量和取舍的依据就是教育目的。任何一个国家的学校和教师都会无一例外地根据教育目的的基本要求，决定哪些研究成果和社会文化可以列入教育内容，哪些应该受到批判和抵触。

（三）教育目的的激励功能

人类的活动既然是有目的、有意识、有计划的活动，那么就应该有明确的方向和目标。教育活动因为有可以达成的最终目标，最终目标就可以反过来成为一种激励的力量。教育目的是对受教育者未来发展结果的一种预期，它不仅激励教育者通过一定的方式，把教育目的和培养目标转化为学生的学习目的，也激励受教育者自觉地、积极地参与教育活动。在教育活动中，只有当受教育者意识到教育目的对自身未来成长的要求或意义时，才能把它作为努力的方向，不断地按照教育目的的要求发展和提高自己。

（四）教育目的的评价功能

教育目的既是一个国家人才培养的质量规格和标准，又是衡量教育质量和效益的重要依据。教育目的不仅是教育活动应遵循的根本指导原则，而且是检查评价教育活动的重要依据。一个能够实现的教育目的总是会有多层次的系列目标，使得它对教育活动不仅具有宏观的衡量标准，而且具有微观的衡量标准。依据这些标准，能够评价教育活动的得与失，具体表现在以下两个方面。

（1）对价值变异情况的评价。教育行为必然具有一定的价值倾向，但社会中个人、群体、社会各层次之间存在的利益、需要、目的等方面的矛盾与冲突，常常导致教育现实与教育价值观之间的冲突。这使得教育活动的进行总是面临着多种多样的教育价值观的影响和干扰，容易导致实践中教育活动的方向模糊不清，甚至使其被赋予了另外的价值取向。如果不坚持用所确立的教育目的进行衡量评价，就不能意识到教育活动价值的变异，也难以使其得到有力的纠正。

（2）对教育效果的评价。教育目的中的层次目标，不仅是指出教育活动的途径，同时也是评价具体教育活动效果达成程度的直接依据。运用这样的标准来评价具体的教育活动过程，可判断出过程的得失、质量的高低、目标达成的程度等。要确保教育目的的实现，就应注意依据教育目的不断分析评价教育过程发展状况和结果，适时做出恰当判断。只有注意发挥教育目的对教育活动的评价功能，才能更好地从根本上把握教育活动的进行。

教育目的的评价结果，一方面可以说明教育实践是否与教育目的吻合，测量教育实践与教育目的的差距；另一方面可以考究教育目的是否切合实际，为修正或制定新的教育目的提供依据。教育目的的评价功能可集中体现在现代教育评估或教育督导行为中。依据教育目的，可以评价教育质量是否达到教育目的的要求，是否达到教育目的规定的规格和标准；依据教育目的，可以评价学校管理是否科学有效，是否符合教育目的的要求，是否遵循教育规律和人的身心发展规律，能否促进学生健康成长。

（五）教育目的的调控功能

一定的教育目的是一定社会依据自身或人的发展需要对教育活动进行调节、控制的重要手段，以使达到其自身发展的目的。教育目的的调控功能主要表现在以下三个方面。

（1）通过确定价值的方式进行调控，主要体现在对教育价值取向的把握上。教育的产生和发展，不仅是由于社会的需要，也会受到社会的制约，社会在利用教育来满足自身或人的发展需要时，无不赋予其特有的价值取向。因此，教育目的带有一定价值观实现的要求，并成为衡量教育价值意义的内在依据，进而调控实际教育活动。

（2）通过标准的方式进行调控。教育目的总是含有"培养什么样的人"的标准要求，这些标准对实际教育活动的影响是多方面的，是教育活动"培养什么样的人"的基本依据，它使教育者根据这种标准调节和控制自身对教育内容或教学方式的选择等。

（3）通过目标的方式调控。一定的教育目的必然要通过一系列的短期、中期和长期目标去实现，这些目标指出了教育行为的进程，具体调节和控制着各种教育活动。

三、教育目的的结构

（一）教育目的的层次结构

教育目的是各级各类教育培养人的总的质量标准和总的规格要求，是各级各类学校工作遵循的总方针,但它不能代替各级各类学校对所培养的人的特殊要求。各级各类学校还有各自的具体工作方针,这决定了教育目的的层次性。教育目的作为教育功能的确定性指向,含有不同层次的目标系列,其结构层次有上下位次之分,依次为:教育功能—教育目的—培养目标—课程目标—教学目标。教育目的的层次结构主要由国家的教育目的、各级各类学校的培养目标和教师的教学目标组成。

1. 国家的教育目的

国家的教育目的在教育目的层次结构中居于第一个层次,体现了国家对人才质量的总体要求,是各级各类教育组织和机构必须遵循的总体要求,是衡量社会教育、学校教育、家庭教育质量高低的唯一标准。其表现形式最概括、最抽象,与其他层次的教育目的是一般与个别的关系。任何其他层次的、具体的教育目的,都应该符合国家层次的教育目的。

2. 各级各类学校的培养目标

各级各类学校的培养目标居于第二个层次,它是根据国家的教育目的制定的某一级或某一类学校、某一专业对人才培养的具体要求,是国家教育目的在不同教育阶段、不同级别的学校、不同专业方向的具体化。教育目的与培养目标是普遍与特殊的关系。只有明确教育目的,各级各类学校才能制定出符合要求的培养目标;而培养目标又是教育目的的具体化。教育目的是针对所有受教育者提出的,而培养目标是针对特定的教育对象而提出的,各级各类学校的教育对象有各自不同的特点。因此,制定培养目标需要考虑各自学校学生的特点。不同国家的教育目的不同,培养目标也不相同。而在同一个国家,教育目的虽然相同,但是培养目标却不一致。不仅不同级别、不同专业、不同类型学校的培养目标有所区别,就是同一级别、同一类型的学校由于种种具体条件的不同,培养目标也不尽相同。

3. 教师的教学目标

教师的教学目标居于第三个层次,是指教育者在教育教学过程中,在完成某一阶段的工作时,希望受教育者达到的要求或产生的变化。教学目标是预期教学结束时所达成的学习结果或终点行为,是教学活动的指导思想,是一切教学活动的出发点和最终归宿,它既与教育目的、培养目标相联系,又不同于教育目的和培养目标,实际上是课程目标的具体化或细化。一般而言,教学目标与教育目的、培养目标之间是具体与抽象的关系。教育目的是最高层次的概念,它是培养各级各类人才的总的规定,各级各类学校的培养目标、教学目标都要依据教育目的制定。

教学目标是整个教学过程实施的依据,教学活动的全过程都是为了达成教学目标而进行的,教学内容、原则、程序、途径、方法、手段等的选择,都是以教学目标设定与达成情况为依据的。实施有效教学,前提是明确课堂教学目标。课堂教学目标通常是可观察、可明确界定、可测量、可评价、可操作的教育目的,与培养目标之间是普遍与特殊的关系。培养目标是中层次的概念,是对受教育者通过教学以后将来能做什么的一种明确的、具体的表述,主要描述受教育者通过学习后预期产生的行为变化。教学目标是最低层次的概念,更为具体,微观到每堂课甚至是每个知识内容,教育目的和培养目标是制定教学目标的依据。教育目的是针对所有受教育者提出的,而培养目标是针对特定的教育对象提出的,各级各类学校的教育对象有各自不同的特点，制定培养目标需要考虑各自学校学生的特点。

培养目标是教学目标确定、实施和教学活动评价的基本依据，具有高度的概括性和抽象性，它必须通过一个个具体教学目标的完成才得以实现，而各教学目标之间是相互联系和相互影响的。教学目标的完成不一定能保证培养目标的实现，必须在培养目标的总揽之下，把握教学目标之间以及教学目标与教育目的之间的内在关系，才能保证培养目标的最终达成。

（二）教育目的的内容结构

教育目的的内容结构是指教育目的的组成及其相互之间的关系。教育目的一般由两部分组成：一是对教育所要培养的人的身心素质及其结构作出规定，即指明受教育者在知识、智力、品德、审美、体质等方面的发展，以期望受教育者形成某种素质结构，这是对表现于教育结果之中的人的身心素质以及它们之间联系的规定；二是对教育所要培养的人的社会价值作出规定，即指明受教育者应符合什么社会的需要或为什么阶级的利益服务，这是对表现于教育结果之中的人的社会功能的规定。其中，关于身心素质的规定是教育目的内容结构的核心部分。

教育目的的这两部分内容结构是不可分割的。表现于教育结果中的人的社会功能规定了人的身心素质及其结构；人的身心素质及其结构决定着它所能发挥的社会功能的性质和水平。教育目的中关于受教育者社会价值和社会功能的规定对受教育者的发展起着定向作用，但教育目的结构的核心部分则是关于受教育者所要形成的身心素质及其结构的规定。因为教育是培养人的活动，所以教育目的一方面必须从社会发展的客观需要出发，另一方面必须为受教育者未来的需要考虑，并在此基础上对受教育者身心发展的方向、内容和所要达到的水平作出切合实际的规定。只有这样，才能卓有成效地去指导教育活动，形成受教育者合理的素质结构，提高受教育者自身的价值。也只有在受教育者形成合理的素质结构的基础上，受教育者才能在社会实践中充分发挥社会功能并创造社会价值，为某种社会目的和社会理想的实现作出自己的贡献。

四、确立教育目的的依据

通过教育培养什么样的人，怎样为社会培养人，一直是古今中外开展教育活动的前提。教育作为培养人的社会活动，既能对社会和人产生多方面影响，又受多方面制约。在选择确立教育目的时，常常以下列两方面作为依据。

（一）社会依据

教育产生于社会需要，与一定社会的现实及其发展有着密切联系，要更好地服务于社会，必须依据社会现实和发展需要来选择和确立教育目的。

从社会关系现实和发展的需要来看，社会关系是建立在物质资料生产基础上的各种关系的总和，是社会生产关系、政治关系、经济关系、文化关系、道德关系等各种关系的总称。在特定社会里，社会关系是否和谐、有序，关系到社会的稳定。因此，任何社会都十分注意社会关系问题，并建立相应的政治机构、组织制度和经济制度等对社会关系予以调控和管理。在社会发展中，社会生产方式的变革，总要带来社会关系结构及其制度的变革。适应新的社会关系结构及其制度，就会对培养人提出相应的要求。从社会生产和科学技术发展的需要来看，人不仅是社会的成员（或阶级的成员），而且是社会物质和精神财富的创造者。因而，培养什么样的人，不仅要反映社会关系和政治经济的要求，也受社会生产力和科学技术发展水平的制约。特别是现代社会，生产力发展及其产业结构的变化，科学技术的作用日益显著，已经成为制定教育目的不可忽视的重要因素。

当今，知识经济和信息化已经成为社会的重要特征，社会生产、管理越来越走向科学化、知识化、信息化和智能化，对劳动者的质量规格提出了前所未有的要求，世界上很多国家都根据这种要求重新选择确立教育目的，以培养能够适应社会发展的人才。

（二）人的依据

教育目的含有对人的素质发展的要求，这种要求不仅要依据社会现实及其发展来确定，也要依据人的身心发展和需要来确定。

从人的身心发展特点来看，它是确定各级各类教育目的（或目标）不可忽视的重要依据。如果不考虑这一点，就会导致实际教育活动脱离学生的身心发展水平，难以有效地促进学生发展。因为人的不同年龄阶段，其身心发展特点和水平有所不同，在把教育目的转化为各级各类教育的培养目标时，就必须以此为依据，这样才能使实际教育活动对学生的要求符合学生身心发展的特点和水平，具有针对性，而不至于过低或过高、过易或过难。我们知道，人的身心发展具有阶段性和顺序性、稳定性和可变性、不平衡性和差异性等特点，各级各类教育选择确立教育目的（或培养目标）时，应予以很好的把握。只有依据学生身心发展的特点，才能将各级各类教育目的（或培养目标）整合为循序渐进的、相互联系、相互衔接的培养目标，为不同教育阶段的实际教育活动提供指导，这样的目标不仅具有实际可行性，也能对学生身心发展起到强有力的推动作用。

从人的需要来说，人的发展需要是教育目的选择和确立的重要因素之一。人的发展具有各方面的需要，包括物质和精神的需要、现实和未来的需要、生存和发展的需要等。这些需要不只是产生于"自我生长"过程，也与个人在"生长"过程中对社会发展变化要求的意识密切相关。人对社会发展变化要求的认识，会使社会要求转化为自我发展的需要，使其围绕社会要求来设计、建构自我发展的素质。人的这种需要满足，常常包括对教育的要求，这是选择和确立教育目的（或目标）时必须予以考虑的。如果不考虑人的发展需要，就不能唤起受教育者在教育活动中的主动性和自觉性，就不能很好地培养和造就具有积极主动精神和富有创造性的社会主体。

事实上，任何社会的教育目的，对人所应具备素质的要求、所预期形成的素质结构，不仅体现着社会规定性，而且总是不同程度地体现对人的生理、心理、智慧才能、人格品行及生活能力、技能等方面理想化发展的追求。人是社会的主体，正视人的主体性需求，满足人的主体性需要的教育目的，才更有利于人的价值提升和人的本质力量增强，才能对培养人的实际教育赋予根本的活动宗旨。

五、教育目的理论

在教育活动中，人们从各自的利益和需求出发，选择不同的教育价值追求，确立不同的教育目的。因此，不同的教育目的主张，实质上是教育价值取向的体现。所谓教育价值取向，是指教育目的的提出者或从事教育活动的主体，依据自身的需要，对教育价值选择所持的一种倾向。在教育实践活动中，人们按照一定的教育价值取向，通过主体的能动作用，可以创造出具有特定价值模式的教育。人们期望教育发挥什么功效，希望受教育者向什么方向发展，即创建什么类型的教育和培养什么类型的人，无不受教育价值观的影响。在教育发展的历史过程中，有着许多的教育价值取向，形成了特定价值模式的教育目的主张。

（一）社会本位论

社会本位论主张教育目的应根据社会要求来确立，此学派主要代表人物有古希腊的柏拉图，法国的孔德、涂尔干，德国的那托尔卜、凯兴斯泰纳等。其基本观点是：

（1）教育目的是由社会需要决定的。真正的个人并不存在，只有人类才存在。社会价值高于个人价值，个人的存在与发展从属于社会。个人不过是教育的原料，不可能成为教育的目的，教育除了社会目的之外，没有其他目的。决定教育目的的是社会需要，培养社会所需要的人是教育追求的根本目的。

（2）教育的结果只能以其社会功能发挥的程度来衡量。个人的使命在于为国家或社会献身，教育所培养的人要满足社会的需要，与社会合作，为社会服务。教育结果的好坏，只能以它能否维持人类的生存和社会的繁荣来加以衡量。离开了社会，无从对教育的结果进行衡量，不反映社会需要，教育目的也就失去了意义。

（3）重视社会适应性教育和科学教育。教育应该按照社会对个人的要求来设计，要体现出教育对社会的繁荣稳定与整体性进步的作用。教育目的要立足于社会现实，培养适应社会发展要求的人。随着社会的发展，现代科技正日益成为社会经济发展的决定性因素，社会生活的方方面面日益科学化，科技竞争力已成为国际竞争的决定性因素。因此，教育必须强化科学教育，促进科学技术的发展，增强国家的国际竞争力。

社会本位论认为，个人的发展依赖于社会，受社会制约。人的身心发展的各个方面都靠社会提供营养，人的一切都从社会得来。教育应使个人认同社会、服务社会，教育不能脱离社会，教育必须满足社会对受教育者提出的要求。教育的目的就是使个人社会化。个人不过是教育的原料，教育目的在于使个人适应社会生活，成为公民，为社会做贡献。教育过程就是把社会的价值观念或集体意识强加于个人，把儿童从不具有社会特征的人，改造成为具有社会所需要的个人品质的"社会的新人"。社会本位论强调教育目的从社会出发，满足社会的需要，具有一定的合理性。人之所以为人，是因为他生活在人群之中，并且参加社会生活。但是过分强调人对社会的依赖，把教育的社会目的绝对化、唯一化，忽视个人的需要和兴趣，忽视个人的利益和价值，这种极端的主张完全割裂了人与社会的关系，极易造成对人本性的束缚和压抑。它所主张的社会化不是与个性化统一的社会化，而是非个性的社会化。

（二）个人本位论

个人本位论主张教育目的应以个人价值为中心，应根据个人自身完善和发展的精神需要，制定教育目的和建构教育活动，具有强烈的人道主义特色。个人本位论的全盛时期出现在18、19世纪，突出人的本性需要和自由发展，反对神学等观点。个人本位论的价值取向主要反映在自然主义和人文主义的教育思想中，其主要的代表人物是法国的卢梭、萨特，英国的洛克，美国的罗杰斯、马斯洛,德国的福禄培尔、康德,捷克的夸美纽斯,瑞士的裴斯泰洛齐等。个人本位论的主要观点如下。

(1) 实现人的精神价值是教育目的的核心内容。重视人的价值、个性的发展及其需要,把人的个性发展及需要的满足视为教育的价值所在。个人价值高于社会价值,个人决定社会,而不是社会决定个人;一个人应该为他自己受教育,而不是为社会需要受教育;个人价值中内在的精神价值高于外在的物质价值;人生追求的最高价值,在于形成美好的人性和获得美好的精神生活,而不在于获得谋生的手段和求得物质生活的满足。所以,教育目的应尽量地远离现实,接近理想,在努力实现个人价值的基础上,追求个人精神价值的实现。个人本位论在课程安排上重人文学科,轻经验学科,并认为人性的共同要素和理性的永恒价值标准集中地存在于伟大的文化遗产中,把反映传统文化遗产的古典著作作为课程内容的核心。

(2) 教育目的是由人性决定的。个人本位论认为教育目的的根本在于使人的本性、本能得到自然发展,使其需要得到满足。人性是人生来就有的本性和本能,是普遍的、健全的、美好的和永恒的,理性(特指价值理性,而非工具理性和科学理性)是人性中的灵魂、向导,是人性中天赋的真善美原则,是人类建立有序世界的根本,是人的最高价值。所以,教育唯一的永恒的目的就是要顺应人性和人的本能需要,发展人的本性和本能,培养人的理性。

(3) 强调自我生成,追求自我实现。个人本位论主张应根据人的本性发展和自身完善这种"天然的需要"选择和确立教育目的,按照人的本性和发展需要来规定教育目的。人的先天本能是完满的,教育的目的就是使这种本能不受影响地得到发展。人也是生而自由的,人具有自我生成、自由实现的能力,应把教育当作自我发展和自我实现的手段。存在主义认为,人就是自由,自由就是人的存在,人是由自己造就的,人的自我生成是人的自由选择和自我创造。

个人本位论的教育目的观从着重实现教育的个人价值出发,把人的自身的需要作为制定教育目的的依据,在一定的社会历史时期具有进步意义。他们主张把人从机械文明中解放出来,不仅要把提高人存在的价值作为教育目的的核心,而且要重视对人的主体性的尊重和培育。存在主义关于教育的这些主张对于扭转教育的工具化倾向具有重要的意义。当然,个人本位论的教育目的观并不完全排斥对人的社会性的培养,也主张教育应为个人今后的谋生和承担一定的社会责任做一些准备,只是强调具有功利性的谋生教育只能在实施好人文教育的基础上进行。但是,总体而言,个人本位论的教育目的观没有看到人的社会制约性,没有把人看成社会现实中的人,而从人的先天本性去解释人的发展与人的教育,企图通过顺应和发展人的先天本性的教育去抵制和改变不合的社会现实,而且,把人的个性化与社会化对立起来,既夸大了人的主观能动性与教育在社会进步中的作用,又割裂了人的个性化与社会的统一。

其他目的如传播特定文明区域的文化遗产,为参与社会生活和成为优良的公民做好准备,以及履行整个社会的特定职能,完成家庭责任和谋生所需要的精神准备,乃是一些推论,它们是重要的,但属于第二位的目的。个人本位主义的教育目的论具有强烈的人道主义特色,强调人的本性需要,强调个人的自由发展,具有积极的意义。但是它在探讨过程中不免带有唯心主义色彩,在社会发展过程中也有明显的片面性。

(三) 折中调和论

折中调和论的教育目的观,是由美国教育家杜威提出的。这种目的观试图调和个人本位论与社会本位论教育目的观在个人价值与社会价值、个人需要与社会需要之间的分歧,做到个人与社会二者兼顾。其基本观点如下。

(1) 个人与社会密不可分，个人离不开社会，社会离不开个人，教育的个人价值与社会价值不能分开。教育目的要反映个人身上的社会因素和社会方面的个人因素，把个人特性与社会目的协调起来，做到两者兼顾，既不能舍弃一方也不能厚此薄彼。

(2) 通过促进儿童的生长实现个性化与社会化的统一。杜威认为，教育的本质即生长，生长的依据是儿童具有的自己的本能和倾向，生长的过程是经验的不断改造与改组，而经验的生长必须是在与社会环境、与社会上其他人的经验交互作用下进行的。一切教育都应围绕儿童，从儿童的心理出发，考虑儿童的需要、兴趣、欲望，反对对教育和儿童的发展过程强加外在的目的，但又不能对儿童放任自流，必须把社会需要、社会利益贯穿到教育过程之中，使儿童在生长过程中不断个性化的同时也获得社会化。

(3) 重视教育目的的社会适应性。世界是变动不安的，人不能独立于其之外；人性是社会的和生物的，是高度易变和可塑的；价值观也是相对的、变化的，没有绝对的和永恒的价值原则。因此，教育必然随社会的变化而变化，没有永恒不变的教育目的，只有把教育同社会变化联系起来，才能消除旧教育与社会隔离的特点。

杜威的教育目的观具有一定的积极因素，如尊重儿童的需要与兴趣，强调学校与社会生活的联系，试图把儿童的个性化与社会化统一起来，尤其是注重儿童的活动在促进儿童发展中的作用。杜威主张儿童的个性只能在教育者的指引下，在儿童自身的生活与活动中形成，并通过活动表现出来，活动既是个性发展的基础，也是个性存在的形式。杜威的活动既符合儿童的特点，也能适应现在社会生活的需要，又是在教师设计、指导下进行的，不仅具有发展个性的价值，又兼顾了儿童社会化的一面。但是，杜威并没有处理好个性化与社会化之间的关系。根据杜威的主张，儿童通过生长过程，虽能培育能动性、创造性和独立性，却并不能真正形成完整的个性。因为个性总是在特定社会关系中存在、发展的，具有社会倾向性，尤其是具有特定的理想和道德意识的方向性。而在杜威看来，社会有的只是变化，社会的变化只有偶然性，没有必然性，所以个性的社会性若形成不了，也就无所指向，一个人在社会中只能随波逐流。

(四) 辩证统一论

辩证统一论的教育目的观，是以马克思主义理论为指导，把社会需要与人的自身发展辩证统一地结合起来的教育目的观。其基本观点如下。

(1) 人是社会实践的主体，既受社会的制约，又改造社会，是社会的创造者。社会既是人生存发展的条件，又是人活动的形式和结果。个人的生存发展离不开社会，要以社会的发展为基础，受社会发展的制约，服从社会发展的要求。社会是由个体的人所组成的，个人的主观能动性对社会的变革与发展起着巨大的作用。人在社会生活中，既要接受和适应社会现实，又要不断产生出高于社会现实的需要，谋求对社会现实的一定超越。人的发展与社会的发展是相互制约、相互促进和相互转化的。教育在有效地把社会发展的要求转化为人的素质的同时，也把人的发展水平提高到了社会发展的水平。因此，教育的中介转化地位是确定教育目的的出发点。

(2) 人的社会化与个性化是一个统一的过程。人既需要社会化，又需要个性化；既必然社会化，又必然个性化。人的个性化或社会化同时也就是他的社会化或个性化。真正的现实的人，都是作为社会的人与作为个体的人的统一，都是作为受社会制约、规范的人与作为受个体需要、追求驱动的人的统一。因此，教育的目的应是培养受教育者成为社会活动的主体，既主动适应社会现实又积极超越社会现实，这既是社会发展的要求和趋势，又是人发展的内在需求和追求，也是个人成长的个性化与社会化内在统一的要求。

（3）强调教育要促进人与社会的全面、和谐的发展。树立辩证统一的教育目的观，必须建构一种完整的教育。完整的教育应同时包括"学习做事"和"学习做人"两大部分，"学习做事"必须接受科学教育，"学习做人"必须接受人文教育。完整的教育是科学教育与人文教育的相互结合、相互补充，互不替代，同等重要。在开展科学教育的同时，不能忽视人文教育，应把人文精神作为教育目的的价值方向，将科学精神与人文精神有机地融合。

第三章 教育的制度与结构

第一节 教育的制度

一、教育制度的含义和特点

（一）教育制度的含义

"制度"一词包含两种意思：一是要求成员共同遵守的、按一定规程办事的规则，如规章制度、作息制度等；二是在一定条件下形成的政治、经济、文化等的体系，如资本主义制度、社会主义制度等。制度的建立与变迁是人类理性的结晶，它不仅包括以法律、法规等为核心的正式制度安排，也包括以道德、信念、习俗、习惯等为核心的非正式制度安排。二者共同构成了人类社会。生活行为由国家规定的正式约束和由社会认可的非正式约束构建，进而形成了制度规范人类社会生活行为——良好的社会生活秩序。一个机构能够有效地运转，离不开一套明确的、具有约束力的运行和协调规则；一定的制度或规则总是以一定的机构或组织系统为对象，起到制约和协调机构或组织之间及其内部各种关系的作用。一个完整的制度不仅包括各种规则或约束，还包括实施机制。制度实施机制是否健全，是否具有强制性，反映了一个国家制度的有效性。不存在没有制度的机构或组织，同样也不存在没有实施对象的制度。

教育制度是指一个国家各级各类教育机构与组织的体系及其管理规则。它包括两个基本方面：一是教育的施教机构系统方面，各级各类教育机构与组织体系即教育的各种施教机构与组织（学校教育机构与组织、幼儿教育机构与组织、校外儿童教育机构、成人教育机构与组织、教育科研机构）、各种管理机构（各级政府教育管理机构、教育督导机构）等；二是教育的管理系统方面，包括教育行政机构、教育督导机构、教育评价和考试机构系统等，以及这些教育机构赖以存在和运行的整套规则，如各种各样的教育法律法规、制度和规则等。各级是指初、中、高三级；各类是指普通教育、职业教育、成人教育等教育机构及管理机构；运行的规则是指各种各样的教育法律、规则、条例等。

教育制度可分为三个层次：一是教育根本制度，主要指国家教育方针；二是教育基本制度，包括教育体制、学制和各种教育政策、法律与法规等；三是教育具体制度，指各种具体的教育行为规范、办事程序和运作机制。例如，教学管理制度、考试制度、评价制度等。在教育学里，通常把教育机构与组织的管理规则当作教育管理学或教育行政学的问题来论述，教育学中讨论的重点是各级各类教育机构与组织的体系。

（二）教育制度的特点

教育制度具有客观性、文化性、历史性、强制性等特点。

1. 客观性

教育制度作为一种制度化的东西，是特定时期的人们根据自己的需要制定的。虽然反映着人们的一些主观愿望和特殊的价值需求，但是，人们并不是也不可能随心所欲地制定或废止教育制度。某种教育制度的制定或废止主要是由社会生产力发展水平和人的发展水平决定的。任何教育制度都是制定者根据自己的需要制定的，具有一定的规范性。主要表现在入学条件即受教育权的限定和各级各类学校培养目标的确定上。

2. 文化性

制度作为人类调适社会环境的产物，是同特定的文化模式和社会过程密切相关的，任何一种制度都是在特定的社会文化背景下制定的，人类各种管理制度本身就是非物质文化的一种类型。制度是植根于人群的习惯或风俗。教育制度一方面作为社会文化载体，在文化的传承、发展与创新过程中承担着不可推卸的责任；另一方面教育制度的建立与发展又是在特定的社会文化背景下进行的，不可避免地受社会文化的影响。教育制度最早形成于五代，盛于"两宋"，以书院形式存在了约一千多年，对于我国封建社会的教育产生了重要的影响，在办学形式、管理制度、教学原则与方法等方面积累了大量的宝贵经验，是具有重要研究价值的一种古代教育制度。

书院教育制度有以下特点。

（1）书院实现了佛道儒三家学说的融合，宋明理学对于书院制度的形成有非常大的影响。理学的研究和讲授是书院教育教学的基本内容，书院的教育和教学又是理学传播和启发的重要途径。

（2）书院地点的选择符合道观与寺庙设置的原则，多选择在山林茂盛之地，远离尘嚣。例如，宋初比较有代表性的书院，白鹿洞书院、岳麓书院、应天府书院、嵩阳书院、石鼓书院、茅山书院都设在山清水秀之宝地；同时当时理学研究盛行的地区，也是书院最集中的地区。

（3）在教学方法上采用"讲会"，即允许不同学派进行会讲，展开争辩，在一定程度上体现了"百家争鸣"的精神。从学的方面看，禅宗讲究坐禅入定，以求明心见性，而书院提倡静坐内省的修善方法，如静坐澄心是书院的学生为学和修养的主要方法等。以上几方面都体现了佛道儒三家交融与书院发展的密切联系。

总的来说，教育制度是指一个社会赖以传授知识和文化遗产以及影响个人、社会活动和智力增长的那些正式机构或组织的总格局。它应当包括一个国家或地区教育系统以及相应的教育管理制度和考试制度的体系。在教育学中，教育制度通常主要是讨论一个国家或地区的教育系统，这个教育系统包括学校教育、家庭教育、成人教育和社会教育，是一个终身教育系统。

3. 历史性

教育制度既是对客观现实的反映，又是一种价值性的选择和体现。教育制度是一定时代的人们在不同的文化背景下，根据一定的社会需要及个体需求而制定的，它的具体内容会随着社会的变化而变化，在不同的社会历史时期和不同的文化背景下，就会有不同的教育需要。教育制度是随着时代和文化背景的变化而不断创新的。

原始社会时期，生产力水平很低，教育还没有从社会生活中分化成为专门的事业，没有专门的教育机构和专职教育人员，它是在生产劳动过程中和人们日常生活中进行的，由于儿童公有公育的传统，原始社会的所有儿童都享有平等的教育权利，都在氏族平等的教导下，成长为合格的成员，它的教育对象是所有的儿童和青年；它的教育内容主要是原始的生产劳动经验，有农业、畜牧业、军事技术等方面的简单知识，还有狩猎、捕鱼、制造工具、种植庄稼、建筑房舍、骑马、射箭以及原始社会生活中的规范、准则、禁忌、氏族部落的传统等。依靠这种简单的教育来维持人类自身的生存和发展。

奴隶社会时期，由于生产力的发展，有了剩余产品，生产资料和剩余产品被少数人所垄断，教育作为社会不可分割的组成部分，必然要反映这种生产关系，于是就出现了不同等级享受不同教育权利的现象。社会等级森严，只有特定人群才能得到受教育的机会。学校教育的大门只向奴隶主、贵族的子弟开放。学校被统治阶级利用成为压迫人民的工具，广大劳动者子女依然在生产生活中接受教育，学习手工劳动的经验和技能。奴隶主为维护自己的统治，在奴隶制官学中把自己的子弟培养成政治、军事和宗教的骨干分子，以管辖奴隶制国家。这一时期出现了专门的教师职业和学校教育机构，学校的教育内容与生产经验是完全相脱离的，如中国古代学校教育的主要内容是六艺：礼（别上下、分尊卑，维持世袭等级制的典章制度和道德规范）、乐（祭祀天地鬼神，颂扬祖先，鼓舞军心的音乐舞蹈）、射、御（射箭、驾车等作战技术）、书（语言文字的读、写及文学历史方面的知识）、数（计算及历法天文等自然科学方面的知识）。

不同社会历史时期的教育制度都为当时的社会发展状况所制约，它恰好满足当时社会的经济的和文化的要求，进而为当时社会发展服务，如表 3-1 所示。

表 3-1 不同社会历史时期教育制度的对比（以原始社会与奴隶社会为例）

	教育状况	教育对象	教育内容
原始社会	生产力水平很低，教育还没有从社会生活中分化成为专门的事业，没有专门的教育机构和专职教育人员，它是在生产劳动过程中和人们日常生活中进行的	面向所有的儿童和青年	原始的生产劳动经验和社会生活经验
奴隶社会	有了剩余产品，出现了专门的教师职业和学校教育机构	奴隶主阶级子弟	教育内容与生产劳动相脱离

4. 强制性

制度包括一系列约束人类社会行为的规则，这些规则有的是由国家规定、强制执行的，有些是社会约定俗成的，它们都不同程度地约束着人们的社会行为。制度的主要特征之一在于其具有强制性或约束性，维护和施行制度意味着某种"外在"权力或权威的存在，表现为制度通过法律法规、组织安排和政策等形式表现出来。教育制度作为教育机构系统的制度，是先于个体而存在的。它独立于个体之外,对个体的行为具有一定的强制作用。但随着教育制度的发展及其内部的丰富多样化,特别是终身教育的确立与推行,个体的选择性也越来越大。

教育制度作为教育系统活动的规范,是面向整个教育系统的,是由国家法律来规定的,它对教育系统内的分工与责任、可以做与不可以做的以及对错误的教育行为予以实施惩罚都作了明确的界定。教育制度规范着教育系统内人们的行为规范,要求人们予以遵守,具有较高的法律效力和强制性,如果违反了相应的教育制度,不论个人还是集体都要受到不同形式的处罚。例如,学校考试制度规定任何学生和教师在考试过程中都不能有舞弊行为,否则,一经查实,都要给予相应的处分。考试制度对学生和教师来说都是要无条件服从的。

二、影响教育制度的因素

不同的社会历史时期,由于社会需要及人的身心发展规律的影响造成了教育制度的变化与发展,因此若要充分发挥教育制度的功能,研究教育制度的制约因素就十分有意义且必要。

(一) 社会因素的影响

1. 经济因素

一方面,经济为教育制度的建立提供了相应的物质基础(各种教育机构、设施、设备、教育经费的投入等)。不同的国家通过生产力的不断发展,不断改善教育的办学条件,加强对教育设施的建设,增加教育投入。国家的经济发展水平越高,就越有机会为教育投入更多的财力,提高教育水平与质量;反之,则会影响教育的正常发展。

另一方面,经济的发展为教育制度的发展提供了相应的客观需求。生产领域出现了对专门人才的客观需求,就要求教育领域培养相适应的人才,从而满足各行各业对人力资源的需求,否则将严重影响经济发展的进程。从教育与经济的关系原理中我们可以了解到,学校规模与数量的多少最终是由生产力发展水平决定的;其他教育领域中诸如人才培养的质量与数量、专业设置、学校类型等都是由社会经济发展所决定的。

2. 文化因素

文化最初是指人对自然界的有目的的影响,以及人自身的培养和训练。文化有众多的定义,其丰富的内容也因不同的学术流派而有不同的解释。教育制度本身就是社会文化的一个重要方面。文化对于教育制度的影响,主要表现在以下两个方面。

(1) 不同的社会文化背景必然会影响到学校教育的类型,从而影响教育制度。
(2) 我国"大一统"的传统文化观念影响着教育管理制度,教育管理与领导上强调统一与集权。

3. 人口因素

人口是指在一定地域和时间范围内的人的群体,它不仅是由数量组成的一个整体,而且具有多样的规定性和关系。如人有性别规定性、教育程度的规定性;人有婚姻关系、经济关系等,多种规定性和多种关系组成了人口。人口对教育制度的影响体现在如下三个方面。

(1) 人口对教育结构的影响

教育结构是指构成教育总体系的各个部分的比例关系及其结合方式。主要包括教育纵向结构、教育横向结构和教育地区布局结构等。以教育的纵向结构为例，人口中的学龄结构比例直接影响初中高三级教育的构成比例及教育经费的投入。不同国家由于人口年龄的结构差异，教育纵向结构也有所不同。在学龄人口的年龄构成中，低龄人口比重大，则在教育体系中初中教育和中等教育所占的比例就越大；低龄人口比重小，教育体系中高等教育所占的比例就越大，而初等教育和中等教育在教育体系中所占的比例就会相对减少。相应教育经费的投入，也会随着学龄人口数量的变化而变动。

(2) 人口分布密度影响学校的数量及布局

人口分布地区不均衡和城乡分布不均衡是我国人口分布的显著特点。地区分布上以华东地区人口最为密集，中南和西南地区次之，西北最少；城市人口密度大于乡村人口密度。这些都导致了我国地区和城乡教育不能平衡发展。人口密度大，学龄人口相对集中的地区和城市，学校的布点相应多，在校生人数多，教育事业也就发达；而人口密度小的地区和乡村，学龄人口少，学校相应就少，教育事业相对落后。

(3) 人口流动对教育系统产生相应的影响

人口流动是社会发展的一种必然现象，随着社会经济的发展，经济发达地区和城市对外来劳动力的吸纳能力日益增强，人口的不断流动，促进了文化教育事业的发展与交流，但也给教育带来新的矛盾和问题。从流入地来看，原有人口布局发生了变化，必然会引起当地教育需求的改变，教育事业的规模要做出相应的扩展，加之流入地教育经费投入相对紧张，难以吸收大量农村青少年入学。从流出地来看，原有学龄人口不断减少，学校规模缩小，许多学校裁撤、合并，学校很难有效地组织教学，更为重要的是学校数量的减少意味着学校对流出地文化教育的影响力越来越弱，而在我国，大多数人口流出地都是经济文化相对落后的地区，这对于改善落后的现状十分不利。流动人口的教育问题也是当前教育界讨论的热点问题，解决好这个问题需要国家在教育经费划拨机制上进行全面的改革，确保流动人口的子女在流入地能够上得起学、上得好学。

(二) 人的身心发展规律的影响

人的身心发展表现为阶段性和顺序性等特点，它对于教育制度的影响主要表现在学校的纵向分段上。例如，学生的入学年龄、修业年限、各级各类学校的分段，都要考虑人的身心发展特点，使不同级别的教育能切合学生的智力和体力的发展水平。

综上所述，教育制度不但受生产力发展水平和科学技术发展水平所制约，而且还受经济制度、文化传统所制约，同时也要考虑人的身心发展规律的制约，而最终的决定因素还是社会生产力发展的水平。因为政治经济制度的变革和文化传统的变革，最终是由社会生产力发展水平所决定的。大量的事实证明，生产力发展水平和政治经济制度大致相近的国家，教育制度也比较相近，它们之所以表现出差别，主要是由于文化传统不同。

三、现代学校教育制度

现代教育制度的核心部分是学校教育制度，学校教育制度是整个教育制度的主体。

第三章 教育的制度与结构

（一）学校教育制度的概念

学校教育制度简称学制，是指一个国家各级各类学校的系统及其管理规则，它规定着各级各类学校的性质、任务、入学条件、修业年限以及它们之间的关系。

（二）现代学校教育制度的类型

1. 双轨学制

在18—19世纪的西欧国家，在社会政治、经济发展及特定的历史文化条件影响下，由古代学校演变来的带有等级特权痕迹的学术性现代学校和新产生的供劳动人民子女入学的群众性现代学校，都得到了比较充分的发展，于是就形成了欧洲现代教育的双轨学制，简称双轨制。一轨自上而下，其结构是大学（后来也包括其他高等学校）、中学（包括中学预备班）；另一轨自下而上，其结构是小学（后来是小学和初中）及其后的职业学校（先是与小学相连的初等职业教育，后发展为和初中相连的中等职业教育）。

双轨学制是西方近代教育的典型特征。从产生原因来看，群众性教育的产生有三个方面的主要原因：（1）资产阶级在与封建贵族斗争中争取民众的需要；（2）近代工业发展对工人基本知识和技能的需要；（3）资产阶级为了维护统治对贫民进行道德教育的需要。学术性教育这一轨道的产生有三个方面的原因：（1）培养资产阶级领导人的需要；（2）现代科学和技术发展对资产阶级领导者的需要；（3）贵族教育传统的需要。

双轨制是西欧特定社会制度的反映，是西方近代缓和社会阶级冲突的产物。这种学制两轨互为独立，等级分明，不利于教育的普及。因此，在现代社会初期，欧洲教育改革的一个重要任务就是加强初等教育和中等教育的衔接，建立统一的教育制度。

2. 单轨学制

单轨制自下而上的结构是：小学、中学、大学。在形式上，任何儿童、少年和青年都可以由小学而升入中学，直到升入大学。由于产业革命和电气化的推动，美国由农业社会向工业社会急剧地发展，导致双轨学制中的学术性教育的一轨并没有得到充分的发展，却被短期内迅速发展起来的群众性小学和群众性中学所淹没，从而形成了美国的单轨学制。美国单轨学制数十年来没有重大变化，主要原因在于它对现代生产和现代科技的发展具有更大的适应能力。这种学制一轨而多种分段，更有利于教育的普及，因此，这种学制后来被世界许多国家采纳。单轨制有利于教育的逐级普及，不但有利于过去初等教育的普及，而且有利于后来初中教育的普及，实践证明它对现代生产和现代科技的发展具有更强的适应能力。

3. 分支型学制

分支型学制也称"中间型学制"。其特点是前段小学、初中是单轨，后段分叉，中学分为文科中学和职业学校。职业学校的毕业生对口进入高等学校学习（少数优秀生），其余毕业后参加工作，工作三年后也可升学。我国基本上采用了分支型学制。

上述三个类型学制的发展是有一定历史顺序的，即从双轨制向分支型学制再向高中综合化的方向发展,每种学制的优缺点各有不同:双轨制的优点是它的学术性教育的一轨,具有较高学术水平,缺点是这种学制不利于教育的普及,特别是中等教育的普及;单轨制因采取了单轨和多分段的形式,因而具有有利于教育的逐级普及的优点;分支型学制的优点是两者兼有,既有利于教育的普及,又有较好的学术性、职业学校的扎实职业培训。但由于课时多、课程复杂,教学计划、大纲和教科书必须统一,因此教学不够灵活,特别是地域性较强的课程得不到很好的发展。

(三)现代学校教育制度的变革

1. 从学校系统的角度

双轨学制在向分支型学制和单轨学制方向发展,从发展过程可以得出两点结论:第一,义务教育延长到哪里,双轨学制并轨就要并到哪里,但单轨学制是机会均等地普及教育的好形式;第二,综合中学是双轨学制并轨的一种理想形式,因而综合中学化就成了现代中等教育发展的一种趋势。

2. 从学校阶段的角度

(1)幼儿教育阶段

在当代,很多国家都把幼儿教育列入学制系统。与此相关,幼儿教育机构也发生了重要变化:一是幼儿教育的结束期有提前的趋势;二是加强小学和幼儿教育的衔接。

(2)小学教育阶段

第一,小学已无初、高级之分;第二,小学入学年龄提前到6岁甚至5岁;第三,小学年限缩短到5年(法国)、4年(德国)甚至3年;第四,小学和初中直接衔接,取消了升入初中的入学考试。

(3)初中教育阶段

一是初中学制延长;二是把初中阶段看作普通教育的中间阶段,中间学校即由此而来;三是不把它看作中学的初级阶段,而是把它和小学衔接起来,统一进行文化科学基础知识教育。

(4)高中教育阶段

高中阶段学制的多种类型,即高中阶段教育结构的多样化,是现代学制的一个重要特点。

(5)职业教育阶段

职业教育在发达国家基本上都是在高中和大学阶段进行的。从总体上看,职业教育在当代有两个突出的特征:一是对文化科学技术基础的要求越来越高;二是职业教育的层次和类型的多样化。

(6)高等教育阶段

一是多层次,过去主要是本科一个层次,而现在则有多个层次,专科、本科、研究生(硕士、博士);二是多类型,现代高等学校的院校、科系、专业类型繁多,有的注重学术性,有的侧重专业性,有的偏重职业性。高等学校与社会、生产、科学技术、社会生活的各个方面的联系越来越密切。

第二节 教育的结构

一、教育结构的含义

从系统论角度看,结构指的是系统中各有机组成部分、各要素、成分相互联系、相互结合的方式或构成的形式。教育也可以看作一个系统,教育结构是该系统中各有机组成部分、各要素、成分相互联系、相互结合或构成的形式。教育结构具有多方面性和多层次性。总的来说,教育结构可以分为教育活动的结构和教育系统的结构两个大类,每一类又包括具体的类别。

根据研究问题的不同角度,教育结构可以是指教育体制方面的结构,也可以是指教育的类别与专业设置,以及类与类、专业与专业之间的比例关系,还可以是指教育的级别和程度,以及级与级之间的比例关系。有时,各级各类学校在地理位置上的布局问题也被看作教育的结构问题。

关于教育结构的一种习惯性理解是把它从纵横两个方面进行分析。即从纵向上看,教育结构乃是教育的层次划分结构。从横向上看,教育结构在义务教育阶段是单一的形式。在非义务教育中的基础教育阶段,它可以分为普通教育、职业教育和特殊教育三个方面。在高等教育部分,它大体可以分为理工、农医、人文(含文科、财经、政法)、师范等以行业特点为标志的四个部类。

二、教育系统的结构

(一)教育系统结构的含义

教育系统结构是指教育系统的组成部分及其关系。教育系统结构可以分为教育的层次结构、教育的类型结构、教育的形式结构、教育的管理体制结构、教育的区域结构等。同时,每一级教育内部又有各自的教育类型结构、教育层次结构、学科专业结构、学生结构、教师结构等。

(二)教育系统结构的基本构成

1. 教育的层次结构

教育的层次结构是指不同要求和程度的教育即各级教育的构成状态。教育的层次结构一般由学前教育、初等教育、中等教育和高等教育组成。

2. 教育的类型结构

教育的类型结构是指不同类型的教育即各类教育的构成状态。教育的类型结构一般由普通教育、职业教育、成人教育、教师教育、特殊教育等组成。

3. 教育的形式结构

教育的形式结构是指不同办学形式的教育的构成状态。教育的形式结构一般由全日制教育、半工半读教育、业余教育,以及课堂面授教育、函授教育、夜大学教育、广播电视教育、自学、电化教育、网络教育等组成。

4. 教育的管理体制结构

教育的管理体制结构一般由公办（立）教育、民办（私立）教育、公办民助教育、民办公助教育、社会团体办学、企业办学、中央和地方共建学校等组成。

5. 教育的区域结构

教育的区域结构是指各级各类学校在不同地区分布上的构成状态。

（三）影响教育系统结构的主要因素

教育系统结构受政治、经济（特别是产业结构和就业结构）、文化、科学技术、人口等因素的影响，并随着社会的发展而不断变化。只有建立合理的教育系统结构，才能充分发挥教育的功能。

三、目前教育结构不合理之处

当前部分地区面临人才供求的结构性失衡，不利于扩大中等收入群体。人才供求结构性失衡，重要原因在于教育财政支出结构及更深层次的教育结构不合理。

（一）教育财政支出结构不合理

从促进教育结构朝着有利于扩大中等收入群体比重的方向发展看，教育财政支出比重偏低已经不是主要矛盾，更重要的是要优化教育支出结构。教育结构与经济社会发展趋势不相适应，导致人才供求的结构性失衡，突出表现在"用工荒"与"就业难"并存、学历与薪酬倒挂、技能型人才短缺与结构性失业并存等问题。人力资源和社会保障部的数据显示，人力资源富余与人力资本短缺现象并存，反映了人才供给结构的严重失衡，不利于扩大中等收入就业，也不利于提升劳动者收入。人才供求的结构性矛盾，无论是当前高技能人才缺乏反映出的教育结构不合理和优质职业教育匮乏问题，还是创新型人才缺乏所反映的高等教育发展方式转变的滞后和优质高等教育匮乏问题，本质上都是教育结构与经济社会结构变化不匹配，由此导致教育发展与经济社会转型升级对人才需求"脱节"。这是企业"用工荒"和大学生"就业难"并存的重要原因。从推动教育结构适应经济结构转型升级的趋势和需求看，通过教育支出规模扩张为城乡居民提供教育服务的历史使命已经完成，随着义务教育和其他各个阶段教育学生入学率的快速上升，教育支出规模扩张的边际效用递减。在破解人才供给的结构性矛盾中扩大中等收入就业和提升劳动者收入，关键在于加快教育结构调整，教育支出结构的调整和优化可以在其中发挥积极的引导作用。

（二）职业教育成为最大短板

职业教育对提升就业能力以及优化教育结构均发挥了重要作用。随着我国产业结构的调整升级，加快与市场联系最直接的职业教育发展更为迫切。职业教育发展不仅相对滞后于"中国智造"的趋势和需求，也滞后于服务业发展的趋势；高等职业教育发展相对滞后、职业教育结构仍然不合理，已经成为在经济结构转型升级中"扩中"面临的突出挑战。例如，2010年我国批发、零售、物流业等服务业从业人员与职业教育对口专业招生缺口数高达120万人，凸显职业教育结构的不合理。职业教育的教学资源和师资力量与普通教育相比，差距非常之大，甚至可以说职业教育相对普通教育是"二流教育"。2011年，我国中等职业教育支出占比为6.8%，学前教育支出占比为2.2%。相较之下，日本、韩国、德国在工业化后期，其职业教育经费支出总量占GDP的比重区间为0.9%~1.7%，平均维持在1.2%。我国职业教育生均经费支出低于普通高中教育。以地区数据为例，地方政府承担超过90%的教育财政支出，这些年尽管地方政府对职业教育的重视和投入均有所上升，有13个地区中等职业学校的生均财政经费大于普通高中生均财政经费，然而近十年来，只有1/4的地区中等职业学校生均财政经费增长率高于普通高中生均财政经费增长率，3/4的地区普通高中生均财政经费增长率均高于中等职业学校生均财政经费增长率。

（三）创新人才不足

在高等教育财政支出快速增加的保障下，我国近年来培养的大学生、硕士生、博士生数量都居于全球前列，但总体看我国劳动者中受过高等教育的比例仍然偏低，更关键的问题是创新型人才与发达国家相比存在明显差距。法国英士国际商学院《全球人才竞争力报告》显示，在118个国家中，瑞士、新加坡、英国、美国分列全球人才竞争力指数排行榜的前4位，我国排在第54位。科技部统计资料显示，我国高层次科技创新人才数量仅为1万名左右，在158个国际一级科学组织和1 566个主要二级组织中，我国科学家能参与领导层的仅为206人，占比2.26%。根据教育部数据，近年来中职毕业生就业率达到95%左右，但高校毕业生的就业率仅为70%左右。据调查，2017年高校毕业生中，专科生的就业落实率为88.9%，硕士生为85.2%，博士生为83.1%，本科生最低，为82.7%。这反映了我国现行高等教育结构与教育质量越来越难以满足经济转型升级带来的人力资源需求。在高等教育需求多元化的大背景下，优质的高等教育服务供给不足，导致大量需求外流的同时国内创新性人才培养不足，是当前高等教育发展面临的主要矛盾。高等教育结构不合理、高等教育领域供求不匹配，主要的问题是广大社会成员需要的多层次、高质量的高等教育服务供给不足。因此，应提升高等教育质量，优化高等教育支出结构，加快高等教育制度改革。

第四章 教师与学生

第一节 教师

一、教师职业概述

(一) 教师的概念

教师是传播人类文明的专职人员,是学校教育职能的主要实施者。广义上的教师是指凡是把知识、技能和技巧传授给别人的人,都可称为教师。狭义上的教师是指经过专门训练、在学校从事教育教学工作的专门人员。教师是学校教育工作的主要实施者,根本任务是教书育人。

(二) 教师的作用和地位

1. 教师的作用

教师的社会作用是指教师对一定社会的发展所产生的实质性影响,它是教师社会地位的客观基础。教师对社会发展的作用是巨大的,主要有以下三点。

(1) 教师劳动的社会价值

教师劳动的社会价值是指教师在教育教学过程中耗费劳动力而产生的满足社会需要的意义和作用。它是教师劳动价值的主要属性,也是体现教师社会地位和教师个人价值的主要标志。教师劳动的社会价值主要表现在对人类文明的传递和传播、延续和发展人类社会的巨大贡献上。教师是人类文化科学知识的继承者和传递者,在社会的延续和发展中起着承前启后的桥梁和纽带作用。人类进入当今的文明社会,是文化科学知识世代相传的结果,没有对前人文化遗产的继承,就不会有社会的巨大发展和进步。同时,通过教师对文化科学知识的传播,世界各民族的文化科学成果得以交流,互相汲取精神营养,促进社会的发展和进步。社会越发展,生产力越发达,科学技术越进步,教师的作用就越显得重要。教师是人类灵魂的工程师。教师不仅向学生传递人类文化遗产,而且具有塑造学生心灵、思想和品德的职能。教师是未来社会的建设者。自然法则决定了人类未来社会属于青少年一代,而教师恰恰担负着培养青少年一代的任务,从这个意义上讲,教师也是人类未来社会的建设者。

(2) 教师劳动的个人价值

教师劳动的个人价值是作为客体的教师劳动对于教师主体需要反馈的某种状态,是满足教师自身物质或精神需要的必需。教师通过劳动在为社会作出贡献的同时,也在一定程度上满足了自己的多种需要。一般说来，教师职业劳动具有一些优越性。一是教师劳动报酬风险性较小，收入相对稳定，工作环境比较好；二是教师的劳动劳逸结合，比较有规律；三是教师是运用自己的智慧展开劳动过程，更好地发挥了自己的创造才能；四是教师的劳动对象是学生，通过师生之间的交往互动，能够享受师生情谊，保持青春活力。

(3) 教师在教育过程中起着主导作用

事实上，教师在教育过程中处于教育者、组织者和领导者的地位。这种地位决定了教师在教育过程中起主导作用。这是因为：首先，从教育是一种社会现象来看，教师是受一定社会的委托，以培养学生为职责的专门的教育工作者，教师是一定社会利益的代表者，是党的路线、方针和政策的体现者和执行者，在培养人的思想政治方向上起着导航的作用，引导着学生的身心朝着社会所要求的方向发展，在教育过程中起着主导作用。其次，从教育是一种组织过程来看，教师是这一过程的组织者和领导者，教师领导着学生的学习方向，诸如学生学什么、如何学等问题。最后，从教育是促进学生身心发展的过程来看，教师是专门的教育工作者，受过系统的、严格的专业训练，有比较丰富的知识经验，承担着"传道、授业、解惑"的重任，而青少年学生年轻幼稚，知之不多，教师在教与学、知与不知等矛盾中，处于矛盾的主导方面，体现出主导作用。

2. 教师的地位

社会地位是社会学的一个术语，它是指社会成员基于社会属性的差别而在社会关系中的相对位置以及围绕这一位置所形成的权利和义务关系。一种职业的社会地位的高低主要取决于该职业对社会的贡献。一般来说，教师的社会地位由政治地位、经济地位、专业地位、职业声望等四个方面构成。整体评价教师的社会地位，可以把这四个方面作为评价指标，而具体评价还涉及各项指标的实际体现及相应权重。

(1) 政治地位

教师的政治地位是指教师参政议政的程度以及在社会政治体系中所处的位置，包括教师参政的深度、广度、幅度和专业权限、政治待遇、法律保障等，表现为教师的政治身份的获得、教师自治组织的建立、政治参与度、政治影响力等。由于教师主要从事培养人的工作，有着公共事业的性质，所以，许多国家都把教师确定为国家公职人员。教师政治地位的高低受社会经济、政治制度发展水平的影响。

(2) 经济地位

教师的经济地位是指教师的经济待遇在社会职业体系中所处的相对高度，包括社会物质财富的分配、占有和享用的状况，以及待遇、生活水平、行业吸引力等。它是教师社会地位最直接和最基础的指标。目前，由于各个国家经济发展水平的不同，人们对教师职业的认识不同，教师经济地位相对于其他职业的工资报酬，有三种类型：高于型、持平型和低于型。我国教师的福利待遇，与其他行业相比，基本上属于低于型。近年来，我国政府通过颁布法律，逐渐提高教师的经济地位。

(3) 专业地位

专业地位是教师社会地位的内在标准。由于专业在社会职业体系中占据重要位置，其职能具有不可替代性，专业地位也就成为衡量职业社会地位的指标之一。一般说来，一种职业所需要的教育训练时间越长，可替代性越低，专业化程度越高，其社会地位也就越高，反之亦然。

(4) 职业声望

职业声望是社会公众对某一职业的意义、价值和声誉的综合评价，具体体现在职业形象的优劣、职业吸引力的大小、职业稳定性和威信等方面。在我国，教师都具有较高的职业声望。近年来我国教师职业声望有所下降，一些学校乱收费，一些不良教育现象在学校时有发生，这在一定程度上损害了教师的职业形象，应引起我们高度关注。

(三) 教师的职业性质

1. 教师职业性质的界定

教师职业是一种专门职业，教师是专业人员。1994年实施的《中华人民共和国教师法》第一次从法律角度确认了我国教师的专业地位。教师是教育者，教师职业是促进个体社会化的职业。广义的教育者指的是在教育活动中有意识地以影响他人身心发展为目的的人。这种影响包括知识、技能、思想、品德、行为等方面，不仅包括积极的影响，也包括消极的影响。狭义的教育者是以教书育人为专门职责的人，即学校教师。在个体社会化的过程中，承担教化任务的是教师，教师根据一定社会的要求，有目的、有计划、有组织地对受教育者的身心施加影响，以期望受教育者发生预期变化。通过教师的教育，受教育者不但获得了知识、技能，同时他们的健全人格得以养成，思想品德得以培养，形成了正确的行为准则和价值观，最终实现了个体的社会化，所以教师承担教书育人，培养社会主义事业建设者和接班人、提高民族素质的使命。教师整体素质决定着教育的前进方向。建设一支高水平的教师队伍，是实施素质教育、培养全面发展的人才的根本保证。

2. 教师职业的发展历史

(1) 非职业化阶段：较为明确的教师职业出现在学校出现之后。
(2) 职业化阶段：教师行业伴随着私学的出现而出现。
(3) 专门化阶段：教师职业的专门化以专门培养教师的教育机构的出现为标志。世界上，最早的师范教育机构诞生于法国。我国最早的师范教育产生于清末，师范教育的产生使教师的培养走上专门化的道路。
(4) 专业化阶段：我国教师的专业技术人员身份在1993年公布的《中华人民共和国教师法》中得到确认。该法规定："教师是履行教育教学职责的专业人员。"

(四) 教师职业角色

1. 社会的代表者

教师受社会指派并代表社会，按照社会要求对下一代实施有目的、有计划的教育影响。因此，教师的言行不仅是个人行为，而且应是社会规范行为的体现，教师应对社会负责，使命感和责任感应是教师角色意识中的核心要素。

2. 社会道德的实践者

教师担负着教书育人的社会重任，故要以自身的人格和品行去实践社会文化的价值和标准。教师的一言一行，都是学生的表率。在基础教育阶段，教师崇高的品德和良好的人格，常常对学生产生终生难忘的影响，甚至会改变学生的人生道路。遗憾的是，现在一些教师在市场经济的负面影响和各种不良思潮的冲击下，行为商业化，有的甚至正在践踏教师这个崇高的角色的尊严。

3. 人类文明的建设者

一个称职的教师，不但应具备所教学科的知识、技能，而且应该有强烈的创新意识，追求新知，不断发现、探索教育、教学中的未知领域，揭示教育、教学规律和学生发展规律，为人类文明的发展而努力。

4. 育人者

教师扮演的具体的育人者角色主要表现在以下六个方面。

（1）家长的代理人

在学校生活中，教师常常代表着学生家长，扮演家长代理人的角色。特别是在小学生心目中，教师就是父母。如果教师对学生像对待自己的子女一样，充满热情、慈爱与期望，学生对这样的教师往往就比较亲近。而教师对学生的期望，也会极大地激活学生，最大限度地激发学生的潜能，产生良好的教育效果，发生"教师期望效应"。

（2）知识传授者与学习的倡导者

教师作为知识传授者的角色由来已久，并且至今为很多人所遵循。应该说，知识的传授者是教师最基本的、最原始的角色。但是，由于社会的发展、文化的繁荣，人们获取知识的渠道更加多样化，因此教师作为学生唯一知识来源的地位已经产生了动摇。而且社会对学生素质提出了新的要求：要求改变原有的单被动的学习方式，形成旨在充分调动、发挥学生主体性的多样化学习方式；要求学生能够在生活中不断独立地获取知识，成为终身学习者和自学者，应该具备学习的能力。因此，教师不能将知识的传授作为主要任务，而要帮助、指导学生懂得如何获取自己需要的知识，掌握获取知识的工具以及学会如何根据认识的需要去处理各种信息的方法。由此可见，在学生学习的过程中，教师要把主要精力放在检查学生对知识的掌握程度上，成为学生学习的激发者、辅导者和促进者。

（3）课堂管理者和领导者

为了使课堂教学顺利进行并收到预期的效果，教师还要充当课堂纪律管理者的角色。教师必须根据教学目标设置学习情境，制定必要的规则和程序，判断学生行为的正确与否，并施以奖励或惩罚。这样做的目的是形成良好的课堂秩序，使每一个学生都遵守学校所制定的规章制度，最终能在班级里形成自觉的纪律。在课堂管理中，教师的自信心，以及学生的信任和尊敬，是维持好课堂纪律的重要因素。学生在校的学习是以班集体的形式进行的。一个教师，不管其对全班的管理方式如何，不管其与学生的关系如何，其总是承担着班集体领导者的角色。班集体教育功能的发挥，在很大程度上取决于教师对班集体的组织与领导。

（4）人际关系的协调者

教师在课堂教学过程中，主要是与学生进行交往。在处理师生关系时，教师应有意识地调节和控制自身的态度和行为，热爱学生、尊重学生、相信学生、关怀学生，坚持做耐心细致的思想工作，努力使自己成为学生的朋友，成为学生集体的带头人。教师有责任帮助班集体里的学生彼此了解和信任，以便于在一起学习、工作和娱乐，共同分享成功的愉悦和失败的忧虑，进而使学生之间、师生之间、教师之间、师生与家长之间能够有效沟通和交往，形成良好的班集体。

（5）学生的诊断师

教师如果不了解学生，就不可能对其进行有针对性的教育。这就要求教师为每一位学生设计"因材施教"的方法。所以，教师要先学会诊断，要掌握关于人的一系列知识，包括生理学、医学、心理学等的知识，还要掌握一系列诊断的工具和方法，即观察、谈话、问卷调查、测量等，发现学生学习过程中多方面的潜能，了解学生发展中的需要，并提出相应的教育对策。教师要做学生生活和心理的辅导者，这是社会发展和学生变化的需要。由于升学竞争的激烈、学校生活的单调，不少学生产生了厌学、恐惧等问题，需要教师给予指导和帮助。此外，学生也会出现生活问题，如社会上、网络上不健康因素的影响，造成思想混乱、价值冲突等。这给教师提出了新的课题，要求教师从过去的"道德说教者""道德偶像"角色中解放出来，成为学生的知心朋友，做学生健康心理、品德的促进者、辅导者，帮助学生认识自我、建立自信，引导学生学会自我调节、自我选择。

（6）教育教学的研究者

未来的教师将是教学、科研的"多面手"，将主动参与课程的改革、设计，配合教改试验的推行并提出反馈意见。教师要以自己的行动激励学生树立终身学习的信念，不断完善知识结构，以适应未来社会的挑战。由于教师的角色重点已从知识传授者转向学习、生活心理的指导者，因此教书匠式的教师已不适应时代的需要。社会要求教师对教育教学问题进行研究，因为教学中所蕴含的新理念、新方法，以及教学过程中所出现的各种新问题，都要教师去分析、探究。因此，教师要成为教育的研究者，要学习和掌握教育科研的程序和方法，注意收集与研究有关的文献资料，能够随时随地地进行教育实验和研究，把教学与研究有机地融合为一体。这是教师进步的基础，是提高教育教学质量的关键，是创造性实施教学的保证。

二、教师劳动的性质和特点

（一）教师劳动的性质

教师作为学校中承担教育、教学任务，以教书育人为主要职责的教育专业人员，其工作是一种劳动。教师劳动既不生产物质产品，也不创造剩余价值或剩余产品，教师本人不是生产工人。总的来说，教师的劳动既是一种脑力劳动，也是一种精神劳动。脑力劳动和精神劳动既有联系又有差别。首先，脑力劳动是和体力劳动相对而言的。以体力劳动为主的是体力劳动者，以脑力劳动为主的是脑力劳动者。教师在教育工作中虽然要耗费相当大的体力，但他仍是以脑力劳动为主的，所以他是脑力劳动者。其次，精神劳动是和物质劳动相对而言的。物质劳动的结果是生产出各种形式的物质产品，即各种生产资料和消费资料；精神劳动的结果是生产出观念形态的产品，如各种自然科学、社会科学和文学艺术等。教师从事的是精神劳动，特别是大学教师更是如此，他们和其他精神劳动者一样，可以创造出各种科学知识和文学艺术，实现知识的再生产。但是，教师和其他精神劳动者有着一个根本的区别,就是他们劳动的主要目的是教育人、培养人、提高人的劳动能力。教师作为精神劳动、脑力劳动者,主要是从事知识、文化、人类精神文明成果的传递和传播工作,是在教书育人。

(二)教师劳动的特点

1. 教师劳动的复杂性和创造性

(1)教师劳动的复杂性

教师劳动的复杂性主要体现在以下三个方面。

①教育目的的全面性。教师劳动的目的是培养德、智、体等全面发展的人,而不是单方面发展的人。

②教育任务的多样性。教师不仅要教书,还要育人,即不仅要传授科学文化知识、训练学生的技能、发展学生的智力,还要培养学生的思想品德、促进学生的身心健康。

③劳动对象的差异性。教师的劳动对象是千差万别的人。教师不仅要经常在同一个时空条件下对全体学生实施统一的课程计划、课程标准,还要根据每个学生的实际情况因材施教。

(2)教师劳动的创造性

教师劳动的创造性主要体现在以下三个方面。

①因材施教。教师的教育对象是千差万别的,教师必须灵活地针对每个学生的特点,对他们提出不同的要求,采用不同的教育教学方法,使每个学生都能够得到发展。

②教学方法上的不断更新。为了提高教学效果,教师还要尝试新的教学方法,进行教学方法的变换或改革。即使是同样的教学内容,也要结合实际情况的变化以及教师自身认识的提高,在教学方法上不断调整、改进、创新。

③教师需要"教育机智"。教育机智是指教师能根据学生新的特别是意外的情况,迅速而正确地作出判断,随机应变地采取及时、恰当而有效的教育措施解决问题的能力。教育机智可以用四个词语概括:因势利导、随机应变、掌握分寸、对症下药。

2. 教师劳动的连续性和广延性

(1)教师劳动的连续性

连续性是指时间的连续性。教师的劳动没有严格的交接班时间界限,这个特点是由教师劳动对象的相对稳定性决定的。教师要不断了解学生的过去与现状,预测学生的发展与未来,检验教育教学效果,获取教育教学反馈信息,准备新一轮的教育教学活动。

(2)教师劳动的广延性

广延性是指空间的广延性。教师没有严格界定的劳动场所,课堂内外、学校内外都可能成为教师劳动的空间,这个特点是由影响学生发展因素的多样性决定的。学生的成长不仅受学校的影响,还受社会和家庭的影响。教师不能只在课内、校内发挥影响力,还要走出校门,协调学校、社会、家庭的教育影响,以便形成教育合力。

3. 教师劳动的长期性和间接性

（1）教师劳动的长期性

长期性指人才培养的周期比较长，教育的影响具有迟效性。教师劳动的成效并不是一时就可以检验出来的，而是需要教师付出长期的大量的劳动才能看到结果、得到验证，教师的某些影响对学生终身都会发生作用。因此，教师的劳动具有长期性。

（2）教师劳动的间接性

间接性指教师的劳动不直接创造物质财富，而是以学生为中介实现教师劳动的价值。教师的劳动并没有直接贡献于人类的物质产品和精神产品。教师劳动的结晶是学生，是学生的品德、学识和才能，待学生走进社会，由他们来为社会创造财富。

4. 教师劳动的主体性和示范性

（1）教师劳动的主体性

主体性指教师自身可以成为活生生的教育因素和具有影响力的榜样。对教师来说，首先，教育教学过程就是教师直接用自身的知识、智慧、品德影响学生的过程。其次，教师劳动工具的主体化也是教师劳动主体性的表现。教师所使用的教具、教材，也必须为教师自己所掌握，成为教师自己的东西，才能向学生传授。

（2）教师劳动的示范性

示范性指教师的言行举止，如人品、才能、治学态度等，都会成为学生学习的对象。教师劳动的示范性特点是由学生的可塑性、向师性等心理特征决定的。同时，教师劳动的主体性也要求教师的劳动具有示范性特点。任何一个教师，不管其是否意识到这一点，不管其是自觉还是不自觉，其都在对学生进行示范。因此，教师必须以身作则、为人师表。

5. 教师劳动方式的个体性和劳动成果的群体性

（1）教师劳动方式的个体性

教育教学活动主要是通过教师的个体劳动来完成的。每个教师在一定的时间和空间范围内达成一定的目标上，都具有很强的个体性特点。因此，从劳动手段角度来看，教师的劳动主要是以个体劳动的形式进行的。

（2）教师劳动成果的群体性

教师的劳动成果又是集体劳动和多方面影响的结果。由于学校教育是分段进行的，每阶段教师所面对的学生几乎都是前一阶段教师劳动的产物，因此教师的个体劳动最终都要融汇于教师的集体劳动之中，教育工作需要教师的群体劳动。

三、教师的职业素养

（一）职业道德素养

教师职业道德指教师在其职业生活中应遵守的基本行为规范或准则，以及在此基础上表现出来的观念意识和行为品质。这是调节教师与他人相互关系的行为准则，是一定社会对教师行为的基本要求。教师职业道德素养体现在教师对待事业、对待学生、对待集体和对待自己的态度上。

1. 对待事业

我国教师从事的是人民的教育事业，教师是为国家培养社会主义建设者和接班人，其事业是社会主义现代化建设培养人才的重要阵地，关系到国家的振兴、民族素质的提高，是一项伟大而崇高的事业，每一个投身于这项事业的人，都应感到光荣和骄傲，这是做好教育工作的强大动力和精神支柱。热爱教育事业是教师做好教育工作的前提，是教师职业道德的基础，也是教师劳动积极性和创造性的源泉。忠于人民的教育事业要求教师做到：依法执教、严谨治教、爱岗敬业、廉洁从教。

2. 对待学生

热爱教育事业具体体现在热爱学生上。热爱学生是教师职业道德的核心，是教师高尚道德品质的表现。教师热爱学生在教育过程中起着十分重要的作用，其原因在于：(1) 师爱是教师接纳、认可学生的心理基础，是教育好学生的前提；(2) 师爱是激励教师做好教育工作的精神动力；(3) 师爱是打开学生心扉的钥匙；(4) 师爱有助于培养学生友好待人、趋向合群等良好的社会情感和开朗乐观的个性。教师关爱学生要做到：(1) 把对学生的爱与严格要求相结合，不迁就、放纵或溺爱学生；(2) 把爱与尊重、信任相结合，尊重学生的人格，尊重学生的自由选择权，相信每个学生都是可教育的；(3) 要全面关怀学生，关心学生的学习，关心学生的生活，关心学生的身心健康；(4) 要关爱全体学生，一视同仁，平等对待，不偏爱某些或个别学生；(5) 理解和宽容学生，了解学生的特点，理解学生特定情境下的行为，给他们反思和纠正不良行为的机会；(6) 解放学生，给学生时间、空间和权利，使他们在指引下创造性地学习、自由地生活；(7) 对学生要保持积极、稳定的情绪，管理自己的情绪，积极面对学生，不能将个人的消极情绪带到教育中来。

3. 对待集体

人的培养靠单个教师是不够的，因为人的成长要受到多方面因素的影响。人才的全面成长，是多方面教育者集体劳动的结晶。这就要求教师必须与各方面协同合作，以便形成教育合力，共同完成培养人的工作。因此，教师应做到以下三点。

(1) 相互支持、相互配合。在校内，教师要与班主任、各科教师、学校领导和其他教职员工协调一致，相互配合；在校外，要与家长、社会有关方面和人士建立联系，取得他们的支持与帮助，以便目标一致地开展工作。

(2) 严于律己，宽以待人。在与各方联系交往的过程中，教师要从大局出发，严格要求自己，尊重他人。

(3) 弘扬正气，抛弃陋习。教师之间要形成互帮互学、进取向上、互通信息、共同进步的风气，要克服一些不当的陋习。

4. 对待自己

教师的言行举止、品德才能、治学态度等方面都会对学生产生潜移默化的影响，成为学生学习的对象。因此，教师只有自己具备了良好的道德修养，才能有力地说服学生、感染学生、教育学生。因此，教师必须做到以下两点。

(1) 高度自觉，自我监控。教师以高标准严格要求自己，使自己在学生面前成为活生生的教材，成为学生做人的榜样。

(2) 身教重于言传。要做到身教，最基本的要求是，凡是要求学生去做的，教师一定要身体力行，做到言行一致，发挥表率作用。

(二) 知识素养

1. 政治理论修养

教师要认真学习马克思主义，以马克思主义基本理论观点统领教育教学，学会在教育教学工作中以马克思主义的基本立场、观点和方法去发现问题、认识并解决问题。

2. 精深的学科专业知识

扎实的学科专业知识是教师知识结构的核心，也是教师向学生传授知识的必备基础。教师的学科专业知识也称为本体性知识，是指教师所具有的任教学科的知识。具体来说，教师的学科专业知识应该包括以下四个方面。

(1) 掌握该学科的基本知识和基本技能。掌握该学科的基本知识和基本技能是教学中要求学生必须掌握的内容，教师自己必须掌握。

(2) 掌握该学科的知识结构体系及相关知识。掌握该学科的知识结构体系及相关知识是保证教师从一个更高更深的层面上来把握自己所教的学科内容，这能使教师明确所教学科的基本结构、来龙去脉、所处地位、重点、难点和关键点。

(3) 学科发展的历史及趋势。既了解学科历史，又了解该学科最新的研究成果和研究发展动向。当今时代知识更新迅速，科技发展速度加快，为了保证自己的教学内容不陈旧、不过时，能够适应知识更新的需要，教师必须始终站在该学科的最前沿。

(4) 学科的思维方式和方法论。比如，科学中的观察、调查、实验；数学中的转化、抽象思维、符号化；物理中的空间思维；哲学中的矛盾方法、发展眼光等。

3. 广博的科学文化知识

教师要具备广博的科学文化知识的原因是：(1) 各门学科的知识都不是孤立的，科学技术呈现综合化的趋势；(2) 当代学生兴趣广泛，求知欲强；(3) 学生获取知识的渠道增多，问题意识增强；(4) 教师的职责是教书育人。教师应具有人文科学知识、社会科学知识、自然科学知识和生活知识。

4. 必备的教育科学知识

教师的教育科学知识主要包括三个方面：(1) 学生身心发展的知识；(2) 教与学的知识；(3) 学生成绩评价的知识。人们通过数千年的教育实践，积累了丰富的教育教学实践经验。在总结这些经验的基础上，人们揭示了教育教学的规律，提出了教育教学的原则、方法体系，形成了系统的教育理论。教师要加强教育工作的科学性和有效性，就必须掌握这些理论。

其中，教育学、心理学及各科教材教法是教师首先要掌握的最基本的教育科学知识。此外，教师还要掌握教育管理方面的知识。

5. 丰富的实践知识

教师的实践性知识是基于教师个人的经验积累，在对待和处理教育问题时体现出的个人特质和教育智慧，它可能来源于课堂教育教学情境，也可能来源于课堂内外的师生互动行为，带有明显的情境性、个体性，是教师对复杂的和不断变化的教育情境的一种判断和处理，它受个人的经历、意识、风格及行为方式的影响。对于实践知识，有的是可以明确意识的，是经过深思的；有的是无意识的或潜意识的，是一种非反思的缄默知识。

（三）能力素养

1. 语言表达能力

语言，特别是口头语言，是教师向学生传递教育信息的重要工具，因此教师应具有较强的语言表达能力。对教师的语言表达要求如下。

（1）准确、简练，具有科学性。教师的发音要规范，用语恰当，表述确切，通俗易懂。

（2）清晰、流畅，具有逻辑性。教师的语言要条理清楚，脉络分明，推理严密。

（3）生动、形象，具有启发性。教师要善于将抽象的概念形象化、深奥的道理具体化、枯燥的内容生动化。

（4）口头语言和肢体语言的结合。教师要借助姿态、表情和手势等肢体语言手段传递信息，配合口头语言，增强教育效果。

2. 教育教学能力

（1）教师要善于制订教育教学工作计划，编写教案，组织教材，以加强教育教学工作的预见性、有序性。

（2）教师要善于组织课堂教学，以保证教学过程的顺利进行和教学任务的完成。

（3）教师要善于组织学校、家庭及社会各方面的教育力量，使各方面相互配合，进行教育资源的整合。

（4）课堂驾驭能力。课堂驾驭能力是指教师组织课堂教学、控制教学秩序的能力。教师的课堂驾驭能力首先包括对教材的驾驭能力，即合理科学地布排知识传授点，创设良好的教学气氛，使课堂教学具有审美感染力；其次包括教师组织学生参与各种教学活动的能力，即关注每个学生，使他们更深入地投入学习之中；最后包括教师的教育机智，即教师面临复杂的教育情境，综合地应用各种策略迅速、妥善地解决各种问题和冲突。

3. 组织管理能力

教师要进行教育活动，必须具备一定的组织管理能力。具体来说包括两个方面：

（1）教师要有确定合理目标和计划的能力；

（2）教师要有引导学生的能力。

4. 自我调控和自我反思能力

教育活动要根据实际情况来进行，这就要求教师适应各种变化，能够进行自我调控。在教学中会遇到很多意想不到的情况，要求教师运用教育机智来解决问题。同时也要求教师有自学能力，不断提高自己的修养。教师的调控能力主要包括对自我表现的监控能力和对教学的监控能力。教师的自我反思能力主要包括教学设计、课堂的组织和管理、学生活动的促进、语言和非语言的沟通、评价学习行为、教学后省思等。教师的自我调控和反思能力主要表现为：

（1）对自身的教育教学表现进行自我监督、自我反馈、自我反思、自我改进的能力；

（2）根据新情况、新问题调整自己的预定计划以适应变化的能力。

（四）职业心理素养

教师心理健康的构成是指一个优秀教师应有的心理素质，也就是教师对内外环境及人际关系有着良好适应的条件。这些条件包括高尚的师德、愉悦的情感、良好的人际关系、健康的人格等。

1. 高尚的师德

师德是履行教育工作的社会职能所应遵循的道德原则和规范，是调整教师工作职权与职责关系的思想武器，是为人师表的行为准则。高尚的师德应包括热爱学生、教书育人和团结协作等内容。

2. 愉悦的情感

情感作为一种内心体验，是人感受客观需要的心理活动。教师情感的表达应具有时间上的连贯性和空间变换上的一致性，有丰富多样的表现形式。既要有轻快的心境、昂扬的精神、幽默的态度、豁达开朗的心胸，也要有控制自己情感的意志，能把消极情感消除在课堂之外，从而创设良好的教学情境和气氛。

3. 良好的人际关系

良好的人际关系是教师完善人格的一个重要标志，也是教师心理健康的重要内容。从对象上看，教师的人际交往包括与学生保持良好的人际关系、与同事和学校领导建立良好的人际关系。从形式上看，教师的人际关系包括认知、情感和行为三个方面：（1）认知方面，表现为互相认识和理解的程度，是人与人之间关系的基础；（2）情感方面，表现为彼此间融洽的各种状态，如喜爱或不喜爱、好感或厌恶、妒忌或同情，这是人与人之间相互联系的纽带；（3）行为方面，表现在各种共同活动中是否协调一致，这是人与人之间相互交往的结果。

4. 健康的人格

教师的健康人格是在培养人、教育人的过程中表现出的成熟的、积极的心理素质。健康的人格来自积极肯定的自我，只有接受自己才能接受他人，只有热爱自己才能热爱工作，并能在工作中始终充满动力和成功的希望。教师工作需要勇气和自信，一个具有健康人格的教师热爱生活，热爱教育事业，乐于助人，努力实现自己的理想，对每一个学生都倾注热情和希望，有良好的自我认知、协调一致的价值取向和融洽的师生关系。

四、教师专业发展

教师专业发展，又称教师专业成长，是指教师在整个专业生涯中，依托专业组织、专门的培养制度和管理制度，通过持续的专业教育，习得教育教学专业技能，形成专业理想、专业道德和专业能力，从而实现专业自主的过程。它包括教师群体的专业发展和教师个体的专业发展。

（一）教师群体的专业发展

教师群体的专业发展是指教师职业不断成熟，逐渐达到专业标准，并获得相应的专业地位的过程。它既是教师个体专业化的条件和保障，也最终代表着教师职业的专业化。

（二）教师个体的专业发展

教师个体的专业性发展是指教师作为专业人员，从专业理想到专业知识、专业能力、专业心理品质等方面由不成熟到比较成熟的发展过程，即由一个专业新手发展成为专家型教师或教育家型教师的过程。教师个体专业性发展的具体内容如下。

1. 专业理想的建立

教师的专业理想是教师对成为一个成熟的教育教学专业工作者的向往与追求，它为教师提供了奋斗的目标，是推动教师发展的巨大动力。教师专业理想是教师个体专业发展的精神内涵，也是推动教师专业发展的巨大动力。

2. 专业知识的拓展

作为一个专业人员，教师必须具备从事专业工作所需要的基本知识。因此，专业知识是教师专业发展中的一个重要内容。教师专业知识主要包括本体性知识、条件性知识、实践性知识和一般文化知识。

3. 专业能力的发展

教师的专业能力是教师综合素质最突出的外在表现，也是评价教师专业性的核心因素。教师必须具备从事教育教学工作的能力，这种专业能力可分为教学技巧和教育教学能力两个方面。

4. 专业自我的形成

专业自我包括自我形象的正确认知、积极的自我体验、正确的职业动机、对职业状况的满意、对理想的职业生涯的清晰认识、对未来工作情境有较高的期望、具有个体的教育哲学与教学模式。对教学工作来说，教师的专业自我是教师个体对自我从事教学工作的感受、接纳和肯定的心理倾向，这种倾向将显著地影响到教师的教学效果。

(三) 教师专业发展的途径

教师个体专业性发展的途径主要包括师范教育、新教师的入职辅导、教师的在职培训和教师的自我教育。

1. 师范教育

师范教育是教师个体专业性的起点和基础,它建立在教师的专业特性之上,为培养教师专业人才服务。为此,师范教育必须强化其培养教育专业人才的职能,把学术性、师范性和服务性结合起来;注重师范专业信念体系的形成和敬业精神的培养;建构反映教师专业所需要的知识和技能的课程体系;加强教育理论与实践的联系,建立有效的教育实习制度。

2. 新教师的入职辅导

新教师的入职辅导有一个安排有序的计划,主要是由有经验的导师进行现场指导。在我国,各级师范院校还承担了短期的系统培训工作。其目的是向新教师提供系统而持续的帮助,使之尽快转变角色、适应环境。

3. 教师的在职培训

教师的在职培训主要是为了适应教育改革与发展的需要,为在职教师提供的适应于教师专业发展不同阶段所需的继续教育,主要采取"理论学习、尝试实践、反省探究"三结合的方式,引导教师掌握不断涌现的现代教育理论,培养教师研究教育对象、教育问题的意识和能力,并辅之以计算机知识、现代化的教育技术手段。教师在职培训活动可以是业余进修,也可以是校本培训。校本培训是指充分利用校内外的各种资源,针对学校师资队伍的状况和教育教学改革与发展所面临的实际问题,由学校策划和组织实施的一种面向全体教师的在职教育活动。教师或专家担任培训者,以丰富多样的形式,如学术报告、经验交流、专题讲座、系列专题培训、课题研究和案例分析、课堂教学观摩等,从不同的角度来满足教师对该专业或实践经验的需求。

4. 教师的自我教育

教师的自我教育就是专业化的自我建构,它是教师个体专业化发展的最直接、最普遍的途径。教师自我教育的方式主要有经常性的系统的自我反思、主动收集教改信息、研究教育教学中的各种关键事件、自学现代教育教学理论、积极感受教学的成功与失败等。教师自我教育是专业理想确立、专业情感积淀、专业技能提高、专业风格形成的关键。

第二节 学生

一、学生的本质特点

（一）学生是教育的对象（客体）

从教师方面看，教师是教育过程的组织者、领导者，学生是教师教育实践活动的作用对象，是被教育者、被组织者和被领导者。从学生自身特点看，学生具有可塑性、依赖性和向师性。

（1）学生具有可塑性。学生处于身心发展的形成时期，各方面尚未成熟，具有很大的潜力。

（2）学生具有依赖性。学生多属未成年人，还不具备完全独立的生活能力。在家里，他们依赖父母，入学后他们将对父母的依赖心理转移到教师身上。

（3）学生具有向师性。学生入学后，会自然地亲近、信赖、尊敬甚至崇拜教师，把教师作为获取知识的智囊、解决问题的顾问、行为举止的楷模。

（二）学生的本质特征

1. 学生以系统学习间接经验为主

经验有直接经验与间接经验之分。直接经验是主体与自然和社会发生联系时获得的直接感受，即主体对事物的直接认识；而间接经验是从前人或他人的阐述、描绘、表述中获得的感受，即在他人对事物认识基础上的再认识。学生以系统学习间接经验为主。首先，这是由教学活动的任务决定的；其次，学生学习的时间是相当有限的，不可能凡事都经过实践，获得直接经验；最后，学生系统学习知识经验，可以缩短学生个体的不成熟期，使其今后的发展更为顺利。学生在校学习的内容大部分都是前人或他人的认识成果，系统学习间接经验可以省略经验产生过程中不必要的环节。

2. 学生是具有主体性的人

学生不是被动加工的对象，其具有主体性，即学生在教学中的主观能动性，具体内容如下。

（1）独立性。独立性是发挥学生主体性的前提条件，承认独立性也就承认了学生发展过程的多途性、发展方式的多样性和发展结果的差异性。

（2）选择性。即学生在教育过程中可以在多种目标、多种活动中进行抉择。学生对教学的影响不是无条件地接受，不是盲目地模仿，而是根据主体的条件（愿望、态度、能力等）来进行抉择。

（3）调控性。学生可以对自己的学习活动进行有目的的调整和控制。

（4）创造性。学生在教育活动中可以超越教师的认识，超越时代的认识和实践界限，科学地提出不同的观点、看法，并创造具有成效的学习方法。创造性是主体性的最高表现形式。

（5）自我意识性。即学生作为主体对自己的状态及在教育中的地位、作用、情感、态度、行为等的自我认知。

（三）学生是发展中的人

"人的发展"是指作为整体的个人在从生命的起点到生命的终点的全部人生中，在与环境的相互作用中，身心两个方面的整体的积极变化过程。学生的生理和心理均尚未发展成熟，正处于上升的重要时期，蕴藏着极大的发展可能性和可塑性。一方面，学生具有极大的发展潜能，因为这一阶段的学生身心发展最迅速，持续时间长，因而具有极大的可塑性。另一方面，学生是具有发展需要的人，涉世未深的他们对外部世界表现出浓厚的兴趣和旺盛的求知欲，并通过自身努力及在与外部世界的交互活动中实现自我价值。学校开展的丰富多彩的活动，为这种个体内心活动与外界的交互提供了场所和机会。没有活动，就没有这种交互，也就没有学生的发展。了解和研究学生的发展潜能与需要，是有效促进学生身心健康发展的前提。学生具有获得成人教育关怀的需要。由于青少年儿童各方面的发展尚不够成熟，因此获得成人的教育和关怀就成为他们发展中的必然需要。

要强调的是，因为学生是发展中的人，所以我们不应以苛刻的标准去评判学生，应该宽容地对待他们在成长中出现的各种不足，应该允许他们犯错误，只有这样，才不至于挫伤学生自我发展的积极性，使他们向着更高的目标迈进。

二、学生的地位

学生的地位包括宏观的社会地位和在教育过程中的微观地位两个方面。

（一）学生的社会地位

学生的社会地位是指学生作为社会成员应具有的主体地位，主要体现在学生所享有的社会权利上。从道义的角度讲，青少年是社会的未来，是国家的希望；从法制的角度讲，青少年也是独立的社会个体，他们不仅享受一般公民的绝大多数权利，而且受到社会的特别保护。

（二）学生的教育地位

学生的教育地位在教育史上一直都是争议很大的问题。主要有两种观点：一种是"教师中心论"，学生是从属于教师的附属品；另一种是"学生中心论"，教育的一切措施和活动都是围绕着学生进行的，教师只是一种辅助作用。这两种观点都不恰当地忽视了或者过度重视了学生的教育地位，是不科学的。现代教育学认为，学生在教育当中既是认识的客体，又是认识的主体。

1. 学生在教育中的客体地位

在教育过程中，教师是教育者，是教育实践活动的主体，处于支配和领导地位。学生则是在教师的教导下以学习为主要任务的受教育者,是教师教育实践的对象,是教师实行教育劳动的客体,处于被支配、被领导的地位。实际上,教育过程是学生在教师的主导作用下,有目的、有计划、有组织地进行的。学生作为教育的客体是指学生相对于社会的要求、新的教学内容和教师的认识来说都处于一种被动状态,需要教师有目的、有计划、有组织地加以引导。强调学生的客体性和客体地位,就是强调教育和教师的主导作用。

2. 学生在教育中的主体地位

把学生作为教育过程、教育活动中的主体地位,是教育理论和教育实践的一大进步的标志。随着社会的发展和科学技术的进步,人类知识有了大幅度的增长,社会对人的质量的要求也越来越高,所以学生在教育过程中的主体地位也越来越受到重视。学生作为学习的主体,主要体现在以下两个方面。

(1) 作为教育对象的学生是具有主观能动性的活生生的人。首先,学生是教育活动的参与者,是在主动地、积极地与客体交往的过程中来获得知识的;其次,学生在认识客体的过程中要通过自己的认识活动对外界的知识信息进行加工处理,从而把握事物的本质,形成自己的经验;再次,学生在认识客观世界的同时,也在不断地认识自己、改造自己的主观世界,从而促进自身的发展;最后,学生在接受教育的同时,具有其自己的选择性,受自己意识的支配。

(2) 作为教育对象的学生,本身也是正在成长和发展中的人。发展的动力源自事物的内部矛盾。在教育活动中,教师的行为和教育内容等都只是一种外在的影响,这些影响只有再次通过学生的自身矛盾斗争之后,才能促进学生的成长和进步。学生虽然是受教育者,但是受教育的过程是一个由内向外的主动吸收接纳与作用的过程。因此,学生一方面在教师的教导下认识客观世界,另一方面在学习的实践过程中主动地改造着自己的主观世界。

第三节　教学中的师生关系

一、师生关系的概念

师生关系的定义可以从多个视角作出。概括地讲,师生关系是指教师和学生在教育教学过程中结成的相互关系,包括彼此所处的地位、作用和相互对待的态度等。就宏观而言,师生关系是教师与学生在教育过程中为完成一定的教育任务,以"教"和"学"为中介而形成的一种特殊的社会关系,是学校最基本的人际关系。就微观而言,师生关系主要指师生之间在教育过程中所发生的直接交往和联系,包括为完成教育任务而发生的工作关系,以满足交往而形成的人际关系,以组织结构形式表现的组织关系,以情感认识等交往为表现形式的心理关系等。就系统管理而言,师生关系是教师和学生为实现教育目标,以其独特的身份和地位通过教与学的直接交流活动而形成的多性质、多层次的关系体系,其中以教育与被教育、促进与发展为最高核心层次,由它制约着师生间的管理关系、人际关系、伦理关系等。总体来看,师生关系是一种人际关系,是人与人之间的关系,且这种关系是在教育过程中形成的学生与教师之间的特殊的人际关系;师生关系是一种特殊的社会关系,它反映了社会政治、经济、文化、道德等关系;师生关系是一种心理关系,是师生通过教育教学活动中的实际交往而形成和建立的人际情感关系；师生关系还是一种教与学的工作关系。

良好的师生关系具有重大的教育意义。它有助于提高教师的威信，有助于增强教师的事业心，有助于发挥教师的主导作用；良好的师生关系能使学生对教师产生信赖感，有助于调动学生学习的主动性和积极性，充分发挥学习的主体作用；良好的师生关系也能使教育教学过程中师生的谈话和谐一致，有助于提高教育教学效果；良好的师生关系还对学生日后走向社会，建立和谐的人际关系有着深远的影响。

二、师生关系的构成

教育过程中的师生关系主要包括以下三个方面。

（一）教学上的授受关系

(1) 从教育内容的角度说，教师是传授者，学生是接受者。
(2) 学生主体性的形成，既是教育的目的，也是教育成功的条件。
(3) 对学生进行指导、引导的目的是促进学生的自主发展。

（二）人格上的平等关系

(1) 学生作为一个独立的社会个体，在人格上与教师是平等的。
(2) 师生关系是一种朋友式的友好帮助的关系。

（三）社会道德上的相互促进关系

(1) 师生关系从本质上讲是一种人与人的关系，但这种关系在部分学校的教育中被异化为人与物的关系，使师生关系变得机械而毫无生气。
(2) 教师对学生的影响不仅仅是知识上、智力上的影响，更是思想上、人格上的影响。

三、师生关系的类型

根据教学中师生关系的性质特点，可以将师生关系分为以下五类。

(1) 对抗型师生关系。教师强调自己的威严，不讲方式方法，不注意听取学生的意愿和开展与学生的协作；学生对教师只能唯命是从，学习被动，无独立性和创造性。师生之间缺乏情感因素，难以形成互尊互爱的良好人际关系，甚至会出现教师的粗暴、随意而引起学生的反感、对抗，造成师生关系的紧张。

(2) 管理型师生关系。教师有较强的责任心和义务感，对学生严格要求、规范管理，颇具成效；学生能够服从管理，形成规范的行为习惯。教学活动有条不紊，但教师在学生心目中往往可敬不可亲，虽有一定威信但缺乏温暖感和人情味。

(3) 挚爱型师生关系。教师尊重学生意愿，注意感情投入，关心爱护学生，工作仔细周到，但对学生要求不够严格；学生对教师亲近、信任、敬重，能与教师沟通思想感情，但对教师依赖性强，不利于独立性的发展。

(4) 放任型师生关系。教师缺乏责任心和爱心，对学生的学习和发展不加指导和控制；学生对教师的教学能力怀疑、失望，对教师的人格鄙视、议论。师生关系冷漠，班级秩序失控，教学效果低劣。

(5) 平等型师生关系。教师能力强、威信高，善于同学生交流，不断调整教学进程和方法；学生学习积极性高，兴趣广泛，能独立思考，和教师配合默契。平等型师生关系，源于教师的平等观念，以及较高的业务素质和强大的人格力量，是理想的师生关系。

四、师生关系的特点

(1) 双向性。这是由教学活动的双边性决定的。教师对学生的认识和态度，会直接影响到学生对教师的认识和态度的形成；师生之间的情绪体验具有互感性；教育具有反馈性和回报性，学生能敏锐地感受教师的微妙情感，并以一定方式作出回应。良好的师生关系是师生理性互动的结果，师生之间的相互理解和频繁交流是发展师生关系的基础。

(2) 教育性。师生关系对教学效果有直接影响，也具有不容忽视的教育性。实践证明，教师的人格魅力能影响一代学生，表扬和批评都能成为学生前进的功力。若师生关系紧张，教师的一言一行都会使学生反感，批评和表扬就会成为教育的障碍。可见这不仅仅是教师个人感情好恶问题，也是教学活动能否达到预期教育目的的关键因素。

(3) 动态性。师生关系是在师生教学活动和相互交往中产生、发展的，是处于动态变化之中的。师生感情一般都由"生疏"到"熟悉"发展为"亲近""热爱"等，这就是说，建立良好的师生关系不是一蹴而就、一劳永逸的，需要教师细致地培育，并注意在教学过程中不断巩固和深化，使师生关系实现良性循环。

(4) 可控性。师生关系的动态性决定了师中关系发展的方向、性质和水平是可以控制的，而教师始终处于主导地位，教师应具备正确的观念，充分认识师生关系对于开展教学活动和学生健康发展的重要作用，主动地对教学中的师生关系进行引导、协调、转化、升华，并配以合理的调控和优化工作。而且，教师的这种调控工作还要得到学生的理解、支持和配合。

第五章 课程与课堂教学

第一节 课程

一、课程的定义

（一）关于课程的观点

关于课程认识的三种典型的观点。

1. 课程即经验

经验既可以指人类历史中形成的认识，也可以指个体经由实践和思考而形成的对世界的认识。在这里，经验具有两种含义：（1）由教育机构依据对受教育者成长和发展需求的认识而组织的可能的经验，决定这种经验的内容和结构的主体是教育者，它是在某一教育机构中影响所有受教育者的外在经验系统；换句话说，此种经验指教育者依据受教育者的发展需求而选择的人类认识的已有成果，这种认识在我国所产生的影响非常广泛，其表现形式即以知识为中心的学科课程。（2）受教育者在学校指导下获得的经验，决定这种经验内容和结构的主体是受教育者，因受教育者个体能力差异、背景差异、学习过程中的实践差异而不同。对经验的两种不同认识，包含了对教育的两种不同认识：经验本位和学习者本位。

2. 课程即过程

课程即经验的观点关注教育教学中预期的或者实际的结果，课程即过程则关注由预期的结果到实际的结果之间所采取的手段与措施，这种对课程的认识把课程看作有计划的教学活动，"把教学的范围、序列和进程安排，甚至教学方法和技术设计都组合在一起"这种观点扩大了课程概念的内涵，使之更加全面，但也容易使人把课程混同为教学活动本身，从而造成认识上的误区。

3. 课程即计划

这是最早出现的课程观点，目前仍然有很多人坚持这种观点。它可以是一种学习计划，也可以是指导性计划。学者李子建认为："课程，是一个有意图而可修订的计划，它亦是学习活动的计划或蓝图，包含正规及非正规的内容和过程，课程并且是有组织的意图，课程的要素诸如目标、内容、评鉴等彼此是关联的，且为一致连贯的整体。"张廷凯在考察了我国课程理论发展过程之后，认为"对课程的本质含义，研究者们越来越倾向于把它看成旨在使学生获得的教育性经验的计划"。

(二) 课程定义的类型

目前我国课程领域中常见的课程定义主要有以下六种类型。

1. 课程即教学科目

把课程等同于教学科目是最基础的定义。目前在我国,"课程是教学内容和进程的总和""课程是为实现学校教育目标而选择的教学内容的总和,包括学校所设各门学科和有目的、有计划、有组织的活动"等观点被广为接受。《辞海》《中国大百科全书》也认为,课程即学科,有广义和狭义之分,广义的课程指学生学习的全部学科,狭义的课程指某一门学科。这种定义的实质,是强调学校向学生传授学科的知识体系,在实践中往往会因为过度关注教学科目而忽视学生的心智、情感和个性发展。目前正在进行的课程改革,在很大程度上要解决的也正是把课程等同于学科这一认识所导致的问题。

2. 课程即有计划的教学活动

这一定义把教学的范围、序列、进程、教学方法等所有有计划的教学活动组合在一起,试图对课程有一个较全面的认识。例如,我国有学者把课程定义为:"课程是指一定学科有目的、有计划的教学过程。这个进程有量、质方面的要求,它也泛指各级各类学校某级学生所应学习的学科总和及其进程和安排。"这一定义考虑得比较周全,把所有有计划的教学活动都纳入课程的概念范畴,但却导致课程概念泛化,且把有计划的教学活动作为课程的主要特征,会把重点放在可观察的教学活动而不是参与教学活动的学生的实际体验,导致把活动本身当作目的,忽视教学活动对学生学习过程和个性品质的影响。

3. 课程即预期的学习结果

持这种观点的学者认为,课程不应该指向活动,而应该直接关注预期的学习结果或者学习目标,这就要求课程事先要制定一套有结构、有序列的学习目标,所有教学活动都为达成教学目标服务。把课程定位于预期的学习结果有一定道理,但预期会发生的事情与实际发生的事情之间存在着差距,而课程实践充满着不确定因素,预期的课程目标由课程决策者制定,教师只能根据自己的理解来组织教学活动,两者不可能完全一致。把焦点放在预期的学习结果上,容易忽略非预期的学习结果。研究表明,师生互动的状态、学校文化等隐性课程,对学生的成长都有极大影响,但这些都被排除在这一概念的内涵之外。

4. 课程即学习经验

这一定义中的课程指的是学生在所从事的学习活动中所体验到的意义,而不是要学生再现的事实或要学生演示的行为。经验是在对所从事的学习活动的思考中形成的,经验要通过学习活动才能获得,但活动本身并不是经验的关键所在,每个学生都是独特的学习者,他们从同一活动中获得的经验因各自的基础和投入状态不同而各不相同,因此学生的学习取决于他自己做了什么,而不是教师做了什么。换句话说,唯有学习经验,才是学生实际认识到的或学习到的课程。这种课程定义的核心,是把课程的重心从学习者外在的事物转向学习者自身。

5. 课程即社会文化的再生产

任何课程都处于一定的社会文化之中，学校教育的职责是传递对下一代有用的知识和技能，因此课程被认为是政府有关部门根据国家需要而规定的、由专业教育工作者转化而成的、可以传递给学生的社会文化内容，服务于为社会再生产合格的成员。这种定义所依据的基本假设是：个体是社会的产物，教育的目的就是要使个体社会化；社会现状已经达到完满状态，不再需要变革和完善；课程应该反映各种社会需要，以便使学生适应现代社会。这种课程定义的实质在于使学生顺应现在的社会结构，从而把课程的重点从教材、学生转向社会；它所存在的可能问题在于忽视了社会中存在的大量偏见、不公正现象，并且通过教育过程使现代社会的偏见和不公正永久化。

6. 课程即社会改造

一些教育家认为，课程不是要使学生适应或顺从现代的社会文化，而是要帮助学生摆脱现代社会制度的束缚。有人主张课程的重点应该放在当代社会的问题、弊端、学生关心的社会现象等方面，让学生通过社会参与，形成从事社会规划和社会行动的能力；学校课程应该帮助学生摆脱对外部强加给他们的世界的盲目依从，形成对社会生活的批判意识。

上述不同的关于课程的定义各有其合理性，也都从不同的角度涉及课程的本质问题，对于我们来说，重要的不是判断孰优孰劣，而是理解其概念本身的含义及其所针对的现象或问题，以及不同概念所包含的认识基础，最终为形成自己的课程定义服务。在我国被广泛接受的课程概念既包括教学科目（学科），又包括这些科目的教学顺序和时间，把各级各类学校的教学科目及其教学顺序、教学时数等的规定，称为某级学校的课程，如小学课程、中学课程等。

二、课程的表现形式

课程对教学内容及其进程的安排需要从观念转化为实践，具体表现为由宏观到微观的文本形式：课程计划、课程标准、教科书和其他教学材料。

（一）课程计划

1. 课程计划的含义

课程计划是国家教育行政部门根据教育目的和不同类型学校的培养目标制定的关于学校教学和教育工作的指导性文件。课程计划是国家办好学校，指导教学实践，落实培养目标的重要文件。它从整体上规定了学校的性质、培养目标、教学目的和任务、教学内容的范围和学科设置、各阶段的教学进度、课时安排以及教学效果的评价标准，是学校教育、教学工作的重要依据，也是课程标准和教材研制的主要依据。课程计划是教学的依据，也是制定课程标准、编撰教学书和其他教学材料的依据。

2. 课程计划的构成

课程计划的基本内容由以下四个部分构成。

(1) 教学科目的设置

一般依据教育目的、学校的具体任务及修业年限确定学校应设置的学科。教学科目的设置是制订课程计划的首要问题和核心问题。列入课程计划的各门学科在教学计划中的地位和开设顺序等总称为课程。学科分类和课程结构是课程计划的基本部分。目前我国中学开设十四门学科；小学则开设九门学科。这些学科都有其明确的目的、任务和知识范围，在教学计划中都有其地位和作用，都是重要的，不能把学科分成"主科""副科"，以致影响学生的全面发展。

(2) 学科顺序

学科确定之后，就有一个开设的顺序问题。各门学科不能齐头并进，也不宜单科独进，应按规定年限、学科内容、各门学科间的衔接、学生的发展水平，由易到难，由简到繁，合理安排，使先学的学科为后学的学科奠定基础，同时学科之间能互相沟通，并满足学生多方面发展的需要。

(3) 教学时数的规定

规定各门学科的教学时数，包括每门学科授课的总时数，每门学科各学年（或学期）的教授时数和周学时等。各门学科的时间分配是根据培养目标的需要和各门学科的教学任务、教材分量和难易程度以及教学法上的要求来确定的。

(4) 学年编制和学周安排

指学年阶段的划分、各个学期的教学周数、参加生产劳动的时间、假期和节日的规定等，它是学校工作正常进行的保证。我国学校的规定是：学年从秋季开始，将一年分为两个学期，学期之间有寒假或暑假。

3. 课程计划的编制要求

课程计划体现着国家对学校的统一要求和质量标准，在现阶段的课程体制下，它对各级教育行政部门和学校都具有法规性质。因此，课程计划的编制工作是一项影响教育全局的重要工作，必须讲求科学性、严肃性。一般来说，在编制课程计划时，要做好以下五个项研究工作。

(1) 分析学校教育目标，考虑中小学教育的性质和任务对课程的要求。

(2) 调查了解中小学生身心发展的一般水平和已有的知识掌握程度，并对未来发展趋势进行预测。

(3) 调查了解社会生产、科技、文化的发展状况，研究当前社会对人的基本素质的客观要求，并对未来社会对人的基本素质、规格类型的要求做出预测。

(4) 分析研究国内外已有的经验，纵向上总结国内以往教学计划的成败得失，横向上比较国外相关的课程计划，从中吸取可借鉴的经验。通过这项工作，为新课程计划的编制奠定一个可靠的理论和资料基础。

(5) 研究课程设置，主要根据上述几方面的研究成果，在进一步分析各学科的性质、任务、特点及其相互关系的基础上，确定所要开设的学科、学科顺序、开设时间、教学时数，规定活动的内容。

（二）课程标准

1. 课程标准的含义

课程标准是根据课程计划，以纲要形式编制的各门课程的目标、教学内容范围、实施原则及方式、结果标准及其结构的指导性文件。它具体规定某门课程的性质与地位、基本理念、课程目标、内容标准、课程实施建议等，是编写教科书的直接依据，也是检查教学质量、评估学生学习情况和进行课程评价的直接尺度。课程标准是正规教育中最古老的教学工具，它作为一种桥梁，使预期学习的组织和结构在教师与教师之间和教师与学生之间连接起来。

2. 课程标准的构成

我国目前正在实施的各科课程标准基本由以下五个部分构成。
（1）前言：阐述课程的性质与定位、基本理念、课程标准的设计思路。
（2）课程目标：分总体目标和学段目标或分类目标，目标内容包括知识与能力、过程与方法、情感态度与价值观三个维度。
（3）内容标准：根据课程目标阐述课程的具体内容，阐述的方式有如下四种：第一，学习领域＋学段，这样的陈述方式有语文、数学、音乐、美术、艺术等；第二，学习领域＋水平，如体育和健康课程；第三，目标领域＋等级，一般用于外语课程；第四，主题分级，如化学、生物、地理、历史等。
（4）实施建议：主要包括教学建议、评价建议、课程资源的开发与利用、教材编写建议等。
（5）术语解释：有的课程标准还对标准中出现的一些重要概念进行解释和说明，以帮助使用者更好地理解和实施。

3. 课程标准的编制要求

课程标准的编制工作必须以课程计划为依据，为课程计划的贯彻落实服务。在具体编制过程中，需要做好以下五个方面的研究工作。
（1）分析本学科的目的、要求和内容体系，了解本学科新的发展变化及其发展趋势，在此基础上确定本学科基本的学科体系和知识结构，划定内容范围，决定哪些是需要删减的内容，哪些是需要增加的新知识、新技能。
（2）研究学生的认知方式、认知结构及学生学习本学科的已有知识准备，按照学生的认知特点和认识顺序，循序渐进地设计和安排学科内容的难易程度和进度，使学科的逻辑结构与学生学习的心理结构相互结合起来。
（3）考虑本学科内部各部分内容之间纵向上的衔接，研究本学科与其他有关学科横向上的相互联系与配合。
（4）根据课程计划的规定，拟定本学科各部分教学内容的教学时间和教学要求。
（5）设计本学科参观、访问、调查、研究、实验、实习等项目。

(三) 教科书和其他教学材料

1. 教科书的定义

教科书又称为课本，是课程标准的具体化。教科书是教师和学生用来进行教和学的主要材料，除了教科书之外，还有辅助性的教学材料，如练习册、教学参考书、推荐的课外读物、多媒体学习材料等。教科书是依据课程标准编制的、系统反映学科内容的教学用书。教科书不同于一般的书籍，通常按学年或学期分册，划分单元或章节，它主要由目录、课文、习题、实验、图表、注释和附录等部分构成。

教科书是学生在学校获得系统知识、进行学习的主要材料，它可以帮助学生掌握教师讲授的内容，同时也便于学生预习、复习和做作业。教科书是学生进一步扩大知识领域的基础，所以教师要教会学生如何有效地使用教科书，最大化地发挥教科书的作用。教科书也是教师进行教学的主要依据，它为教师备课、上课、布置作业、学生学业成绩的检查评定提供了基本材料。熟悉地掌握教科书的内容是完成教学任务的重要条件。随着科技的不断发展和教学手段的现代化，教学内容的载体也变得多样化。除教科书以外还有各类指导书和补充资料，如工具书、挂图、图表和其他教学辅助用具，以及教学程序软件包、幻灯片、音像磁盘等。

2. 教科书的编写要求

（1）在内容的选择上，要做到科学性、思想性和基础性统一的教科书的内容必须是科学、可靠的知识，是经过实践检验无可争辩的客观真理。科学性是教科书的基础，思想性又要寓于科学性之中。所谓思想性是指要使学生能从科学的内容中掌握正确的观点，要使他们能够把理论、事实、观点与材料紧密结合起来，使其在思想上不断提高。在内容上，教科书还要强调它的基础性。教科书的内容应该是各门科学中最基础的，又是全面发展的人所必须掌握的。选编基础知识，一方面应注意基础知识在生产和生活中的效用性，理论联系实际，观点与事实相结合；另一方面要妥善处理好基础知识和先进科学知识之间的关系。基础知识并不是一成不变的，应注意除旧更新；有许多基础知识是永恒的真理，学习这些知识显然是十分必要的。但由于科学技术的发展日新月异，新的科学知识和门类不断产生，因而，教材也应经常补充新的科学成果，处理好基础与前沿的关系。

（2）在内容编排上，要做到知识的内在逻辑与教学法要求的统一，每门学科都有自身的逻辑体系，因此编写每门学科的教科书必须考虑到这门学科本身的内在逻辑性。但是，一门学科不是相应科学的缩写本，它必须把科学知识的系统性和教学法的要求统一起来，使科学知识在叙述和逻辑的顺序上得到合理的安排。教学大纲和教科书的编排通常采取直线式与螺旋式两种。直线式即一门学科的内容按一定的系统排列，后面不重复前面已讲过的内容。螺旋式即一门学科内容的安排，在教学过程中重复出现，逐步扩大加深。学生的认识过程是螺旋式上升的。这种编排方式比较符合学生的认识发展规律。直线式编排可以减少循环重复，节省时间与精力。教材的组织编排方式取决于学科的性质、学生年龄的特点，以及学制是否分段等许多条件。因此，应根据具体情况，从实际出发，把两种形式结合起来运用。

（3）教科书的编排形式要有利于学生学习教科书的内容阐述，要层次分明；文字表述要简练、精确、生动、流畅；篇幅要详略得当。标题和结论要用不同的字体或符号标出，使之鲜明、醒目。封面、图表、插图等，要力求清晰、美观。字体大小要适宜，装订要坚固耐用，规格大小、厚薄要合适，便于携带。总之，教科书的编排形式要有利于学生的学习，符合卫生学、教育学、心理学和美学的要求。

三、课程的分类

根据不同的分类标准，可以把课程分为不同的类型，如选修课程与必修课程、学科课程与活动课程、分科课程与综合课程等。下面简单地介绍几种常见的课程类型。

（一）学科课程与活动课程

1. 学科课程

学科课程是相对于活动课程而言的。学科课程指分别从各门科学中选择部分内容，组成各种不同的学科，并从课程体系出发，整体安排它们的顺序、授课时数及期限。学科课程的特点是课程内容按学科知识的逻辑结构来选择和安排，相同或相近学科领域的基础知识互相关联，形成逐步递进、内容连续的逻辑系列，有利于人类文化的传递。学科课程重视学科内容的内在联系，有利于教师系统讲授，学生获得的知识、技能等具有完整性、系统性和严密性，但学科课程更看重人类积累的知识体系，课程内容往往与学生的生活实际相脱离，在教学中容易造成忽视学生的兴趣及学生全面发展的问题，可能会压抑学生在教学过程中的主动性和积极性。

2. 活动课程

活动课程又称经验课程、儿童中心课程，是以学生的活动为中心设计和组织的课程，课程从儿童的兴趣和需要出发，以儿童的经验为基础，由各种不同形式的系列活动组成。活动课程强调学生的自主性和主动性，强调通过学生自己的实践活动获得直接经验，强调学生的综合能力培养及个性和独特性的养成，但课程内容及安排往往缺乏严格的计划，不容易使学生获得系统、全面的科学知识和技能。

（二）分科课程和综合课程

1. 分科课程

分科课程亦称科目课程，是根据各级各类学校培养目标和科学发展水平，从各门科学中选择出适合一定年龄阶段学生发展水平的知识，组成各种不同的教学科目。从学校产生与发展的历史来看，分科课程在所有课程的类型中，历史最为悠久。分科课程中的每一门课程内容都体现了一个学科的知识体系，且知识体系相对独立。

2. 综合课程

综合课程是指打破传统分科课程的知识领域，组合两个或两个以上的学科领域的内容而构成的课程。综合课程是一种整合若干相关联的学科而成为一门更广泛的共同领域的课程。课程整合的常用方法有开发关联课程和跨学科课程两种。其中,开发关联课程是在课程设计时就科目间的相关问题进行协调,往往体现的是两门学科间的联系。比如,语文和历史关联课程就是意味着语文和历史专题应该是综合的,可以在历史的学习中学习语文知识,也可以在语文学习中举历史的例子。跨学科课程是指把不同的学科作为一门课程来学习。综合课程有利于增强学科间的横向联系,避免完整的知识被人为地割裂,符合学生认识世界的特点,有利于学生整体把握客观世界,有利于学生综合地、整体地发现问题、分析问题和解决问题,提升学生综合利用知识解决实践问题的能力。

(三)显性课程和隐性课程

1. 显性课程

显性课程也叫显在课程、正规课程,指正式列入学校教学计划的各门学科以及有目的、有组织的课外活动。显性课程的特征之一是计划性,计划性是区分显性课程与隐性课程的主要标志。

2. 隐性课程

隐性课程也称潜在课程。相对于显性课程而言,隐性课程指学生在学校正式课程以外无意识地获得的经验、价值观、思想等意识形态内容和文化影响,是学校情境中以间接的、内隐的方式呈现的课程,学校的校园环境、学校传统、规章制度、人际关系等都是构成对学生产生潜移默化教育影响的因素。隐性课程具有非预期性、潜在性、多样性和不易觉察性。

显性课程与隐性课程相伴而生,在实施显性课程的过程中,会受到隐性课程的影响,所以了解隐性课程可以让我们更好地了解教育影响的复杂性和教育现象的多元性。同时我们还需要了解,隐性课程不一定发挥出对显性课程的积极促进作用,有时候反而会抵消显性课程的教育效力。作为专业教育工作者,我们需要对隐性课程保持敏感,以形成自觉开发隐性课程正向功能的意识,使之成为促进显性课程发挥教育作用的积极力量。

(四)必修课程和选修课程

1. 必修课程

必修课程是相对于选修课程而言,指学生必须修习的课程,设置必修课的目的主要在于保证一个国家基础教育或某所学校教育的基础性质量。目前世界各国的学校都规定必修课,但必修课的比例却大不相同。我国学校长期以来一直重视单一的必修课类型,增加选修课的类型和比例,成为我国学校课程改革的一个重要方面。

2. 选修课程

选修课程则主要是为了适应学生兴趣爱好和劳动就业的需要而开设的、供学生在一定程度上自由选择修习的课程。一般来说,选修课的内容可以是知识方面的,也可以是有关技艺或职业技术方面的。选修的方式有两种：一种是指定选修课，即把有关选修课分组，规定学生必须选修其中一组或者在各组中选修一二门课程；另一种是任意选修课，可以让学生自由选择，甚至允许学生跨年级选修。

（五）国家课程、地方课程和校本课程

1. 国家课程

国家课程是国家教育行政部门规定的统一课程，它体现国家意志，是为保证人民接受基础教育之后能达到一定的基础性素养而开发的课程。它是一个国家基础教育课程计划框架的主体部分，涵盖的课程门类和所占课时比例与地方课程和校本课程相比是最多的，它在决定一个国家基础教育质量方面起着举足轻重的作用。目前在小学阶段所开设的数学、语文、英语、科学、品德、音乐、美术、体育，初中阶段所开设的数学、语文、英语、历史、地理、音乐、美术、体育、物理、化学都属于国家课程。

2. 地方课程

地方课程是在国家规定的各个教育阶段的课程计划内，由省一级教育行政部门或其授权的教育部门依据当地的政治、经济、文化、民族等发展需要而开发的课程。地方课程在充分利用地方教育资源、反映基础教育的地域特点、增强课程的地方适应性方面有着重要价值。

3. 校本课程

校本课程是以学校教师为主体，在具体实施国家课程和地方课程的前提下，通过对本校学生的需求进行评估，充分利用当地社区和学校的课程资源，根据学校的办学思想而开发的多样性的、体现学校特点的课程，可以是选修课程，也可以是必修课程。

一般而言，基础教育阶段的学校课程以学科课程为主，其中既包括分科课程也包括综合课程。相对于选修课而言，必修课在中小学占据绝对优势，其目的在于为学生未来的持续发展打下牢固的知识和能力基础，但随着对学生个性发展和创造能力培养的重视，选修课越来越受到关注。显性课程体现出社会主流的意识形态和价值观对学校教育的要求，而对学校环境和人际关系形成的隐性课程，则以"非计划"的方式对学生产生实实在在的重要影响，这是从事教育工作的人士必须重视的一个方面。国家课程、地方课程和校本课程之分，使学校课程多元化有了可能，在一定程度上保障和促进了课程适应不同地区、学校、学生的需求。了解课程的类型、价值和作用方式，有利于我们根据具体的情况选择恰当的课程方式，最大限度地使课程发挥出对学生的教育价值。

第二节　课堂教学

一、教学的概念

教学即教师引导学生认识客观世界并促进学生身心发展的教育活动。这一定义中包含以下三个方面的内容。

第一，教学是教师引导学生认识客观世界的活动。教学是师生双方共同参与的活动，在这一活动中，教师和学生借助教学内容展开认识客观世界的活动。在教学活动中，教师和学生不是分别活动的，教师的教和学生的学并不是可以分开的两类活动，而是互相促进和激发的，两者的互动构成教学活动的整体过程。教师要在学生已有认识的基础上不断地拓展其见识，学生要根据教师的引导自觉思考。教师和学生在教学活动中依据的主要内容是课程，但教学不是把课程中的内容灌输给学生，让学生获得这些客观知识的过程，而是以课程内容为依据，在学生已有的知识、经验基础上，不断拓展他们的知识和见识；学生在教学中获得的不仅仅是可以记诵的客观知识，而且是基于所获得的人类认识成果的自觉思考和求索。通过教学，人类积累的文化活化为新一代成长与发展的资源，实现文化传承与新一代成长的统一。

第二，教学是促进学生发展的活动。教学的立足点和归宿是促进人的成长，即丰富人的知识、技能，扩展人的能力，提升人的品格。在历史上，人们提出过不同的教学目标追求，或重视品德培养，或重视知识获得，或重视技能提高，或关注智力锻炼，或关怀人格完善，这些不同的具体目标，最终都要体现在具体的人身上，其目的都是要促进人由不知向知、由不能向能、由随意向规范、由盲目向自觉转化，即促进学生身心的积极变化。促进学生身心发展是教学的基本价值所在，促进学生发展是教育传授文化、促进社会发展和稳定的基础，教育教学的社会功能只有通过学生身心发展才能最终体现出来。因此，人的发展是教育的核心追求，教学的最终目标是促进学生身心发展。

第三，教学是教育的基本形式。人类的教育活动有多种形式，如游戏、社会实践等，而在现代社会里，最基本、最重要的教育形式则是教学，通过文化知识的教授把人类文化内化为个体的发展资源，是现代社会培养人的基本途径。约翰·弗里德里希·赫尔巴特提出的教育性教学观念，把教学和教育融为一体，认为既不存在无教学的教育，也不存在无教育的教学，所有的教学都应该具有教育性，教学是教育的基本形式。

总的来说，教学就是教师引导学生认识客观世界并促进学生身心发展的教育活动，这一活动由教师与学生借助课程内容进行的互动构成，教与学共同构成了分析教学的基本单位。通过教学活动，学生掌握科学文化知识和技能，发展能力，增强体质，形成良好的思想品德。

二、教学的本质

教学是一种教育活动，而教育活动有多种形式。在历史上，人们一直没有停止过对教学本质是什么的追问，也因此形成了各不相同的关于教学本质的观点。有人认为教学是促进人的内在官能显现和成长的过程；有人认为教学是知识授受和观念运动的过程，是习得间接经验的过程；有人认为教学是个体通过亲身探索、操作而获得直接经验的过程；有人认为教学是人性的表达和自我实现等。这些对教学本质的并不一致的认识，深刻地影响了教学理论的发展，并导致教学实践体系的多样化。

（一）教学本质的不同认识

我国教学论工作者通过对教学本质问题进行独立探索，提出了多种多样的教学本质观，有学者把这些观点归纳为十种：特殊认识说、发展说、多层次类型说、传递说、学习说、统一说、实践说、认识—实践说、交往说和价值增值说。其中特殊认识说、发展说、实践说、交往说影响较大。

特殊认识说认为教学是一个认识过程，有其特殊性。具体地说，教学是教师教学生认识世界获得发展的特殊认识形式，教育性、间接性和有指导是它区别于其他认识活动的主要特点。特殊认识说是对中国教育理论和实践产生影响最大、流行时间最长、范围最广的教育本质观学说。

发展说认为教学过程是促进儿童身心发展的过程。发展说的表述各有不同，学界评论也各有褒贬。促进学生发展是教学的最终目的和重要功能，从这个角度看它有合理性，突出了学生发展这一时代主题，但把教学概括为发展，无法把它与其他活动区分开来，也就失去了以之作为区别教学与非教学活动的功能。

实践说认为教学是一种特殊的实践活动。具体而言，持实践本质观的学者，有的把教学视为教师的社会实践，是教师对学生进行指导、转变和塑造的活动；有的则视之为师生共同的实践活动。从教师角度看，教学就是帮助学生认识世界和促进学生发展的过程，是教师的社会实践。但把教学视为实践，难以有效描述教学的特点，尤其是难以从实践的角度形成教学论术语。此外，在历史上，曾有过把教学混同于一般实践，学生不学文化专搞劳动的现象，严重影响到学校教育的质量和学生的发展。显然，实践说也不能把教学的独特性表达出来。

交往说认为教学是特殊的交往活动。关于教学与交往的关系，有的把交往视为教学背景，有的把交往视为教学方法和手段，有的把交往视为教学内容乃至教学目标。交往说主张交往就是教学，教学即交往，这种观点强调从关系角度把握教学本质。师生关系是教学的基本关系，师生交往是教学进行的前提条件，从这个角度看，交往说有其道理，但有人的地方就有交往，我们不能说有人的地方就有教学。交往是教学的特性之一，但仅仅强调交往无法把教学同人类生活中广泛存在的交往区别开来。

上述四种观点分别从过程、功能和关系三个维度提供了有关教学本质的认识，其中特殊认识说侧重于教学过程，发展说侧重于教学价值和功能，交往说侧重于关系。应该说，过程、功能和关系，都是考查教学本质的可行角度，其观点的合理性，取决于它对教学独特性的合理阐释。探讨教学本质的直接目的在于获得教学是什么的抽象概括性认识，更重要的是借助这一探索过程找到全面观察教学特性和规律的立足点和视角。不同的教学本质观为人们观察教学提供了不同的视角，对于整体把握教学的规律和机制具有不同的启发和帮助，因而各有其存在价值。

（二）教学的特殊认识说

把教学看作一种特殊的认识活动，是我国比较流行的一种教学本质观。教学的特殊认识说认为教学本质上是一种认识活动。具体地说，教学主要是解决如何使学生从不知到知、从知之不多到知之较多的问题，即让学生认识客观世界、掌握文化知识。同时，教学还承担着发展学生能力和品德等多方面的任务，这些任务是在掌握文化知识的基础上和过程中实现的。学生掌握文化知识的过程，主要由感受、感知、感悟、记忆、思维、想象、体验、评价、欣赏、理解、问题解决等多种智力和情意活动组成，是人脑对客观世界（主要是精神文化）的能动反映。教学结果主要表现为概念和原理的习得，行为方式的养成，道德和审美观念的获得，心理与身体机能的提升等，以观念性成果为主，是主观世界的能动改造。从这些不同的侧面看，教学活动体现出认识活动的基本规律和特征，因而可以说教学是一种认识活动。

教学作为认识活动又具有特殊性，它是教师教学生主要学习现成知识以认识世界和发展自身的活动，是一种教学认识。教学认识的主要特征如下。

(1) 教学认识是学生个体的认识活动。个体认识不同于人类历史总认识。如果说人类认识全部来自直接经验，那么个体认识更多来自间接经验。个人可以依靠他人、前人的实践而不只是个人实践来获得认识。并且，经过人类长期进化，每个个体都获得模仿能力和语言能力，特别是有了语言这个工具来保存、接受知识，学习前人、他人的经验。这样，就无须事事亲身经验，也无须简单重复人类历史总认识。学生个体认识，又不同于其他个体的认识。学生是受教育者、学习者，多是未成熟、未成年的人。将学生个体认识纳入教育过程之中，是在制度化的教育系统中展开的，学生既是认识主体又是不成熟的主体，学生个体认识形式丰富，具有综合性。

(2) 有教师教是教学认识的重要特征。一般人的认识和学习，都是自己独立进行的。而教学认识有教师介入其中，形成了独特的教师引导学生认识客观世界的过程。有教师教，学生的学习或认识，就能有引导、有目的、有计划、有组织地进行。由于学生个体认识活动主要是由教师设计并在教师引导下进行，因而具有高效性和系统性。

(3) 教学认识具有间接性。个体认识有直接经验和间接经验两种基本来源，直接经验是个人在自身活动中体悟、感知和概括出来的经验；间接经验是个人通过学习和交往等活动获得的别人已有的经验。教学认识的内容以间接经验为主。不仅如此，在学校生活或教学实践这一特定的范围里，获取直接经验的主要目的也在于更有效地获取间接经验，即掌握人类文化知识。教学内容经过了选择和加工，教学认识在方式上也表现出间接性。学生掌握人类文明经验的具体方法多种多样，是多种具体方法的综合体，如阅读、听讲、观摩、形象感知、思维操作、实验操作、解题、质疑问难、情境探索、讨论交流等，这些不同的方法也可以大体归结为直接经验和间接经验两大类型。直接经验型方法注重学生发现或探索人类已有文明经验的发现过程，而间接经验型方法更重视教师传授、讲解和示范等环节。在教学活动中，二者都是教师有意识地组织和设计的，因而都具有间接性。学生在教学中的探索和发现，并不是在自然的问题情境中进行的，其探索的是设计好的问题情境，发现的基本上是人类已有的并要求学生掌握的结论。因而，学生在教学活动中的发现和探索也有间接性。教学认识的间接性，具有高效快捷的优势，但也易产生理论和经验脱节的问题。

(4) 教学认识具有发展性。以促进学生发展为宗旨，并具有促进学生个体发展的突出功能，这是教学认识区别于其他认识活动的重要特点。各种类型的个体认识活动都是认识主体运用自身的主观世界反映客观世界的过程，在这一过程中，认识者的主观世界也得到改造。具体表现在两个方面：第一，在了解和把握客观对象的过程中，丰富个人的知识和见识；第二，在反映客观世界的过程中，锻炼提高个人的能力，这是人类认识活动的基本特征，也是教学认识和其他个体认识活动的共同特征。但是，在这一共性之下，教学认识又有其独特的个性；教学认识以改造学生的主观世界为宗旨，它在促进个人发展方面也较一般认识活动更为全面和高效。

综上所述，教学是一种特殊认识，即教学认识，它是为了解决人类总体文明发展与个体身心发展之间的矛盾而在教育系统中展开的、教师指导学生掌握经过选择和加工的人类文明成果并以此为基础促进学生身心发展的活动。以上就是教学认识说的基本观点。

三、教学内容

（一）知识与知识观

教学内容的主体是各种类型的知识，有必要对知识的定义与价值有所了解，并关注知识观的转向问题。

1. 知识及其价值

知识是人类思想的结果和成果，是前人积累下来的经过系统的理性思维并以"符号"的形式保存下来的过往经验。知识具有以下三个方面的基本价值。

（1）实用价值

通过某些知识的传授，可使人获得某些有用的技能。谋生技能越来越专门化，知识越来越专门化，从大众的视角考虑，追求生存使人关注职业训练是合理的，但是人除了生存还要生活，这是普通教育（通才教育、博雅教育）所关心的。

（2）认知价值

知识对智慧发展，智力开发，提高分析解决问题能力，培养学生的观察力、想象力和思维力具有积极意义。学生学习普通学科知识，有一些知识今后用不上，被遗忘了，但即便细节不能回忆起来，普通学科也为我们提供了一个据以思考、想象的概念仓库，没有接触这些学科的人，会暴露出联想力、创造力、洞察力的贫乏。

（3）育德价值

知识包含丰富的道德因素，体现了人类的道德理想和崇高追求。文科教材渗透着道德理想和价值观教育；理科教材包含着自然运行的规律以及探索世界的历程，能够培养学生尊重科学、实事求是、探索创新的品质。

2. 知识观的转向

知识观就是人们对知识的看法，我们对待知识的态度，会深刻地影响我们对学习和教学的理解。

（1）传统知识观

传统知识观认为，知识具有客观性，不以人的主观意志为转移，具有"公共可传达性"；知识具有普遍性，是"放之四海而皆准"的；知识具有确定无疑性，真正的知识是不变的真理。传统知识观强调知识的客观性、普遍性和确定无疑性，这给教学带来了深刻的影响。

第一，由于知识是确定无疑的，因而标准答案也是不容怀疑和挑战的，教学过程中学生的怀疑精神、批判意识、独立思考和自主创新都成为对知识确定性的挑战而受到遏制。

第二，由于强调知识是外在于人的、确定无疑的客观真理，因而知识具有可传递性和可复制性，教学就是教师把知识从课本灌输、传递给学生，学生就像容器一样接受、储存知识。为了提高知识传递的效率和效果，往往要通过大量的训练、频繁的考试，将知识储存、刻印到学生的认知系统。由此导致的后果是普遍的学生记忆负担沉重、厌学，紧张的师生关系使学生学习主体性消失殆尽，而依赖性、被动性却与日俱增。

第三，由于将知识视为客观的、普遍的、绝对正确的，因而在教学中存在重结论、轻过程，重数量、轻质量的倾向。教学中，教师急于将这些客观真理尽可能多地塞给学生，因而各种知识倾泻而下，学生无暇思考、诘问、探究、领悟、反思、体验，超凡的记忆力难以成为高效率地掌握知识的法宝。重结论、轻过程的知识教学，必然导致有数量、无质量的知识学习，因为这种教学隐去了某种知识复杂曲折的原始生产过程，抽去了知识发现过程中前人的思维历程和方法应用，因而尽管学生迅速掌握了大量知识，但是这些知识大多是低质量的、无活力的知识。这种教学使学生逐渐变得习惯于接受现成的知识，不会自己去发现知识、探索知识、领悟知识、批判知识、反思知识。

(2) 新知识观的兴起

近年来，知识的客观性、普遍性、确定性不断遭到质疑，新的知识观认为，知识不是绝对真理，而是一种具有猜测性质的、有待于进一步修正的假设，所有的知识都是可错的，没有什么知识是对认识对象的终极解释；知识是认知主体主动建构起来的，对知识的真正理解，只能由学习者基于自己的经验、背景建构起来，死记硬背、生吞活剥的被动的复制式学习不能形成真正的知识；知识服从于人的解释，由于经验、背景等的不同，客观世界对每个人的意义也不同，因此知识是因人而异的，个体获得知识的过程是创造性的，因为他们总是赋予知识以自己的解释，这样一来知识就不可避免地具有"个人特色"。

(二) 教材分析

教材是教学内容的主要载体，教师对教材进行透彻的分析，是课堂教学的准备工作之一。教材分析主要应做好以下五点工作。

(1) 分析教材内容的编写意图。教材凝聚了大量专家的心血和智慧，教材中的每一句话都经过了反复推敲，每一个例题都经过反复打磨，每一道习题都经过精心挑选。教师在尊重教材的基础上，研读教材，理顺知识结构，领会编写意图，才能深入挖掘教材的"精彩"，提升学生的学习效果。

(2) 分析教材内容的前后联系。分析教材内容的前后联系，即弄清所学内容与先前内容及后续内容的关系，把握本节课内容的独特地位和作用，做到"瞻前顾后""以旧引新"，实现课堂教学内容的有效对接，进而体现课堂教学的针对性、连贯性与相通性。

(3) 设定教学内容的最佳结构和最佳顺序。

(4) 把握教学重点和难点。教学重点，是教学内容中最重要、最基本的中心内容，是知识网络中的联结点，是教师设计教学活动的主要线索，具有贯穿全局、带动整体的作用。教学难点是学生感到难以理解或接受的内容。一般来说，重点不一定是难点，难点也不一定是重点，但有时两者是统一的。任何教学内容都有重点，但不一定有难点。一般来说，确定教学难点时，教师需要考虑教学内容抽象性与学生思维形象性的矛盾产生的难点。

(5) 多样化地开发课程资源。教师不能只教教材，而应让校内课程资源和校外课程资源、文字性课程资源和非文字性课程资源等成为教学活动的有机组成部分，增强教学的生动性、创造性和吸引力，提升教学的效果。

(三) 教师对教材的创造性使用

强调尊重教材、研读教材，并不等于要求教师照本宣科，不敢对教材进行丝毫改变。教师不是教材的执行者,而是教材的开发者。教师在尊重和研读教材的基础上,发挥自己的专业能力和智慧,根据实践中的具体状况,创造性地对教材进行有效调整和拓展,能够显著提升教学效果。

(1) 调整教材编排。如果调整教材编排可以优化教学,教师可作相应的灵活处理,不必从教材第一页顺序教至最后一页。

(2) 变换教材内容。我国学校有地域差异、城乡差别,教材内容不一定适合所有地区、所有学校的学生,经过教师的灵活调整可以使其更适于学生学习。

(3) 拓展教材视野。在一定意义上,教材就是提供一些教学素材,但不可能也没必要为师生提供全部教学素材,所以教师要注意根据学生的具体情况,对教材进行适当的拓展。

四、教学环境

课堂教学环境是构成课堂教学的基本要素之一,是教学的客观条件。任何课堂教学活动都是在一定的课堂教学环境中进行的。课堂教学环境就是师生课堂教学活动的舞台。

(一) 课堂教学环境的概念

教学环境系统主要由两类环境组成,即物质环境和社会心理环境。物质环境包括时空环境、设施环境和自然环境;社会心理环境包括人际环境、信息环境、组织环境、情感环境和舆论环境。课堂教学环境可以作为教学环境的下位概念来理解,是指影响课堂教学活动的开展、质量和效果,并存在于课堂教学过程中的各种物理的、社会的、心理的因素总和,是课堂教学不可或缺的组成部分,是影响课堂教学活动的客观条件,它包括课堂教学物质环境和课堂心理环境两部分。

(二) 课堂教学环境的构成

1. 课堂教学物质环境

课堂教学物质环境主要指的是各班进行教学活动的固定地点——各班固定教室,其构成要素包括教室内的物理环境、教学设施、教室空间大小、班级规模以及座位编排方式等几个方面。其中教室物理环境、空间大小会影响学习状态;教学设施丰富与否会影响学生能够利用多少学习资源;而班级规模和座位编排方式对课堂上的人际互动会产生较大影响。

2. 课堂教学心理环境

课堂上所有成员共同的、稳定的心理特质或倾向就是课堂教学心理环境,主要由课堂气氛和人际关系两种要素构成。

(1) 课堂气氛

课堂气氛也叫课堂心理气氛,主要指师生在课堂上所表现出的某些占优势的态度与情感的综合状态。课堂气氛是课堂学习赖以发生的心理背景,健康积极的课堂气氛有助于提高学生学习的积极性;反之,则会降低学习效果。因此,创设良好的课堂气氛是实现有效教学的重要条件，也是课堂管理的一项重要内容。我们通常将课堂气氛划分为积极的、消极的和对抗的三种类型。

①积极的课堂气氛表现为学生求知欲强烈，学习热情高涨，注意力集中，思维活跃，师生关系良好，配合默契，都具有满意、愉快、互谅、互助等积极态度和情感体验，课堂纪律良好。在这样的课堂气氛里，师生双方都有饱满的热情，关系融洽，课堂里听不见教师的呵斥，看不见僵局和苦恼，有的是教师适时的提醒、恰当的点拨、积极的引导。课堂气氛宽松而不涣散，严谨而不紧张。

②消极的课堂气氛即消极、冷漠、沉闷的课堂气氛，常常以学生的紧张拘谨、心不在焉、反应迟钝为基本特征，学生缺乏求知欲与学习兴趣，态度消极被动，处于控制与服从状态，师生关系不融洽。在课堂学习过程中具体表现为：学生情绪压抑、无精打采、注意力分散、小动作多，有的甚至打瞌睡。对教师的要求，学生一般采取应付态度，很少主动发言。有时，学生害怕上课，或提心吊胆地上课。

③对抗的课堂气氛即紧张、对立、喧闹的课堂氛围，其实质是一种失控的课堂气氛。教师失去了对课堂的驾驭和控制能力，师生关系恶劣，同学关系不友好，一些人常在课堂上惹是生非，课堂气氛紧张，学生在课堂学习过程中各行其是，教师有时不得不停止讲课而维持秩序。

教师应该根据具体的课堂气氛不断调整教学和管理策略，以期取得理想的教学和管理效果。

（2）人际关系

人际关系是人与人之间通过交往与相互作用而形成的直接的心理关系。师生之间的关系、学生之间的关系是课堂上最重要的两种人际关系。师生关系融洽，学生之间尊重友好，就容易形成积极、健康、生动活泼的课堂气氛；不融洽、不信任的师生关系，不和睦、纷争不断的同学关系则容易造成消极、沉闷、争吵、讽刺甚至一触即发的紧张气氛。构建良好的师生关系是成功教学的根本，也是建立良好课堂教学心理环境的根本。师生人际关系有多种不同的形态，如友好型、冷淡型、关怀型和拒绝型等。良好的师生关系具有以下特征：①开放性或透明性，师生之间可以直言不讳，坦诚相见；②关爱性，师生双方都感到被尊重；③依存性（非依赖性），师生双方相互依靠；④独立性，师生双方都允许对方发展自己的独特性、创造性及个性；⑤互惠性，师生双方决不以牺牲对方的需要来满足自己的需要。

（三）营造积极的课堂教学环境

要确保课堂教学顺畅地进行，并使学生的学业成绩取得进步，教师就要致力于营造积极的课堂教学心理环境。具体来说，教师可以从以下四个方面入手。

1. 尊重学生

教师尊重学生体现在很多方面，不体罚或不变相体罚学生、不侮辱责骂学生是最低层次的尊重。教师对学生的尊重还表现在：尊重学生的权利；尊重学生的兴趣和爱好；尊重学生的情绪和情感；尊重学生的名誉；尊重学生的个性差异；尊重学生的想象；尊重学生的选择和判断；尊重被孤立和排斥的学生；尊重有过错的学生；尊重和老师意见不一致的学生。优秀教师对于自己权力的使用非常审慎和节制，时时警惕自己身上可能存在的不良趋势，避免伤害学生的尊严和权利。

2. 恪守公正

公正是处理人际关系时的公平和正义的伦理原则。公正的第一个特性是"对等性",所谓对等是指主体对人对事要一视同仁,适用同一个规则或标准;公正的第二个特性是"可互换性",也就是当主体处在对方的位置时,仍然接受自己原先承认的规则或标准,绝不能对他人一套标准,对自己又一套标准。教师公正是指教师在自己的教育活动中对待不同利益关系主体时所表现出来的公平和正义。教师公正中最为重要的是"对象性公正",即对学生的公正。每一个学生都是不同的,但他们都渴望得到教师的公正对待。

3. 保持期望

期望是一种符合某种身份的预期希望,被期望者了解领会到他人对自己的期望就可能产生较大的期望效果。教师相信每个学生都很好、很聪明、很认真、会成功的美好期望,会促进师生之间建立信任、友好与默契的关系,潜移默化地影响学生的态度,以及人格和智力的发展。为此,教师应经常以肯定的话语、鼓励的目光、微笑、点头等向学生表达积极的情感,使之获得努力奋斗的动力,并与教师建立良好的师生关系。

4. 密切交往

师生之间的频繁接触是建立良好师生关系的基本途径。如果教师与某个学生一个月都说不上一句话,那教师与这位学生就难以建立良好的师生关系,因为他们之间连建立人际关系的起码的时间和空间都没有。因此,要想和学生尤其是边缘化的学生建立良好的师生关系,教师必须增加与这些学生接触的机会。这种接触可以体现在课内学习的互动中,也可以体现在课外的师生交往之中。高频率的互动与接触足够让所有学生都与教师建立起正常的人际关系,为良好师生关系的建立打下基础。

第六章 班级管理

第一节 班级组织

一、班级组织的概念界定

班级组织是随着班级授课制的产生而形成的。早期,社会生产的发展要求更多的人接受教育,科学技术的发展需要教学有比较固定的结构与模式,于是教育者便采取了将相同年龄和知识经验相近的学生组织起来施教的教学方式。这种学生群体就是最初的班级组织。此后,班级授课制替代了个别教学,成为主要的教学组织形式,班级组织也成为师生从事教育活动及学校管理活动的基本单位。

一个班的学生不是一群孩子的偶然会合,而是按一定的教育目的、教学计划和教育要求组织起来的学生群体。但是,一个班的学生群体还不能称为真正的班集体,因为由班群体发展为班集体有一个过程,集体是群体发展的高级阶段。

班级组织的定义为:班级组织是一个有一定人数规模的学生集体,是学校根据一定的任务、按照一定的规章制度组织起来的有目标、有计划地执行管理和教育职能的正式群体。它既是开展教学活动的基层组织单位,又是学生生活及开展活动的集体单位,也是学校教育管理工作的基本单位。

二、班级组织的基本结构

班级是一种社会组织,其基本成员是班主任、教师(特指不担任班主任的任课教师)和学生,它通过师生相互影响的过程来达到预定的教育目标。

在一个班上,除了每个学生都必须参加的班群体以外,实际上还存在若干个比较正式和非正式的群体。若让学生自愿参加,每个学生参与的群体将大不一样,甚至有的学生实际参加的群体和他心目中向往的群体也不一致。这样,在班上便形成了复杂的人际关系和群体之间的关系,并深刻影响着每一个学生志趣与品德的发展。因此,了解学生中各种群体的特点、作用及其相互关系,对做好班主任工作非常必要。

(一) 正式群体和非正式群体

正式群体是在学校行政部门、班主任或社会团体的领导下,按一定章程组织起来的学生群体。它一般包括班学生群体、班共青团和少先队等,负责组织开展全班性的活动。此外,在一个班上还有为配合开展班集体活动、完成某一方面的任务而组织起来的学生小组,如班刊编辑小组、学科小组、文体小组、学习小组等,这也是一种正式群体。班学生正式群体和班集体是有严格区别的。班集体是由班正式群体发展而来的,而且班正式群体不止一个,因而必须予以区分。正式群体得到学校的支持,有班主任和有关教师的指导,它的目的与任务明确,成员稳定,有一定的组织纪律与工作计划,经常开展活动。如果正式群体组织管理得好,就能有力地团结、教育全班学生共同前进,在全班学生的学习和生活中起重要作用。

非正式群体是学生自发形成或组织起来的群体,包括因志趣相同、感情融洽,或因邻居、亲友、老同学等关系以及其他需要而形成的学生群体。

非正式群体也有其特点:大都自愿组合,成员性情相近、志趣相投,有共同的需要,由较有威信与能力者领头;三五成群,人数不等,规模一般偏小;活动由大家商量确定或由领头者根据大家需要而定,易调动成员的积极性;交往与活动频繁,有活力。但它一般没有正式的组织机构和长远的活动计划,其成员也不稳定,易受外部条件和内部人际关系变化的影响,特别是其主要成员的变化(如退出或有新成员加入)会严重影响它的活动,甚至导致群体解体与重组。非正式群体虽然是自发形成的、不稳定的和易变的,其存在时间也可能是短暂的,但它有活力,是学生学习、娱乐、生活和交往所必需的,可以弥补正式集体活动之不足。每个学生在班集体活动之余,都需要过一些非正式的小群体生活。这不仅是个人的需要,而且可以使班集体生活充满友谊与欢乐。所以,非正式群体与正式群体共存,对学生的身心发展有不可忽视的作用。

班主任要公正、热情地对待各种学生群体。非正式群体固然有盲目、消极的一面,不过,只要班主任真诚地关怀和帮助他们,耐心细致地做工作,就可以缩小其不良影响,化消极因素为积极因素。如果班主任仅把非正式群体视为小圈子、小集团而横加打击,那将人为地迫使它与班级正式群体对立(主要是与班集体对立),严重影响班级活动的开展和班集体的发展。班主任要关心和尊重班级的非正式群体,要看到它积极的一面;要善于引导非正式群体的发展,使它认同正式群体(包括班集体)的奋斗目标,把那些在非正式群体中涌现出的有威信、有能力的学生选拔出来负责正式群体中的适当工作。这样,就能使正式群体与非正式群体之间关系融洽、目标一致,为了集体的共同目标和利益,积极地发挥各自的作用。

(二) 参照群体的选择

参照群体是学生个人心目中向往和崇尚的群体,学生个人倾向于根据它的目标、标准和规范来确定自己的行为动机、调节自己的思想和行为。每个学生在生活中都将同时参加若干个正式的与非正式的群体,但并不把这些群体摆在同等重要的位置上,并不与其中的每一个群体在思想行为上都保持一致,而是按个人的价值观把它们排列成一定的顺序,分别加以对待。排在末尾的是被看成无关紧要的或毫无兴趣的甚至令人厌烦的群体,只有排在前面的一个或数个才是个人力图与其在思想与行为上保持一致的参照群体。

学生选择的参照群体往往大不一样,在内外各种因素的影响下,学生选择的参照群体也会不断变化。低年级学生常以高年级学生组织的某些群体为参照群体,而高年级学生则多以社会上受尊敬的领袖人物、科学家、英雄模范或某个先进单位和集体为参照群体。除此之外,正处于青少年时期的学生可能不是以个人所属的群体、现实生活中的群体为参照群体,而是以文学、电影、电视或道听途说的主人公和团体作为自己追求的参照群体。因此,了解每一个学生的参照群体十分重要,由此可以了解学生的内心世界、志趣、价值观,从而预测学生的个性发展，有针对性地对他们进行引导和教育。

学生选择的参照群体与实际参加的学生正式群体往往不一致，因而导致教育工作出现极为复杂的情况。一种情况是，学生以少先队、共青团、先进班集体、高年级优秀生乃至英雄与伟人为崇尚对象，这同学校教育和班集体的发展方向是一致的。班主任要帮助他们，使他们的追求更加自觉、明确、强烈。另一种情况是，学生以球队、武术队、科技小组或文学艺术团体为学习榜样，可能因迷恋有趣的活动、运动、游戏与文艺而同学校的要求和班集体的活动不一致，有时甚至产生尖锐的矛盾与冲突。在这种情况下，班主任要善于因势利导、长善救失，发扬其积极因素，抑制其消极因素，根据学校的制度与纪律来安排、调节这些个人感兴趣的活动，以利于个人和集体的发展。还有一种情况是，少数学生选择的参照群体具有极大的危害性，与教育要求背道而驰，对这种情况，班主任稍有觉察，就要立即制止，并做好学生的思想转变工作，以防止严重事态的发生。

有时，有的学生可能同时有两个性质相反的参照群体，他努力争取优异成绩，以自己的长处、优点掩饰其劣迹，这就是"尖子"学生犯罪问题的一个重要由来。这种情况十分隐蔽，较难防范。班主任只有系统、深入地了解学生，才能弄清学生选择的参照群体，了解他们的内心世界和追求，才能有的放矢地进行教育，及时地给予正确的引导。

三、班级组织的特点

班级组织的管理具有一般管理过程的特点，是一个由计划、组织、检查、总结等环节组成的动态过程。它除了具有一般组织的共性之外，还是一种教育性组织，是学生在学校中学习、成长和开展各种活动的基本场所。该组织的特点如下。

（一）班级组织的目标是使所有学生获得发展

班级管理过程以育人为目标。学生既是班级组织教育过程的主体，又是班级组织教育的对象。班级管理的各个环节都必须服从培养人、塑造人这一目标，要与过程有机配合，创设一个优化的环境，使班级组织成员的智力、能力、个性都能得到充分的发展。

（二）班级组织中师生之间是一种直接的、面对面的互动

班级组织为了实现育人目标，依照教育的有关法律及课程标准，制订教育目标、教育内容及课程的时间分配方案。作为学校开展教育教学活动的基层单位，班级活动本身就要求班级中教师与学生、学生与学生之间的互动必须是直接的、面对面的。班级组织的健康发展，在很大程度上取决于班主任和教师对班级成员的认知和理解程度。因此，班主任和教师需要与学生建立和谐的、互动的、相互信任的人际关系。

（三）情感是班级组织中师生之间、生生之间的纽带

情感是一种体验，它反映的是主体与客体的关系，一个人得到不同的满足程度会产生不同的情感体验。积极的情感体验能成为一种巨大的教育力量，这些情感具有唤起动机的功能，深化或巩固教学内容的作用，能够引起共鸣、起到潜移默化的作用。首先，中小学生由于心理和

意识发展的程度不高，情感就成为他们认识事物的一种非常重要的形式；其次，班主任和教师在教育教学活动中，为了促进学生的全面发展，充分利用情感的力量，会起到事半功倍的效果。班级管理必须让学生在班级里获得情感体验，使集体生活赋予学生多样而深刻的情感体验。班主任和教师的教育艺术就在于使班级组织对学生产生巨大的吸引力，让学生对班级产生向往感、荣誉感、友爱感，使学生的良好个性能在班级组织中得以培养和生成。

（四）师生交往的多面性

在现实的班级活动中，班级组织中存在着各种交往中的情感因素，班主任和教师与学生之间、学生与学生之间的交往不是单一的、片面的，常常是全面的和多层次的，既有知识传递与接受的交往，也有情感等方面的交流与分享。班主任和教师要重视通过教学、课外活动、社会实践活动、个别交流等多种途径与学生进行广泛的交往，满足学生发展过程中的多方面需要。

（五）班主任和教师需要用自己的人格力量来组织班级活动

班级作为学校的一个正式的基层组织，为了完成教育目标，必须有规章制度来维持。因此，教师与学生各自扮演的角色在班级成立之初就已经规定了，班级的互动主要在教师与学生之间和学生与学生之间进行，它不仅需要通过正式的规章制度维持，也需要各种非正式的方式和手段来维护。

第二节 班级的管理工作

一、班级管理工作的理念

理念一词源于柏拉图哲学中的"观念"，康德称之为"纯粹理性的概念"，黑格尔认为是"自在而自为的真理——概念和客观性的绝对统一"。理念与观念有一定区别，"观念"指客观事物在人脑里留下的概括的形象；而"理念"可以作为思想、观念来理解。本书中的"理念"是根据时代发展要求和学生发展规律而得出的符合教育发展规律与需求的观点。因此，班级管理工作的理念可以理解为，根据时代发展要求和学生发展规律而得出的符合班级管理工作需求的观点。

（一）以人为本

"以人为本"的班级管理是指在管理过程当中充分尊重学生和理解学生，并发挥学生的主动性、创造性、积极性，在班级管理工作中调动学生的进步欲望和热情，摆脱传统守旧的管理方式，让学生明确自己的发展目标并主动努力去完成任务。在对学生进行以人为本的班级管理当中，首先，要有全新的班级管理理念，不断创造班级的教育资源并优化班级环境。其次，对班级每位学生的行为要有最基本、最起码、最低的标准，采用激励和肯定的方式调动学生的积极性，使其具有进取心和自信心。还要充分尊重学生的意见和需求，调动学生对学习的主观能动性和自觉性，激发其内在的热情和兴趣，使其具有集体凝聚力。最后，根据学生本身的特点，为其提供适合其自身发展的平台，让学生在学校接受学科知识教育的同时，还能够得到一个人格完善和人性张扬的机会，并从中获得更广阔的全面发展的空间。

现代管理学之父彼得·德鲁克认为："管理是以人为中心的管理，管理思想的核心就是尊重并重视人、激发人的潜能，发挥人自身的创造性和积极性。"在班级管理工作中也应该体现这一思想。新课程改革指出，学校培养人的目标不再是培养"服从型"学生，而是要培养学生的创新意识和精神，学校教育要充分发掘学生的特长、调动学生发展的积极性和主观能动性。班主任在班级管理工作中要根据学生的爱好、兴趣的不同，为学生的全面发展创建一个人性化的环境，同时激发学生的自信心，使其个性得到充分发展。以人为本的班级管理要求班主任在班级管理工作中认识并承认学生发展的差异性，根据学生的个体差异，充分发挥其本身的潜能，既关注共性又讲求个性，既关照全面又兼顾局部。因此，以人为本的班级管理有利于形成朝气蓬勃、积极向上的班级氛围。同时，以人为本的班级管理要求我们要从全局的视角来认识和把握班级管理中的对象，不要片面孤立地去理解被管理的对象。最后，"以人为本"的班级管理要求班主任对学生要有爱心，要关怀学生，引导学生健康成长，故以人为本的班级管理有利于建立和谐的师生关系。

（二）依法治班

只有在班级管理中依法治班，才有利于学生对事情做出客观公正的判断，才利于学生的健康成长，成为一个合格的现代人。新时期的班级管理内容繁多，如果所有的事务都让班主任一个人去完成，不仅会影响完成每项工作的质量与速度，而且会使班主任在日常事务中没有时间去分析现象、探究根源、寻找对策，无暇顾及自己的专业成长。只有依法治班才能把班主任从班级管理的困境中解脱出来，更有力地促进班主任的专业发展。

班主任在班级管理工作中应该将相关法律运用到自己班级的管理行动当中，用法律指导自己的行为，依照法规处理突发事件，用法律维护师生的合法权益。学生在班主任学法守法用法的熏陶下，也会形成学法守法用法的好习惯。需要注意的是，依法治班并不是生搬硬套、冰冷无情，毕竟每一个学生都有着极大的可塑性，因此，在具体执行的过程中，在坚持基本原则的基础上应根据实际情况灵活操作，在班级管理工作中以教育为主、处罚为辅，突出正面引导。

（三）以情促管

班主任在班级管理工作中对学生进行情感教育是必不可少的。人是社会化的情感动物，教育本身是培养人、塑造人的，要通过班级管理培养青少年具备社会所需要的健康的情感态度与价值观。师生关系不仅是班级组织的正式的基本关系，也可以是非正式的自然的关系，是一种情感、道德关系。钟启泉教授认为：积极的师生情感关系和道德关系一旦建立，不仅能使教师亲和力实现正增长，而且可以改善师生行为，有利于创设良好的班级活动气氛和效果。班主任的情感态度应该立足于待人做事真诚，立足于"以学生为本"，着眼于学生发展，这是建立良好师生关系的基础。行有行规，热爱学生是班主任职业道德的具体体现。在班级管理的全过程中，班主任对学生要有一种明晰的情感：学生进步了，鼓励他；学生疑惑了，启发他；学生尝试了，尊重、信任他；学生犯错了，批评、宽容和帮助他；自己被学生误解了，忘记它。只有这样，师生才会彼此更加尊重、信赖，情感态度才会不断朝向正面发展。李吉林说过："老师对学生冷漠还是挚爱，直接影响了孩子的成长，决定了孩童生活的品质，这些甚至是孩子的父母都无法替代或弥补的。爱与教育如影随形，相伴生存。"

在班级管理工作中要实现以情促管需要做到三个方面：首先是尊重。班级管理要实现以情促管，尊重是一种有效方法，如雨润花草。班主任在班级管理工作中要发自内心地去尊重和爱护每一个学生，做到礼貌而随和、低调而亲切，不轻视学生，不嘲笑其所犯错误以及人格、生理缺陷等，促使学生积极进取。其次是赏识。如果尊重是态度，那么赏识就是反馈。鼓励学生学习的基本做法是让学生的学习有一种安全感，这就要求班主任在班级管理过程中要避免产生恐惧的班级氛围，鼓励学生大胆实践，不用惧怕学习失败，每一位学生都希望被重视、被赞赏。最后是宽严相济。大多数班主任认为自己爱学生，但是只有少数的学生能感受到班主任的爱。大多数班主任的爱实际上并不被学生感受到或领情，对此每一位班主任都应该深思。爱心不可滥施，师爱应有原则。我们必须将尊重学生与严格要求学生并重，宽严相济，爱严结合，严厉而不苛刻，温情而有风度，才能够真正实现以情促管。

制度化的班级管理是刚性的，情感化的班级管理则是柔性的，二者在班级管理中各有长处。吴乐央认为：柔性管理倾向于人本性，充分尊重学生的细微感情需求，把每个学生作为班级管理的主体。此外，柔性管理具有情感性。实施"以学生为中心"的柔性管理，师生平等交往，以情感人，以班为家，激发每位学生的班集体向心力，构建良好的人际关系，以情促管，对于新课程改革背景下的班级管理具有积极的指导意义。

（四）自我教育

"没有自我教育，就没有真正的教育。"因为不管接受过什么样的教育，生活归根结底是由学生自己去完成的。班级中的事务应该由学生自己去承担，学生在锻炼和体验中学会与人沟通、解决问题和自主生活。班级作为一个组织，班主任和每个学生都有自己的位置和职责，班主任要充分发挥自己作为班主任的作用，学生要履行自己作为学生的责任。师生齐心协力，共同建设班级，这样的集体才是一个有活力的有机组织。班级管理需要规则。班级管理规章制度最好由所有学生共同参与制定，并通过讨论让每一位学生都明白应该如何遵守规则，班主任只是提出问题，组织讨论，引导学生在体验中发现问题的真相和答案。班主任不要包办替代，使学生错失形成思考力、凝聚力的良机。在学生自治的过程中，班主任需要适时、适度地指导，肯定学生行为表现中的优点，并针对学生存在的问题提出指导意见。但是，班主任在班级管理过程中应认识到自我教育的养成不能仅仅靠简单的说教，还需要让学生在实践、体验中逐步建立起自我教育的信心，习得自我教育的方法，增长自我教育的能力。发一次言、独立组织一项活动、获得一次成功，让学生在自我教育中尝到甜头，这样他们才会勇往直前、乐于进取。自我教育不是一朝一夕就能形成的，需要班主任长期的鼓励与支持。

学生一旦具备了自我教育的能力，就拥有了持续发展的动力，也就为将来奠定了良好的人生基础。教师施行自我教育不是盲目地放手不管当"甩手掌柜"，也不是简单地让学生放任自流想干什么就干什么，班主任需要认真思考，精心设计，适当引导，持续践行，才能让学生逐渐拥有自我教育的能力。因此，班主任在班级管理的过程中要持之以恒地在自我教育的理念引领下开展班级管理工作。

（五）互助合作

对于班级成员来说，最根本的需求是"归属和爱的需求"，尤其在班级组建之初，他们格外需要来自这个团体的安全感、归属感和爱。传统的班级管理强调班级成员的互相竞争，学生处于激烈的竞争环境中，部分学生因为很快掌握竞争原理，学会竞争手段而成为优等生，他们或许扬扬自得，或许忐忑不安，生怕下次被别人超越，根本无法享受成长的乐趣。而更为不幸的是，大部分学生长期在竞争中体验着失败、恐慌、沮丧，往往是刚刚起跑就失去了信心。其实，对于人的成长来说，过程重于结果，并且教育的根本任务是培养身心健康的公民，因此现行的班级管理必须抛弃这种竞争模式，树立互助合作的理念。

互助合作的班级管理强调学生应该全身心地投入自己想做的事情当中去，应该更关注自身的进步与提高，而不是花大量的时间和精力关注别人的发展。互助合作的班级管理要求学生以朋友、合作者的身份和他人共事，学会商量、讨论，共同面对困难，共同协作解决问题，而不是把对方视为对手，时刻提防、相互猜疑。现在的学生大多是独生子女，习惯以自我为中心，只会索取、不懂付出；更多是在关注自己的感受却很少为他人考虑，容易形成自私、孤僻的性格，不知道如何与他人相处，为人际关系中的摩擦而困惑、苦恼，甚至形成畸形的心理和人格。因此，当前的学生急需在集体活动中培养互助合作的意识、提高互助合作的能力。互助合作的理念是符合时代要求的，随着社会的发展，人们越来越强调互助合作的重要性。互助合作的班级管理理念也是顺应时代教育的要求而产生的。

二、班级管理工作的主要内容

（一）班级制度管理

班级制度管理是教师和学生共同制定的、适用于班级的学习和常规生活制度，是外在的、以条文形式规定学生该做什么、不该做什么的行为规范。其中可以包括课堂纪律要求、生活作息制度、值日生制度、奖惩制度等，只要师生双方共同认可，将某一方面的行为规范制定出来，就可以将之作为明确的管理制度。确立制度之后，班主任就要发动学生严格按照规章制度行事，并认真落实奖励与惩罚制度。

（二）班级活动管理

班级活动，是指为了实现教育目的，在教育者的引导下，由班级学生共同参与的，在课堂以外的时间组织开展的教育活动。

班级活动可以从学生的日常学习和生活中选择素材；可以从重大的节日中选择素材；也可以根据地域特点，配合当地的习俗和活动选择素材。一般来说，班级内可以组织一些系列性主题班会活动，如夏令营、春游等室外活动，知识学习、能力竞赛型活动，节日性班级活动等。

（三）指导工作

班级管理者在班级管理中不仅是策划者、组织者，更是指挥者，如同导演与演员、教练与运动员一样。在执行过程中,学生干部或者学生群体中总会出现这样或那样的问题,如方向不明确、方法不妥当等,需要班级管理者随时加以指导,使全体参与者都明确为什么做、做什么、做到什么程度、怎么做,以避免盲目行动和低效行为。指导的目的是让学生主动积极地去完成计划,而不是包办代替。

(四) 鼓励工作

班级管理活动中,很重要的一项工作内容则是班级成员的鼓励工作。为了保持按照原计划从事各项活动,必须采取各种鼓励手段,不断提高学生的积极性。特别是在实行过程中遇到困难时,在某些工作一时难见成效,而学生有些泄气时,或在某项工作处于落后状态时,更需要管理者适时地、有针对性地采取鼓励措施。

(五) 协调工作

协调工作是贯穿于实行阶段全过程中的一项管理工作。在实行阶段中实际工作进程与计划规定的要求出现不一致性,是难以完全避免的;会出现这样或那样的新问题,包括来自学校的新要求和学生们的新建议;还会出现各种不和谐的声音。此时,管理者需要充分发挥协调作用,合理、高效地安排各项工作井然有序地进行。

(六) 教育工作

班级管理过程中,教育与管理紧密相连,并且渗透在管理过程各个环节之中。目的是使班级成员增强学习和工作的目的性、责任感、创新精神、竞争意识以及合作意识等。

三、开展管理工作的原则

(一) 及时发现问题

在班级管理工作中,管理者要尽量做到及时发现问题,把问题解决在萌芽状态。在班级的管理过程中,经常会出现一些背离目标和计划的苗头,偏离正常轨道的趋向和意料不到的情况。管理者尤其是班主任要掌握一点"诊断"的技术,做到细心观察,及时发现问题的症结所在,如班级中气氛和班级舆论的变化,本来活跃的学生突然郁闷起来,班级中的公益服务工作突然中止,一些学生的行为发生了变化等,这些都说明班级内部出现了"问题",需要矫正。如果不及时加以解决,就可能会发展成为真正的问题。

(二) 严格执行规章制度

在开展班级管理工作的过程中,实行常规管理的重要目的是维护班级良好的运行秩序,使学生养成良好的行为习惯,而习惯的养成来自"时间"的磨炼。如果没有切实可行的规章制度,便没有长期一贯的坚持执行,没有一视同仁的严格要求,良好习惯的养成就会落空。

(三）保证宏观调控

为确保管理工作的顺利开展，管理者必须保证对工作的宏观掌控，使每一项工作都富有成效。无论是学习、纪律、卫生等，还是其他丰富多彩的班级活动，对学生来讲都是现有能力还不能完全独立驾驭的事情，班主任应及时发现学生的思想障碍和行动困难，不仅需要满腔热情地给予指导和帮助，更需要宏观地掌控。这种宏观的掌控不是包办代替，越俎代庖，而是为了不出现大的偏差，保证班级目标的顺利实现。

（四）精心设计安排

在实际班级管理工作的过程中，管理者应做到精心设计，让每一项活动都能够促进学生的健康成长。班级管理和班级活动，切不可为管理而管理，为活动而活动，要在"一切为学生，为了一切学生，为了学生的一切"的思想指导下，不搞形式，不装模作样，给予学生全面和谐发展的时间和空间，让班级真正成为每个学生健康成长的乐园。

（五）重视有效激励

在开展管理工作中，管理者应重视采用激励手段，使每个学生都能保持向上的发展势态。管理的最高境界是最大限度地激活每一个成员的发展动力。因此，在班级管理工作展开时要善于运用激励手段，经常给学生鼓励、加油，让班级成员团结协作、共同发展的力量永不衰竭，使班级保持良好的发展状态。

（六）善于沟通协调

班级管理者在开展管理工作时，应善于协调，使各项工作和活动都能够井然有序地开展。班级工作开展过程中，班干部之间、干部与同学之间、同学之间有时会因为观点不同、思路各异而发生争执，有时会因为具体工作在时间和人力等方面"争抢资源"而导致冲突，有时也会因为利益问题而产生矛盾，常规性工作也往往因突击性大型活动的开展而受到干扰。这就需要班主任善于发现矛盾，及时进行调节，沟通大家的思想，消除大家的误解。与此同时，应让大家明白每一项工作都是为了实现共同的目标，维护共同的利益。为此，大家要顾大局、识大体、求同存异。

四、班级管理工作的总结

总结是班级一个周期工作中的最后一个环节，这个环节既是对前一阶段工作的总评价，又为下一阶段的工作提供经验和教训，它具有承前启后的作用。因此，班主任对这一环节的工作也不能忽视和放松。

班级工作的总结过程包括：工作的考评、考评结果的解释与处理以及撰写总结报告等阶段。

（一）班级工作的考评

班级工作的考评就是依据班级工作目标，运用科学的手段，对班级各项工作进行考核和价值判断，从而为不断改进和完善班级工作提供依据的过程。

一项工作圆满结束，班级工作告一段落，要确认工作成效如何，要运用科学的考评办法进行考核和评价。

1. 考评方法简介

近几年来，教育评价理论的发展速度很快，新的评价思想和方法不断涌现。作为班主任应该有一种超前意识，学习一些先进的评价方法，多掌握一些评价技术，为提高考评效度和信度创造条件。这里特向读者简要介绍教育评价的主要类型及其特点。

按不同的分类标准，教育评价可以有不同的分类。

（1）诊断性评价、形成性评价、配置性评价和总结性评价

诊断性评价主要是为了发现评价对象存在的问题及其原因。形成性评价是指在形成阶段进行的旨在改进工作，矫正偏差，推动工作的评价。在管理中，形成性评价是实行质量控制的一种手段。即通过对质量的评价、不断获得反馈信息，从而不断调控工作方法，以保证目标实现。配置性评价是指对评价对象某些方面的状态进行评价，确定它在一定群体中的位置。例如，新生入学后，对他们进行学习水平和潜能的测试，据此进行编班或编组。总结性评价是指对被评价对象作出某种鉴定或划分等级的评价，如学期或学年结束时对学生的评价。

（2）定性评价和定量评价

根据评价过程中是否采用数字方法进行量化处理，评价可分为定性评价和定量评价两种类型。

定性评价主要是对评价对象的状态用言语描述和评价。这种评价方法在传统管理中使用比较广泛，它的优点是：对一些复杂的深层次的因素可以凭借评价者的智慧和理性的分析给予更准确的定位，同时它可以发挥语言描述的优势，艺术地给被评价者指出差距，确定努力方向。这种评价方法在传统管理中使用比较广泛，但在评价效果方面也有一些缺陷，如主观性强，评价过程受评价者个人主观印象和情感因素干扰大，评价结果模糊，不具有可比性等。特别是复杂的教育问题，有许多因素难以精确量化，而且评价还应考虑其教育效果和被评价者的接受能力。因此，我们应合理发挥传统评价方法的优势，不断完善其功能。

定量评价主要是借助数理统计的方法对评价对象的某些状态进行精确的数量分析。这种评价方法的优点是客观、精确、可比性强。缺点是指标体系确立的难度大，操作不当会出现机械量化的后果，而且有些方法的操作太复杂，不便于普遍推广。

在班级工作评价中，我们要力求多种评价方法交替、结合使用，具体情况具体对待。

2. 考评的内容及其操作

（1）班级整体状态的考评

考评内容主要包括：学风和学习质量，班风和思想行为状况，体育运动水平和健康状况等。

①学风和学习质量

各科的平均成绩、优秀率、不合格率；学生的学习态度和班级学习气氛；来自任课教师的反馈信息。

②班风和思想行为状况

班级舆论状况及学生的整体精神面貌；纪律、卫生状况；学生的行为表现。

③体育运动水平和健康状况

体质的整体水平；体育锻炼情况，达标、运动会参加率与成绩等；心理健康状况。

（2）班内大型活动的考评

班级举办大型活动的数量、质量是衡量一个班级整体发展水平的重要指标之一。考评内容主要包括：活动数量、内容、组织情况、教育效果、参加人数、获奖情况等。

（3）班干部个人素质与工作成效的考评

在选拔、培养和使用班干部时，班主任应该始终把握一个原则：考评是手段，促其发展才是目的。以科学有效的方法对班干部的个人素质和工作表现进行考评，有利于扶持和督促他们更快、更好地发展。

①考评内容

对班干部个人素质的综合考评包括思想意识、学习态度、学业成绩、身心健康水平、工作能力等。

一般情况下，班干部的个人素质全面提高的速度和水平要比普通学生好。对班干部工作成效的考评包括同学们的支持认可程度、工作态度和工作效果、自我感觉工作的胜任程度等。通过全面评价，班主任可以发现班干部的整体工作状态，发现每一个人的优点和优势，同时也了解到他们在自身素质和工作能力方面的欠缺，从而有针对性地加以指导、引导，帮助他们不断完善、充实自己。对个别缺点错误严重，工作能力太弱，同学支持度太差的干部，可以进行必要的调整，这既有利于班级工作的健康发展，也是对这些学生的保护，但要做好思想疏导工作，避免产生负面影响。

②考评要求

要制定切合学生年龄特征的个人素质要求，以促进班干部不断提高自身素质；定期进行自评和民主评议，对班干部进行跟踪指导和帮助；在每一项活动结束后，对组织这项活动的干部进行随机评价，鼓舞他们再接再厉，不断进取；在一学期或一学年结束时，要对每一个干部进行全面、公正的总结评价，充分肯定他们对班级工作付出的心血和作出的贡献。

（4）对全班同学的发展情况进行全面考评

制定一个包括德、智、体、美等方面内容的客观、公正、科学、可行的评价指标，对全班同学进行富有教育意义和激励作用的全面评价。评价中应注意定量评价和定性评价相结合，诊断性评价、形成性评价与总结性评价相结合，以鼓励和督促全班同学健康、全面、和谐地发展。

3. 考评的具体方法

（1）权重分析法

把评价对象的各种因素看成一个整体，满分以百分计，根据各种因素在整体中的重要程度和影响力大小确定权重（系数）。首先对各种因素进行考评，最后求得各种因素的总和。

(2) 积分法

这是班级管理中对群体之间或个体之间比较的又一种比较简便易行的方法。

下面是一个小组（纪律、卫生、学习等）的竞赛评价。

①制定一个客观、公正的评价指标；

②确定一个基分（如 20 分），假定大家的起点一致；

③确定加分、减分的标准；

④平时有专人进行逐项检查，并记录在案；

⑤以一周或一个月为期，评定各小组的总得分，这样小组之间会形成竞争之势，推动班级的整体进步。

(3) 阶段性小结法

这种方法既可用定量评价也可用定性评价，利用班会的形式，对班级各项工作的评价结果进行总评。

①对前一段工作进行一个基本评价，肯定成绩，指出问题；

②对工作中表现出来的突出成绩、突出问题进行重点评析，以引起全体学生的足够重视；

③用适当的方法进行奖励，以激励学生再鼓干劲、再创辉煌；

④对今后工作提出要求、建议和特别须要注意的问题。

(4) 操行评定

这是一种较为传统的终结性评价方法，它以定性评价为主，也可以定量和定性相结合进行评定，一般用于学年、学期结束时。

①评语

评语是运用语言描述的方法对学生在一个阶段的表现和发展情况进行较为全面的评价。

传统的评语在行文上比较机械、刻板、缺少生气。近几年来，许多学校在推行素质教育的过程中，对评语的表现形式进行了大胆的改革尝试，具体表现在：强调有针对性，避免千人一面、用语单调；强调富有人情味，评语就像是朋友之间亲切的交谈和诚恳的劝导；强调以表扬鼓励为主，对学生的缺点用更为含蓄的艺术化方式表达，以强化学生的自信心；话语的文字清新活泼，富有感染力，如一篇篇优美的散文，让学生在欣赏中接受劝诫、增强自信。

②总结评价表

在操行评定时，也可以根据实际情况运用表格式，将可量化的部分用数量统计的方法表示或用模糊评价的办法确定等级，列表说明。班级工作的评价是总结工作中的第一个环节，又是基础环节，考评做到客观、公正，就能为下一步的工作奠定良好的基础。

(二) 班级工作考评结果的处理

班级工作考评如果是止于获得结果，则其管理和教育作用就极其有限了。考评结果处理的质量高低直接关系到其作用能否充分发挥，因此班主任形成最后的结论要慎重，分析问题要实事求是，反馈信息要采取合适的方式。对评价工作本身的质量也要进行分析，避免由于评价指标的偏差或评价过程不严肃而导致学生的消极抵制。

1. 检测考评工作本身的质量

对班级管理来讲，这一工作主要通过对考评的原始结果进行分析，进而发现问题。例如，有的学生的评价结果与同学对他的普遍评价不吻合,与教师对他的平时了解有距离,应该引起班主任的注意。

(1) 来自评价指标体系的问题

教育评价是一项复杂的工作,尤以指标的确定最难,事实上评价指标就是在实践中不断完善起来的。指标容易出现的问题一般有:①一些不易精确量化的内容,由于硬性量化而引起问题;②各项指标的权重确定得不够合理;③特殊加分或减分的幅度不恰当;④指标包括的内容不够全面。

(2) 来自考评过程的问题

①信息搜集的方法不科学,信息了解得不够全面;②考评过程中,人为因素干扰太大,如感情问题、人际关系因素和刻板印象等;③选用的统计方法不合适。

2. 对考评结果给予正确解释

在处理考评结果时,简单地将考评结果公布于众是不可取的,让人成为数字的奴隶,机械被动地接受评价结果也是不科学的。班主任经过理性的分析,对原始结果进行合理的调整性解释很有必要。这样可以赋予原始数字以生命力。用理性驾驭数据、整合数据,让数据为教育服务。

3. 利用考评结果对全班同学进行教育

(1) 实行奖励

班级可以制定奖励规则,在全面考评的基础上对同学们实行奖励。

实行奖励时应注意以下一些问题:

①奖项可以多设一些,奖励面应该大一点儿。奖励面过小不利于调动大部分学生的积极性,奖项太少则只有某方面突出优点的学生会被排除在外。因此,奖励的实行要让尽可能多的学生体会到成功的喜悦,增强其自信心。

②以精神奖励为主。班级奖励工作要注意正确的导向,提高学生的思想境界。主要通过颁发"荣誉证书"和"奖状"的方式激励学生,也可以适当地奖励一些学习用具,但要慎用。

③颁奖仪式要隆重、热烈,把它作为一次教育活动组织好。

(2) 召开总结会

有时班主任对一阶段的工作或一次大型活动也可用开会小结的方法进行处理。①对本阶段的工作或本次大型活动在考评的基础上从整体上进行全面总结,肯定成绩、提出问题;②对一些突出的人和事进行重点表扬或批评,以引起学生的重视,从而体现奖优罚劣的精神;③班主任要明确提出今后进一步改进的要求和努力的方向。

(3) 个别交换意见

对考评中发现的个别问题和特殊问题,最好采用个别工作的处理办法:①进一步了解情况,询问原因;②与当事人交换意见,沟通思想,做好疏导工作;③对有关学生提出明确的要求,对严重的问题提出限期改进的要求。

总之,考评结果的处理是一项需要认真对待、谨慎操作的工作,班主任对这项工作一定要给予足够的重视。

第三节 班集体的建设和培养

良好的班集体既能产生强大的凝聚力，培养学生的自我教育能力，还能协调各方面的影响，使班级管理效果事半功倍。所以，班主任一定要重视加强班集体建设。

一、影响班集体建设的因素

班集体建设既取决于外部环境，又取决于内部环境，更取决于班主任主导作用的发挥。

（一）外部环境对班集体建设的影响

班级外部环境包括学校、家庭、社会环境三个方面。学校环境由物质环境和精神环境组成。良好的学校环境能产生积极陶冶作用，能调动学生言行，有助于班级建设；相反，不良的学校环境则会使学生失落、自卑，甚至放纵行为，影响班集体建设。家庭环境对学生影响广泛而深远。家长的思想意识、文化修养、处世态度、行为作风、兴趣爱好、教养方式等会影响子女的思想、行为，进而影响其对班级管理的态度。社区环境对学生的影响随社会的迅速发展而加剧，学校所处社区的环境状况也影响班集体建设。

（二）内部环境对班集体建设的影响

学生的认识水平、心理倾向、群体结构影响班集体建设。首先，如果学生认识水平高，就容易统一目标、认识，还意味着学生分析、判断能力较强，能够正确理解班集体建设意义，从而自觉行动。其次，如果班集体形成了共同的心理倾向，则学生容易沟通、交往与合作。最后，班集体群体结构中小团体的多少、势力的大小会左右班集体发展方向，加强对小团体的控制、引导，能推动班集体建设。

（三）班主任主导作用对班集体建设的影响

班主任是班集体建设的核心，其威信、管理意识和风格影响班集体的形成与发展。首先，班主任的威信对学生具有影响力和感召力，既影响学生对班集体的认识，又影响学生对班集体的情感，还影响学生的行为。其次，班主任的管理意识支配其管理行为，正确的管理意识是班主任进行班集体管理并获得良好效果的保证。所以，班主任必须具有正确的班级管理观。最后，班主任的管理风格直接影响班风与管理效率。放任型的管理风格只能导致人际关系紧张、学生性格沉闷或组织涣散、人心混乱，降低管理效率。而平等型管理风格则能尊重、信任学生，营造和谐班风，增强凝聚力，提高班级管理效率。

二、良好班集体的基本特征

（一）有共同的奋斗目标

明确的奋斗目标能将人的需要转变为强烈的动机，从而推动人们按目标的要求去克服困难、排除障碍，控制和修正自己的行为，一步步达到目标。共同的奋斗目标，能增强集体成员的凝聚力和向心力，使大家共同搞好班级工作。可见，共同的奋斗目标是班集体形成的基本条件。有了共同的奋斗目标，集体就有了前进的方向和动力。

（二）有一个坚强的领导核心

任何集体都必须有一个领导核心。一个班集体必须有一批能将全体成员的思想和行动统一起来，组织和带领大家努力学习、积极参加各项活动的骨干分子。在班主任的组织协调下，这些骨干分子可以形成健全的组织结构，保证职责、分工明确，能对班集体的各项工作和活动实施有效的领导。

（三）有为实现共同奋斗目标而开展的富有教育意义的集体活动

针对青少年学生的年龄特征和心理特点，围绕班级共同的奋斗目标，开展丰富多彩的活动，寓教于乐，可以满足学生多种兴趣的需要，使集体充满生机与活力，对集体成员增长知识、开阔视野，培养集体成员团结友爱、热爱生活、关心集体的风气都有极大的促进作用。

（四）有健全的规章制度

在一个班集体内，必须从实际出发，结合校规、校纪等，制定切实可行的规章制度，或者将校规、校纪直接转化成班集体对成员的具体行为规范，要求学生自觉地严格遵守、执行。只有规章制度健全了，集体成员才会有章可循，班集体也才会井然有序。

（五）有正确的集体舆论和良好的班风

集体舆论是在班集体中占优势的、为大多数人所赞同的观点和态度，是集体成员间通过沟通所形成的一种共鸣。健康的集体舆论是个人和集体发展的巨大教育力量，是班主任通过班集体对学生个人进行教育引导的重要手段。班风即整个班集体或绝大多数集体成员在思想、行为和态度方面的倾向性。良好的班风一经形成，便会对学生个人的思想、行为和态度产生同化作用，引导集体成员在不知不觉中与大家保持一致。

三、班集体建设的内容

(一) 确定班集体的奋斗目标

班主任要善于从本班实际出发，不断提出振奋学生精神、鼓舞学生前进的奋斗目标。以便统一全班学生的意志和行动，推动集体的形成、巩固和发展。奋斗目标一般包括：近期的目标，如搞好课堂纪律；中期的目标，如成为优秀班级；远期的目标，如每个学生都成为全面发展的好学生。这三种目标要互相衔接，组成一个符合教育要求的体系。实现目标要先易后难，先近后远，循序渐进，逐步提高，特别是实现近期目标的时间不宜过长，要尽快让学生获得"成功"，尽早得到"快乐"的体验。目标的提出要适合学生的接受水平，要鲜明、具体、生动，富有吸引力、号召力，便于学生理解和记忆。集体的目标应当由班主任同班干部或全班同学一道讨论确定。而且目标一经提出，班级的一切工作都要围绕这个目标来进行。目标实现后，要及时总结、评比，接着提出新的奋斗目标，组织新的活动，使班集体处于不断进步之中。

(二) 选择和培养班干部

班集体是有组织、有领导的。只有把全班学生组织起来，才能有效地形成集体。而要把全班学生组织起来，就要发现、培养积极分子，挑选和培养班干部，建立起班集体的领导核心。班干部是在同学中比较有影响力的人物，一定要选出关心集体、办事认真、作风正派、能团结同学、愿意为同学服务、学习成绩较好、能起模范带头作用，并在同学中有一定威信和有一定组织能力的同学来担任。班干部选定以后，要根据每个人的能力、爱好和特长，分配给他们适宜的工作，放手让他们自己去做，使他们逐步学会自我管理，与此同时，班主任可从旁加以指引。为了减轻学生干部的负担，应避免兼职；为了让更多的学生有机会承担责任，从中得到锻炼，班主任要努力创造条件，定期轮换班干部。班主任要加强对班干部的培养和教育，对他们既要交任务，又要教方法；既要鼓励他们积极、主动、大胆地工作，又要帮助他们好好学习，提高思想觉悟和工作能力；既要发挥班干部的骨干作用，又要团结同学，平等待人。班主任要随时注意发现、培养新的积极分子，不断扩大积极分子的队伍。

(三) 培养正确的集体舆论和良好的班风

舆论是在集体内占优势的、为大多数人所赞同的言论和意见。集体中正确的舆论是维护班级道德面貌、协调人际关系的有力手段。一旦舆论形成，它就成为对不良行为起限制作用、对良好行为起鼓励作用的无形力量。形成正确舆论是形成良好班风的重要条件。首先，班主任要教育学生关心集体、关心同学，在是非问题上，态度要鲜明，对班级中的好人好事要大力宣传。对学生的错误、缺点要及时批评、指正，防止蔓延。要充分利用各种舆论媒介，如墙报、黑板报、专栏等，来创造强大的、健康的集体舆论。

班风是一个班级的风气，它是班集体大多数成员的思想观念、意志情感、言论行动和精神状态的一种倾向或共同表现。一个班的集体舆论持久地发生作用就形成一种风气，这种风气被巩固和保持下来就是传统，即成为同学们自觉遵守的行为规范或习惯。优良的班风是一种巨大的教育力量，它无形地支配着集体成员的行为和集体生活，培养集体成员的荣誉感、自豪感和对集体的尊重，因而对形成和发展班集体起着巨大的作用。班主任要有意识地培养优良的班风。班主任要善于将学生优良的品质和作风在同学中宣传、扩大、巩固，反复实践，使之得到班集体的支持和认同。优良班风形成以后，要教育全班学生珍惜它，使之不断完善。

（四）有计划地开展集体活动

经常性的班集体活动有班会、读书活动、智力竞赛、参观访问、文体活动、科技活动、公益活动、节日活动等。以上活动要有计划地开展，为了达到活动的效果，必须注意以下四点。第一，活动要有明确的目的。这个目的是符合学校工作要求的，也是班级的需要，重在教育学生，开阔视野，增长知识见闻，总之使学生有所得。第二，集体活动的内容要有针对性，在充分了解学生和集体的基础上进行，活动内容是正确、科学、深刻的，要符合班集体建设和学生个体发展的需要，要符合学生的年龄特点。第三，活动的过程要精心安排，做好充分的准备。活动的准备过程和活动的过程要使学生得到锻炼，在这两个过程中，班主任要调动每一位学生的积极性，如让学生提供活动计划，制订活动方案，组织、主持活动。整个过程是学生在集体中教育与自我教育的过程。第四，要做好活动的小结工作。每一次组织成功的集体活动都会给学生留下深刻的印象。为了巩固活动的效果，班主任要及时做好集体活动的总结工作。在总结的基础上，可以进一步提要求，进而使下次的集体活动提高一个层次。

班会活动是班集体活动中最经常开展的，且收效好。班会活动分为一般性的班会活动和主题班会两种。一般性的班会活动内容有讨论班务工作计划，这一般在学期初进行；阶段总结会，在每月中进行；讨论班级中复杂的、大家关心的问题，如纪律问题、团结问题、国内外重要问题等，可随时进行。主题班会一般是结合国内外形势、学生思想特点和实际状况，选择一个主题，有目的、有计划地进行。主题班会针对性强，花时间多，若组织得好会给学生留下深刻印象，甚至令学生终生难忘。

四、班集体建设的途径

班集体建设不是在静止的状态中进行和完成的，而是在活动中形成和发展的，这个活动既包括教学活动，也包括教育活动（主要是以思想教育和品德教育为主导内容的德育活动），还包括与班集体直接相关的各种人际交往活动。其中，教育活动是班集体形成、发展的重要的因素，是班集体建设的最重要的途径。

班级教育活动的主要形式是班会和课外活动。

班会是班主任和班级学生活动的主要舞台，是班主任围绕着特定的主题对学生进行思想品德教育的一种主要形式，是形成良好班集体的途径，也是学生进行自我教育的有效方法。班会活动能促进学生形成健全的班集体，正确的集体舆论和优良班风；能培养学生的集体荣誉感和责任感；能进一步满足学生在德、智、体、美各方面的需求；能培养学生的创造精神和工作能力。

课外活动是指学校课堂教育、教学活动以外的各种活动。课外活动是班集体的构建要素，有目的、有组织的课外活动是班集体建设的主要途径和方法，而课外活动达到的水平和取得的成效也是班集体形成的主要标志。

　　课外活动可分两类：一类是教学实践活动，目的是配合有些学科知识的实验与考察；另一类是德育实践活动，如军训、生产劳动、公益劳动、为民服务、社会考察等。这两类活动，都是在教师组织、指导下，让学生走向社会，了解社会，并通过实践达到一定的教育、教学目的。

第七章　当代的高等教育改革

第一节　高等教育改革概述

一、教育改革

（一）教育改革的概念

国际著名教育改革理论专家哈维洛克教授曾对"教育改革"作过如下定义："教育改革就是教育现状所发生的任何有意义的转变。"教育改革是一个系统工程，应该包括各级各类教育。各级教育有其自身的特点，即使是"以人为本"，在不同阶段也有不同要求。婴幼儿与少儿，基础教育与职业教育，中等教育与高等教育都有不同规律。

在教育改革的研究文献中，有许多术语是交替使用的。我们经常见到的有：变革、改革、革新、改进等。从这一界定中，有以下三点值得注意。

首先，教育改革是以"教育现状的变化"为判定标准的，无论我们在理论上、思想上有多么美好的构想，如果不引起教育实际现状的变化，都不能称之为教育改革；其次，教育改革是以"有意义的转变"为标志的，也就是说，教育改革有着明显的具体效应或结果，意味着教育的最初状态与后续状态有显著不同；最后，教育变革是一个中性的概念，它所表达的是教育现状所发生的变化与改变，而并不意味着是一种进步或改进。换句话说，教育改革的结果可能是正向的（教育改进），也可能是负向的（教育退步）。

教育要发展，根本靠改革。教育改革的目的是使学生获得全面发展，提高教育开放水平，全面形成与社会主义市场经济体制和全面建设小康社会目标相适应的充满活力、富有效率、更加开放、有利于科学发展的教育体制机制，办出具有我国特色、世界水平的现代教育。

（二）教育改革与教育实验、教育试验之间的关系

在教育改革的实践中，人们常常混淆教育改革、教育实验和教育试验这三个概念及其相互关系。这需要加以澄清。

首先，三个概念之间有区别。教育实验是为了对教育进行严密的科学研究而进行的有控制的教育实践，其本质特点是有条件的"控制"，它不是完全在自然情景或条件下进行的，它属于"研究"范畴，目的在于查明事实，发现规律。教育试验是为验证某种新理论、技术、方法、方案或实验研究结果而进行的尝试性教育实践，它是在非控制情景下进行的，属于"验证"和"尝试"范畴，目的在于应用和推广。教育改革则属于"工作"范畴，目的在于使教育

工作取得实质性的进步和发展。

其次,三者之间有紧密联系。教育实验是教育改革的起点和来源,而教育试验证明了某种新理论、技术获得成功及其应用的范围,则必然导致教育改革。而且,从广义上理解教育改革的内涵,我们也可以把教育实验、教育试验纳入教育改革的含义之中,称为"实验性"或"试验性"的教育改革,把由对教育实验和教育试验的推广引发的教育改革称为"推广型"的教育改革。

在教育改革实践中,一方面,我们要注意教育改革、教育实验和教育试验之间的界限区别,避免两种倾向:一是不论时间、地点、条件等各种主客观环境,把教育实验中的做法生搬硬套到教育改革中,造成改革的混乱、无序;二是防止把教育试验等同于教育改革,降低改革的效果。另一方面,要把教育改革建立在教育实验和教育试验的基础上,使之科学有据,并且在教育实验或试验比较成熟的时候,及时推广,实行改革。

(三)教育改革的特点

(1)提供更加丰富的教育资源,学生除了学校教育以外,还应该有自我教育、社会教育以及家庭教育的空间和时间。

(2)学校教育的目的首是培养合格的公民,其次是培养人才,最后才是培养精英。

(3)教育改革应该坚持以人为本,推进素质教育是教育改革发展的主题,为社会培养一流的人才才是教育之本。

(4)学校教育的方式不仅要注重理论,还要注重实用,更要注重修养。用培养自然人的思想来教育,还是用培养社会人的思想来教育,关键是要面向全体学生,促进学生全面发展,需要区别教育。区别不在于形式,而在于教育方法和教育过程。

(5)学校教育应当注重素质教育,所以不要有侧重学科。一视同仁,全面要求;学校教育应当注重基础教育,所以各学科的考试分数至少应该及格。

(6)学校教育教授的是系统化的知识和思维方式以及主流意识形态,而从其他教育途径获得的是碎片化的知识、生活常识以及社会经验。其他教育是学校教育的补充和完善。

(7)国家在进行教育改革和加大教育投入的同时,应当加快经济建设,引导产业结构调整,促进社会对中高端人才的需求量,使学生学有所用,避免读书无用论的市场论调以及人才流失的风险。

(8)智力要集中,科研才有效,技术才能不断革新。如疏通高校与企业的人才互动渠道,形成智力对流,通过高校和企业的人才互动,从而带动彼此的知识、信息和技术的交流,取得优势互补的效果。

(9)教育改革注重点,一悟(悟性),二务(务虚、务实),三龄(生理年龄、心理年龄、实际年龄),四观(人生观、价值观、世界观、道德观);五项素质(生理素质、心理素质、身体素质、专业素质、社会素质),四类教育(家庭教育、学校教育、社会教育、自我教育),三种商(智商、情商、逆商)。

(10)学校教育的目的是培养人才,而考试的主要目的是公平地选拔人才。国家和企业对人才的需求标准不同,如企业重实用,所以技能很重要。事业单位有负激励,所以选拔要严格;企业职称有正激励,所以选拔可放宽。

(11)时代变迁,人才要符合国家的评价,要符合企业的评价,要符合社会的评价,要涵盖意识形态、知识技能和个人修养。

（12）在发展中国家，直接学习的效率要低于间接学习的效率；而直接学习的机会成本却要大于间接学习的机会成本，因此读书无用论否定的不仅是知识和智慧，还有效率。发展中国家的整体效率低于发达国家，不仅体现在经济上，也体现在知识转化率上。

（13）未成年人的教育以思想教育为主导。未成年人心智不成熟，身体还在发育，各方面都有提升空间，思想状况决定了他们的品质。

二、高等教育改革

（一）高等教育的含义

高等教育是高等教育学科体系中的一个核心概念，国内外的不少学者、教育机构都曾对此进行过大量的相关研究，以期促进本国高等教育的发展。但是，各个国家的经济发展水平、制度体制等方面的发展具有一定的多样性。因此，对于高等教育的概念还没有一个权威的国际性界定。

1962年，联合国教科文组织在非洲召开了高等教育会议，有44个国家参加了这次会议。在会上，联合国教科文组织对高等教育的定义作了明确的界定："高等教育是指大学、文学院、理工学院和师范学院等机构所提供的各种类型的教育，其基本入学条件为完成中等教育，一般入学年龄为18岁，学完课程后授予学位、文凭或证书，作为完成高等学业的证明。"这是比较早的、具有国际行动性质的也是颇具权威性的界定，但是，这一说法仅仅只是概括性地描述了国际高等教育某些现象或实际情况，是对高等教育的注释而非界定。

《实用教育大词典》也对高等教育下了定义："高等教育是建立在小等教育基础上的各种专业教育。程度上一般分专修科、本科和研究生。教学组织的形式有全日制的和业余的、面授的和非面授的、学校形式的和非学校形式的等。高等教育一般担负着培养各种专门人才和开展科学研究的双重任务。实施高等教育的机构通常是大学，学院和专科学校。"

《中华人民共和国高等教育法》这样解释高等教育："本法所称高等教育，是指在完成高级中等教育基础上实施的教育。"

（二）高等教育改革的含义

教育改革是改变教育方针和制度或革除陈旧的教育内容、方法的一种社会活动。高等教育改革是教育改革的一部分，所以高等教育改革是针对高等教育领域内方针和制度或陈旧的教育内容、方法的变革和改进。理想的改革应是以科学性的长期基础规划为依据的，因此改革的前提条件是遵循周密的教育计划，进行教育实验和调查研究工作。

（三）高等教育改革的动因

在世界范围内，推进高等教育改革的主要原因有以下三点。

1. 经济的发展

高等教育从根本上来说是为社会服务，带有明显的社会性。世界经济的发展要求高等教育不断改变办学体制和办学方针来培养社会发展所需要的社会生产者，以达到为社会发展作出贡献的目的。另外，经济的发展为高等教育的改革与发展奠定了基础。

2. 人口的激增

自然人口的增多，受教育人口必然要增多，这给高等教育带来了巨大的人口压力。以发达国家为首的教育改革国家在升学率不断提高的情况下不得不对本国的高等教育进行改革，努力推动大众化高等教育的实施。

3. 先进科技的介入

科技的发展使高等学校教学方法、教学用具、教学过程都发生了变化。例如，多媒体技术的应用使高等教育的教学更加方便和快捷。高科技进入高等教育领域使高等教育本身不得不进行改革以适应新的形势。

第二节 当代中国高等教育改革

一、高等教育改革发展的任务

教育兴则人才兴，教育强则国家强。建设教育强国是中华民族伟大复兴的基础工程。优先发展教育，才能面向新时代、赢得新时代、领跑新时代。当前，我国教育的主要矛盾已经发生转变，高等教育发展方式从过去的以规模扩张和空间拓展为特征的外延式发展，转变为以提高质量和优化结构为核心的内涵式发展；人们对教育的期待由基于学校的、标准化的、班级的、供给驱动的形式，转化为接受灵活的、优质的、个性化的、终身的教育。因此，高校必须落实立德树人的根本任务，发展素质教育，推进教育公平，加快一流大学和一流学科建设，实现高等教育内涵式发展。我们对高等教育的需求比以往任何时候都更迫切，对科学知识和卓越人才的渴求比任何时候都更强烈。可见，教育尤其是高等教育，在新时代的地位、作用和格局都发生了重大转变，目标更高，任务更重，需求更迫切。

高等学校的根本任务是培养人才，而人才培养质量是高等学校的生命线。当今社会，科学、技术、经济等都在发生急剧而深刻的变化，随着信息技术革命和经济全球化趋势的不断深入，社会对学生的素质和能力提出新要求，这对世界各国大学的教学都提出了新的挑战。如何保证和提高高等教育教学质量，是国家、社会及各高校普遍关注的问题。

为适应国家经济发展的需求，更好地承担起教育在中国特色社会主义新时代的历史使命，必须认清当前高等教育的形势，全面贯彻教育方针，落实好立德树人的根本任务，发展素质教育，推进教育公平，建设教育强国，加快教育现代化，这样才能办好人民满意的教育，才能使高等教育发展更好地为人民服务、为改革开放和社会主义现代化建设服务。

二、高等教育改革发展的形势特点

当今高等教育改革发展的形势具有以下四个突出特点。

(一) 供求关系在变

改革开放以来,经过40多年的持续高速发展,我国经济建设进入了一个新阶段,不仅总体规模变得庞大,而且经济社会结构和质量有了显著改善,因此,我国城乡居民接受高等教育的意愿不断提高,对高等教育的需求不断增强,加速了高等教育大众化的发展。同时,大众化高等教育的发展为国家经济建设培养了大量的人才,积聚了巨大的人力资本,后备人才的培养将更好地支持我国经济社会发展。我国高等教育发展已经进入大众化的中后期,普及化的时代即将到来,这是国家经济发展和高等教育发展相互作用的必然结果。

(二) 国家需求在变

我国经济发展步入新常态,动力转换、结构调整、方式转变、产业升级任务紧迫。所有这些都对高等教育提出了更高的要求,高校必须在人才和智力支撑等方面发挥更大的作用。国家在高等教育领域提出实施"双一流"发展战略,就是要引导高校在满足社会对人才的需求上办出特色、办出水平。

"双一流"建设是国家引导高水平高校特色发展的战略,也是促进高校内涵式发展的催化剂。高校要在办学的特色和提升人才培养的质量上加大投入,以满足新时代对高校人才培养的新需求。

(三) 教育对象在变

21世纪出生的青年已经进入高校,他们是伴随互联网成长起来的新一代。国家发展和民族复兴给他们提供了更高的平台、更宽的视野和更多的选择,高校只有在教育理念、管理方式、人才培养机制、培养模式、教学内容和方法等方面进行全面改革,做出相应的改进和调整,才能满足未来学生的需要。

经过改革开放40多年的洗礼,新时代的青年在理想信念、道德情操和价值判断等方面都达到了新的高度,高校教师唯有按照"有理想信念、有道德情操、有扎实知识、有仁爱之心"的好老师标准要求和提升自己,才能为发展具有中国特色、世界水平的现代教育,以及培养社会主义事业建设者和接班人作出更大贡献。

(四) 教育技术在变

信息技术不断创新对教育方式、教育内容、学习方式等产生了深远影响。在学习时间上,正在实现由固定时间学习向"固定时间+自由时间"学习的转变,全天候学习模式正在形成。在学习空间上,正在实现由实体课堂学习向"实体课堂+虚拟课堂"学习的转变,全时空学习模式正在兴起。在学习方式上,正在实现由"面对面"教学方式向"面对面+网络在线学习"教学方式的转变,全方位学习模式正在悄然流行。在学习控制上,正在实现由教师主导学习向

"教师引导＋个人定制"的学习模式转变，个性化学习模式初步形成。因此，在本科教学中，学校和教师都必须对教学进行改革，将教育技术与教学进行深度融合，这样才能培养学生的学习兴趣和能力，引导学生树立正确的学习观，激发学生的求知欲，才能为国家的经济建设提供德才兼备的高级人才。

三、高等教育改革的原则

高等教育改革是一项复杂的、艰巨的、长期的工作，必须有正确的理论指导，坚持正确的改革原则。

（一）改革的适应性原则

高等教育是社会发展的产物，又是促进社会发展的动力。高等教育改革要从我国的国情和现实出发，适应社会政治、经济的发展和变化。当前我国面临两大任务：加快推进社会主义现代化建设，实现中华民族伟大复兴。高等教育改革，要转变传统的办学观念和办学模式，努力适应市场经济和改革开放的需要，努力满足经济社会和人民群众对高等教育的需求，满足社会对各类人才的需求，为实现两大任务贡献最大力量。

（二）改革的规律性原则

高等教育改革在宏观上要适应社会的发展和变化，不能脱离社会现实搞改革；但在微观上，从教育内部来说，必须按教育规律进行改革，不能把市场经济的规律生搬硬套到教育改革上。教育有教育的规律，高等教育改革要从自身的任务、目标出发，遵循教育内在的规律。例如，在学校管理上要增强学术权力；在课程设置上要从培养目标、专业特点、学生个性等出发，还要从现代科学技术发展趋势出发，构建科学合理的知识结构；在教学上要发挥教师的主导作用、学生的主体作用；在人才培养上要从学生的身心特点出发，坚持以人为本、德育为先，提高全面素质；在建立现代大学制度上要增强大学办学自主权等。高等学校一方面要适应社会政治经济的发展，另一方面要与政治、经济保持一定的张力，不能成为政治、经济的工具。

（三）改革的协调性原则

高等教育的改革要遵循"规模、质量、效益"协调发展的原则，不能只顾发展规模，不顾质量、效益，也不能只顾质量，不顾规模、效益，更不能只追求规模、效益，不顾质量。我国高等教育在计划经济体制下，全部由国家包下来，不讲效益，学校规模小，生均比例很低。20 世纪 80 年代每校平均 3000 人左右，师生比为 1∶5 左右。近年扩招后，许多学校规模发展很快，在校生有 2~3 万人，但投入跟不上，师资、设备跟不上，有的大学师生比在 1∶30 以上，教育质量受到了影响，很不协调。因此，改革中必须以质量为先，把质量放在第一位，在规模发展的同时，必须要求经费投入、师资队伍、设备建设同步进行，师生比控制在 1∶15~1∶18，以求协调发展。

改革的协调性原则，包括外部协调和内部协调。外部协调主要指高等教育要与当地的社会经济发展相协调,要从当地的需求出发发展高等教育,要与当地政府、企业、教育、文化部门搞好关系。一方面主动积极地为社会服务,另一方面充分利用当地的资源为学校教育服务。学校参与社会建设,社会参与教育事业,走产学合作道路。内部协调主要指处理好内部各职能部门之间以及与院系的关系,处理好校院系之间的关系,充分调动各方面的积极因素,形成合力,共同办好教育。学校要从自身的实际情况出发,明确定位,安于本位,办出特色,不要贪大求全、盲目攀比。

(四)改革的多样性原则

我国实行市场经济、改革开放以来,经济体制多元化,经济模式多样化,改变了过去单一化的经济体制和经济模式。教育同样如此,改变了单一的公有制办学体制和办学模式。高等教育改革要坚持多样性原则,现在高等教育面对的是多样性的社会,面对的是人民群众多样性的需求,因此一种教育体制、教育模式已远远满足不了社会和人民群众的要求,应建立多种教育体制、教育模式、教育层次,不能搞"一刀切"。我国有2 000多所高等学校,可分为四种类型:一是研究型大学,如"985"大学;二是教学研究型大学,如进入"211"行列的大学以及部分有博士学位点的大学;三是教学型大学,即以本科教育为主的普通高校;四是职业技能型大学,即培养实践能力强的高职高专院校。这四类高校都不可缺少。多样性原则,就是要办好各类高校,以培养社会所需要的各类人才,满足多样性社会的多样化需要。

(五)改革的风险预测原则

高等教育改革过程中会遇到各种各样的障碍和困难,有的来自思想观念方面,有的来自物质条件方面,有的来自外部环境。因此,在设计改革时要充分考虑各种因素,包括有利因素和不利因素,改革要建立在可靠的信息情报资料的基础上,设定改革的目标要有科学性、可行性,实现改革的目标要有必备的条件(人、财、物、机构等)。要充分预测在改革过程中可能出现的问题以及如何解决的方案,预测改革的最终结果将有几种可能性,尤其要充分考虑可能产生的风险,分析投入产出的效益并制定出风险后的应对措施。对风险过大的改革必须慎重实施,或暂缓实施,待条件成熟时再进行,或者应作适当的调整,不能在人、财、物等条件不具备的情况下,凭主观意志搞改革。

四、高等教育改革的思路

(一)高等教育教学改革

1. 教育从传授到导向

长期以来,贯穿我国高等教育的是以教育者为中心的教学进程结构。传统的以教师为中心的教学结构,优点是有利于教师发挥主导作用,有利于教师对教学的组织、管理与控制,但同时也存在着严重缺陷,就是忽视了学生的主动性和创造性,不能充分体现学生的主体作用。学生始终处于被动接受的地位,难以达到更为理想的教与学的良好效果,更不可能培养出实践创新能力很强的人才。因此，要把教学重点放在明理导向上，鼓励学生主动追求知识，深入探究未知领域。

2. 教育从校园到社会

高等学校是培养各类人才的重要基地，它承担着自然科学与社会科学传播、历史文化传承的重要历史使命，但我们的社会同样应担负这一使命。要更新教育教学观念，转变人才培养理念，建立全新人才培养模式，让人才培养走出校园，实现社会化综合培养。众所周知，人才的成长离不开家庭和社会，同样人才的培养更需要整个社会来承担，培养人才不仅是高校的责任，社会也要积极承担起其应有的责任和义务。只有充分认识到这一点，才能使我们的人才培养落到实处，才能培养出社会需要的栋梁之材。在国际人才竞争日趋激烈的背景下，建立大学生实习、见习制度，是解决人才培养瓶颈和大学生就业压力的有效途径。通过政府、学校和社会承担培养投入和培养责任，才能应对未来更大的挑战。

（二）高等教育科研改革

1. 科研从量向质转变

高教科研工作是创新型工程，是具有开创性、广泛社会意义的工作。高教科研不但担负着提高高等教育质量的重任，同时还担负着培养创新型人才、推动人类社会进步的社会使命。我国的高教科研已经经历相当长的发展历程，也取得了丰硕的科研成果，特别是进入 21 世纪以来，不断推动着我国高等教育大众化、国际化前进的步伐。但在这个发展过程中，人们也发现了一些误区，就是对科研工作量的指标要求，使一些不同级别、不同专业的各个科研工作者，为了职称评定要完成规定的科研工作量，在科研工作中敷衍了事出现学术科研浮躁、原始创新削弱的现象，同时科研工作量的指标压力也或多或少影响到教育教学质量。因此，我们应从注重标准量化向强化科研质量监控考核转变，加强科研体系创新，鼓励科研人员静下心来，踏踏实实搞科研，激发科研工作应有的活力。

2. 不拘一格挖掘人才

我国的高教科研课题，主要是行政主管部门或高校来组织公布、申报、评审，个人或团体通过申报，最终拿到科研项目。但是，职称要求、相关工作年限、研究课题经历、已有成果等，已经在课题申报之前就把大部分人拒之门外了，在很大程度上限制了具有创新能力的青年人才的成长。而且在课题评审中，职称要求、相关工作年限、研究课题经历及成果又是评审的重要考核指标，以至于最终只有那些资格老、工作年限长、成果显著的学者拿到更多的课题，拥有更多的机会。在未来现代高教科研建设和发展中，更多的是需要各类青年科研人才。能否打破论资排辈的体制，能否引入第三方独立评审机制，将直接影响我国的高等教育质量和科研创新工程实施效果的好坏。

（三）高等教育管理改革

1. 从事务性管理到程序化监控

改革开放后，我国高等教育得到前所未有的发展，高等教育管理体制也发生了具有历史意义的深刻变革，进入一个新的发展时期。改革开放 40 多年来，我国高等教育在管理体制上不断进行着探索与改革，目的就是能更加适应新时期高等教育大众化、国际化、信息化所带来的变化和发展的需要，从而有效地激活原有管理体制的原动力，并探索研究新的管理体制。管理体制改革的未来趋势要紧紧围绕着管理者角色的转变展开，从事务性管理向程序化监控转变，给高校办学自主权，激励创新性管理体制改革。改变高教管理体制过于庞大、管理过细的现状，建立程序监督、信誉考核机制，加大宏观监控力度，从事务性管理者的"消防员"角色，转变成监控流程中的"程序员"角色，实现机制化管理。

2. 从行政管理到法制监控

建立国民高等教育质量宏观监控体系。随着高等教育大众化、国际化的推进，在新的发展阶段，我们的高等教育必须尽快实现从规模扩张到质量提升的重大转型，必须明确培养目标、实现均衡发展、全面提升教育质量、促进社会教育公平。建立起独立的教育督导体系，是保证教育督导的权威性和有效性的必要条件。自《中华人民共和国高等教育法》颁布实施以来，我国高等教育不断推进立法进程。此外，为了确保我国教育事业的蓬勃发展，迫切需要建立独立的教育督导体系及执法体系。

3. 建立教育问责制

教育问责制是以提高教育行政效能为目的，以确保教育有效实施执行为目标，以教育工作者履行对国家和公众的法定教育责任为依据，由有关主管部门对教育工作者的失职、渎职行为进行责任追究的一种教育监管机制。各级政府及其教育部门、教育机构要对自己的教育行为负责。在教育管理、教育执行中，没有按照国家要求，甚至不执行国家的教育方针、政策的，对教育政策执行不力的；教育行政负责人、学校校长存在因失职、过错等不正当履行职责或者不作为造成教育不良后果的，上级政府及其教育行政部门要进行责任追究。在教育问责制执行中，要按照国家教育法律、法规的规定，进一步明晰各级政府的教育职责和职能分工，以建立科学的责任分担体系和责任追究机制；明确各级政府、教育行政部门、教育督导机构在教育责任追究中的权力与责任；强化立法机关监督教育法律、法规执行的意识；加强各级政府及其教育行政部门、教育督导机构对下级政府及其教育行政部门、教育机构的行政监督职能。

（四）高等教育考核改革

1. 人才质量是考核目标

我国的高等教育由政府主管，政府及教育主管部门进行考核。但是，受急功近利的教育政绩观驱使，一些主管领导把高等教育入学率、毕业率、就业率等作为考核教育部门和高校的重要指标，习惯于像抓政绩指标一样来抓考核，导致了日益严重的应试教育模式，影响了我国高等教育事业的健康发展，削弱了我国国民素质综合竞争力的提升。教育是投资未来的民族事业，是关乎国家前途命运的大计，不能只依据一些计划数据和指标，或在有限的时间内对其片面地做出好坏评判。所以，我们的考核体系，不应该只从量化管理等简单的考核形式来考评教育事业，要更多地关注和着眼于人才的培养过程、人才的培养质量、社会的贡献力和影响力因素，建立多方科学的评价体系。

2. 实施队伍准入标准化考核

按照国家规定，我国高等教育机构有一个准入机制。简单地说，就是什么样的教育机构具有可承担高等教育的资质，可以招收、培养相关层次的人才。我国高等教育队伍建设也可借鉴此种准入机制进行管理，在政府与教育主管部门的监控指导下，对教育执行单位进行必要的、合法的监控管理。国家对从事高等教育的人员规定了统一的准入标准，凡是达到这一标准的人员，通过规定合法程序，进行综合测评即可进入队伍中来，这样不但可以保证高等教育质量，同时建立系统内的教育工作者个人信誉终身档案，简化了考核程序，提高了考核效率，更便于高等教育的实施与管理，为实现教育均衡、教育公平打下坚实的基础。

总之，我国高等教育改革是一项伟大的教育创新工程，具有跨时代的历史意义，我们必须集中华民族集体智慧，摒弃陈规，抓住机遇，突破难点，拓展新路，努力开创国民高等教育的美好未来。

第八章 教育技术概述

信息时代的到来，一方面使教育面临严峻的挑战，另一方面为教育的进一步发展带来了良好的机遇。在发展信息时代教育的过程中，现代教育技术以其先进的观念、手段和方法发挥着重要的作用。

第一节 教育技术的内涵与应用

一、教育技术的内涵

技术是人们在解决问题过程中所采用的各种手段和方法的总和，包括有形的工具手段和无形的智能方法两个方面。因此，从技术的角度看，教育技术是在教育教学活动过程中所运用的一切物质工具和方法技能的综合体。有形的教育技术主要是指教育教学活动中所运用的物质工具，如各种媒体、教具、实验器材等。无形的教育技术包括在解决教育教学问题过程中所运用的技巧、策略、方法等，如教学过程的设计方法、多媒体课件的设计与开发技巧、利用教学媒体开展教学的方法以及各种教学策略等。

美国教育传播与技术协会（Association for Education Communications and Technology，AECT）曾出版巴巴拉·西尔斯和丽塔·里齐合著的《教学技术：领域的定义和范畴》一书，书中对教育技术概念做出了一个影响较大的定义，国内通常将该定义简称为"AECT94定义"。"AECT94定义"的中文表述如下：教育技术是关于学习过程和学习资源的设计、开发、运用、管理和评价的理论与实践。

"AECT94定义"明确指出了教育技术的研究形态（理论与实践）、研究对象（学习过程和学习资源）以及研究内容（设计、开发、运用、管理和评价）。

后来，AECT定义与术语委员会在充分讨论的基础上，提出了新的教育技术定义，即"AECT05定义"。该定义的中文表述如下：教育技术是通过创造、使用、管理适当的技术性的过程和资源，以促进学习和提高绩效的研究与符合伦理道德的实践。

相对于"AECT94定义"，"AECT05定义"的变化有以下三点。
(1) 把原来的"为了学习"明确地改为"促进学习"。
(2) 把"学习过程和学习资源"变换为"促进学习和提高绩效的技术性的过程和资源"。
(3) 除了强调相关过程和资源要促进学习之外，还强调要提高绩效。

对于学习者来说，绩效是指有目的、有计划的行为倾向和结果（学习者的能力及其在新环境中的迁移能力）；对企业来说，绩效则是指该企业组织预期的、符合总体目标的业绩。第三点变化，除了表明教育技术既关注学习过程也关注学习结果，还表明通过培训来提高企业绩效也是教育技术重要的研究与应用领域。前两点变化明显地体现了混合学习的思想——从原来只强调"学"转变为"促进学习",既强调"学",也重视"教"。

另外,"AECT05 定义"还用"研究"取代了"理论"。从学术的角度讲,该变化值得商榷。有学者认为:以"研究"取代"理论"在一定程度上造成了"教育技术内涵的游移不定,对澄清领域内的一些问题并没有任何帮助","把基于直觉与经验的批判性反思作为一种重要研究方法的同时,也消解了教育技术作为一个专门研究领域致力于理论创建的努力,不利于教育技术的学科建设。"

在我国教育技术领域,目前广泛使用的是"AECT94 定义"。不过,由于教育技术这门学科的各方面工作都在进行广泛的研究,因此带动了对教育技术内涵理解的不断深入。下面对教育技术概念的本土化做必要的诠释,供学习过程中参考。

"AECT94 定义"的显著优点是指出了教育技术的研究对象和研究内容,但也存在着以下三点不足之处。

(1) 定义中"学习"一词的概念是把教育技术研究对象定位在"学习过程和学习资源"方面,实践中可能会导致弱化教师"教"的方面。事实上,教师的"教"依然是我国当前教育理论和实践中的重要方面。

(2) 没有强调"学科"属性,这既不符合我国教育技术的实际,也不适合作为学科的核心定义。

(3) 虽明确指出教育技术的研究对象和研究内容,但缺乏对教育技术学科的本质属性的规定,同时显得重应用、轻基础,在一定程度上导致了教育技术研究的模糊性和狭隘性。

与当前教师教学活动直接相关的现代教育技术主要涉及以下四个方面。

(1) 现代教学环境的建设、管理与应用。现代教学环境主要包括多媒体教室、网络教室、校园网、数字化图书馆等。现代教育技术首先要研究如何设计符合教学需求的现代化教学环境,如何在教育教学中使用这些环境,以及如何管理等问题。管理包括硬件设备、软件资料和相关人力资源的管理。

(2) 数字化教学资源的开发理论与技术,如各种媒体素材、多媒体教学课件和网络课程的设计、制作、评价与使用,以及教育资源的检索等技术。

(3) 教学系统的设计与开发理论,包括教学系统的设计原理、开发方法、实施步骤、评价过程等研究内容,尤其是以"讲授"为主和以"探究"为主的信息化教学系统的设计与开发。

(4) 信息化教学环境下的教学理论、教学方法和教学模式,如各种媒体教学法、信息技术与课程整合、探究型教学模式、讲授型教学模式等内容。

在实践中,人们经常把教育技术和现代教育技术混用,所以根本没有必要详细区分二者,可以把教育技术与现代教育技术二者等同看待。

二、教育技术的应用

在长期的教育技术实践和应用中,教育技术理论与实践之间的不断相互作用,使得教育技术应用领域不断扩大。此外,随着信息技术,尤其是多媒体计算机和网络技术的逐渐普及,以及可供选择的教学资源和教学系统的日益增多,教育技术的实践范围得到了进一步扩大,形成了三个相对独立的主要应用领域。

（一）课堂教学领域

课堂教学一直是学校教学活动的主要形式，是一种非常有效的培养人才的教学领域，也是教育技术最重要的应用领域之一。教育技术在课堂教学领域中的应用，促进了技术在教学中的整合，丰富了教学信息的表现形式，深化了教学过程中的探究性教学活动的实践，提升了学习者在学习过程中的主体地位。另外，教育技术还促进了课堂教学环境的现代化，建立了校园网、多媒体教室、网络教室、数字图书馆等。教育技术在课堂教学领域的典型应用模式主要有以下三个方面。

1. 以视听技术为基础的集体教学

这种模式主要是指在学校班级教学的基础上引入视听教学媒体（如幻灯、投影、视听设备、语言实验室、多媒体教室等）而形成的一种教育技术教学应用模式。典型特征是以教师为中心的集体授课方式，教师的工作基本上是根据既定的教学目标和学生的特征来设计教学目标，建立评价标准，安排教学活动，研究和采用适当的方法，选择使用和开发视听媒体。基本教学过程主要是由教师以视听媒体作为辅助手段或传播手段把教学内容有效地传递给学生，并通过相应的评价方法来检验学生的学习结果是否达到预期的目标，从而使学生通过考试获得成绩或证书。以视听技术为基础的集体教学是当前教育技术应用的主要模式，应给予足够重视。

2. 以计算机多媒体技术为基础的个别化教学

个别化教学指的是以学生为中心、适合满足个别学生需要的教学。为了满足学生的需要，可能要通过一种或多种专门的教学技术，这些技术包括允许学生在通过一个教学序列的时候设定他们自己的学习步伐；根据个人特点为每个学习者选择学习方法、媒体和材料，并允许每个学生选择想要达到的目标。随着具有高性能的计算机技术的迅速发展，程序教学方法广泛应用于计算机辅助教学，计算机成了实现程序教学思想的最高级的程序教学机。多媒体系统能够处理和展示多种信息形式，能使同一内容的信息以不同的方式同时进行处理和展示，从不同侧面来揭示同一概念、原理、过程，符合人类认知、思维的过程和特征，它将给组织（学校、企业、职业培训中心等）、个别化教学、学习过程与组织形式等带来新的思路。虚拟现实技术的发展，对于模拟实际过程、实际情境都将产生深刻的影响。

计算机多媒体技术应用于个别化教学，具有常规教学媒体（如幻灯、投影、视听设备、语言实验室等）所无法比拟的优点，它可以为学生的学习提供多种感官刺激；使交互方式更加多样化；提供资源更丰富的教学环境；有助于发展学生的高级思维能力；与网络结合，在教育教学中的发展潜力将更加强大。因此，以计算机多媒体技术为基础的个别化教学模式是当今教育技术应用的主要发展趋势之一。

3. 以计算机多媒体技术为基础的个别化教学

过程技术指的是引导学生主动投入学习，并且能够适应学生个别差异的教与学的模式和方法。这里所说的技术，不是指计算机、卫星电视等媒体"硬技术"，而是指思考问题的过程和方式等"软技术"，如程序教学、合作学习、讨论、游戏和模拟等。过程技术的应用必须由经过仔细设计的框架来提供教与学的整体系统，必须经过测试证明它的应用是成功的，必须具有有效的结构以便在教学中重复使用,因此有效性和可靠性是系统应用的关键因素。因此,过程技术就是经过仔细设计的,具有可靠性的,能促进有效学习的,学生主动参与的教与学的模式与方法。过程技术具有被多种学习理论支持的特点,因为每一种理论都有它的长处和局限性,并且有相互重复之处。无论是行为主义理论,还是认知主义理论、建构主义理论或社会心理理论,它们都只是从一定的角度揭示了学习过程的规律,各自有着不同的侧重点。因此,在以过程技术为基础的小组教学模式的设计中,对这些理论应采用一种折中的、包容的、整合的态度,对它们进行分析、比较、选择,然后用于适当的、相应的教学情境中。

小组学习方法在教育或训练中是否恰当,首先应该考虑学习目标。如果在所期望的目标中包括发展口头传播技能、人际关系技能、解决问题技能、做出决定技能、缜密思考技能以及良好的态度性格等,那么对于为实现这些目标的教学来说,小组学习方法就要比前面介绍过的集体教学方法和个别化教学方法更为合适。

目前,随着新型教学理论、思想的涌现,现代教学环境的逐步形成,数字化教学资源的广泛应用,该领域正在掀起以"素质教育、创新教育"为核心的教学改革,以"学生主体、教师主导"为特征的探究性教学活动正逐步地渗入和改变着原有的教学过程和方法,信息化的课程体系和教学模式正在形成。

(二) 远程教育领域

远程教育指教师和学生在时空上处于相对分离状态下,利用各种通信系统和教学资源完成教育教学活动,是一种新型的教育方式。远程教育能够满足在信息社会中人类终身学习的多元需求,现代远程教育已经成为各国政府实现终身教育的第一选择,从而使远程教育在高等教育体系中的地位已经上升为大众教育和终身教育的主力军。

通常认为远程教育起源于早期的函授教育,经历了三代发展过程。第一代远程教育是函授教育,函授教育以印刷材料为主要学习资源、以邮政传递递交和批改作业为主要通信手段,以一定时间的面授辅导为辅助教学手段。第二代远程教育是多种媒体教学的远程教育,简称远程教育,除了使用印刷教材外,还使用广播电视等大众媒体以及录音、录像、个人微机等媒体,与函授教育相比,具有规模大的特点。第一代、第二代信息技术都是单向传播的技术,因此第一代、第二代远程教育在师生、生生之间的双向通信和交流存在明显欠缺。为了弥补其不足,利用定期或者不定期的面授辅导和答疑、短期住宿学校等方法加强学习支持。第三代远程教育称为开放灵活的远程学习,在我国也叫现代远程教育或网络远程教育,是建立在应用双向交互电子信息技术基础上的新一代远程教育,主要是电子通信技术和计算机技术的应用,在计算机技术中主要是以多媒体技术和网络技术为核心。现代远程教育的特征和优势是具有双向交流,包括人际和人机之间的相互作用和相互交流。第三代信息技术可以实现同步(实时)和非同步(非实时)通信,为远程教育提供了更有利于学生知识构建的学习资源和学习环境,使教和学更加灵活、更加个性化。

教育技术在远程教育中的应用,促进了各种实用远程教学通信系统(如网络教学系统、卫星远程教学系统、远程视频会议系统等)的建设和丰富多样的教学资源开发,有效地支持了远程教学的开展。下面以网络远程教学为例,分析其常用的教学方式。

1. 群体讲授方式

群体讲授方式分为同步讲授和异步讲授两种情况。同步讲授是指分布在不同地点的教师和学生在同一时间登录到相应的网络上，进行网络教学。基本的教学程序是：诱导学习动机→感知理解教材＋巩固知识→运用知识＋检查反馈。

在这种教学中，教师在远程授课教室中通过直观演示、口头讲解、文字阅读等手段向学生传递教学信息，网络将这些信息传递到学生所在的远程学习教室，学生通过观察感知、理解教材、练习巩固、领会运用等过程进行学习，通过一定的设备可允许学生和教师进行互动，最后由教师对学习结果进行及时检查。

异步讲授通常借助于网络课程和流媒体技术来实现，学生通过访问存储在网络服务器上事先编制好的网络课程进行学习。网络课程通常包含课程结构、课程内容、教学要求、教学评测、授课视频等。当学生在学习过程中遇到疑难问题时，可以通过电子邮件、电子布告栏系统、在线论坛等方式与教师、专家或同学等进行交流。

2. 小组讨论教学方式

基于网络的小组讨论分为在线讨论和异步讨论。在线讨论类似于传统课堂教学中的小组讨论，由教师提出问题，学生分成小组进行讨论。教师通过网络倾听学生的发言，并对讨论的话题进行正确的引导，最后对整个讨论过程做总结，对讨论组中不同成员的表现进行点评。

异步讨论是借助电子布告栏系统进行的，学生和教师也可以就某些问题展开热烈讨论。与在线讨论方式不同的是，异步讨论不是所有学习者同时在线、及时应答，学习者可以随时登录发表评论，其他学习者也可以在不同时间阅读或发表评论。因此，在线讨论由于受时间限制，讲话要言简意赅，而异步时论发表的言论通常是经过深思熟虑的，以文章的形式发表。

3. 合作学习方式

合作学习是学生以小组形式参与，为促进学习，由学生协作完成某个给定学习目标的教学方式。在合作学习过程中，个人学习的成功与他人的成功密不可分，学习者之间以融洽的关系、相互合作的态度共享信息和资源，共同负担学习责任。

4. 自主学习方式

自主学习方式是远程教育中比较重要的学习方式。教师首先向学生阐明学习任务和要求，并提供相关的学习资料，学生利用各种学习资源自主完成学习任务，提交相关作业，教师对学生的作业及时进行评价，给学生明确的反馈。学生在学习的过程中，可以通过电子邮件、电子布告栏系统、在线论坛等向教师进行咨询、讨论，教师给予讲解、启发、提示和鼓励等。

（三）企业员工培训领域

与课堂教学和远程教育相比，教育技术在企业员工培训领域的应用思路和方法有很大差别。教育技术应用于企业员工培训，需要按照企业的需要来运作和控制，要让受培训的员工立足本职岗位，以最经济、最有效的手段去掌握有用的、可用于完成实际任务的知识与技能，追求企业员工的工作业绩，并且员工的学习目标和所需技能是由企业发展的需求决定的。在我国，还需要促进教育技术尽快地进入企业培训领域中，更好地为我国的经济建设服务。

第二节 现代教育技术的特点和作用

一、现代教育技术的特点

与传统的教育技术相比，现代教育技术有以下六个方面的特点。

（一）教学信息组织的非线性化

传统的教育信息（包括文字教材、音像教材等），其组织结构都是线性的、有序的，而人类的思维、记忆都是网状结构，通过联想可自由选择不同的路径。因而，传统教育在一些方面制约了人的智能与潜能的调动，限制了自由联想思维能力的发挥，不利于创造性思维能力的培养和形成。多媒体技术能综合处理多种媒体信息（包括文字、图形、图像、声音等），具有很强的交互性，能够收集、存储和浏览离散信息以及在表示信息之间建立关系，为教学信息组织的非线性化创造条件。

（二）教材多媒体化

教材多媒体化是指采用多媒体，特别是超媒体技术，建立教学内容的结构化、动感化、形象化表示形式。它优化了教育信息的条件、选择、存储、转换与传输过程，提高了教育信息处理的效率，丰富了教学内容；改变了教学内容的形态，为抽象的概念、范畴赋予了生动而具体的形象，使静态的理解变为动态的分析，使感性认识由外部形态深入事物的内部结构，有助于根据事物的内在规律和本质特性启迪学习者的创造性思维，从而大幅度地提高教学效率和质量，使课堂上师生的双向互动为教学注入生机和活力，形成了多样化的教学方式。

（三）信息传输网络化

当代教育技术对现代教育产生最大影响的技术之一是信息传输网络化。网络是信息传输的高速公路，多种类型的计算机网络（如校园网、局域网、互联网等）使教学信息传递的形式、速度、距离、范围都产生了巨大的变化。网络化打破了时间和空间的限制，突破了文字和语言的障碍，利用互联网可将全世界的教育资源连成一个信息海洋，供广大学习者共享，为网络教学、远程教学、虚拟实验室等新的教学模式奠定基础。

（四）教学过程的智能化

多媒体计算机系统与人工智能技术相结合，具有智能模拟教学过程的功能，学生可以通过人机交互，自主进行学习、复习，模拟实验和自我测试。多媒体计算机可根据学生的不同个性特点和需求给予帮助、指导、判定，实现教学过程的智能化。

（五）学习资源的系列化

学习资源是指人力资源和信息资源，包括优化教学过程的物质条件、精神条件以及其他条件等。其中物质条件有硬件（多种现代教育设备、环境、系统、网络）和软件（整个现代教材体系）。随着教育信息化程度的不断提高、现代教学环境系统工程的建立和现代教育技术在教学中的广泛应用，现代教材体系也逐步标准化、系列化，使人们能根据不同的条件、不同的目的、不同的阶段、不同的需求，有效地选取相应的学习资源，为教育大众化、终身化提供有力的保障。

（六）教学环境虚拟化

教学环境虚拟化是电子网络化教育的重要特征，它使教学活动在很大程度上脱离空间、时间的限制，为高等教育开拓了新的空间。虚拟化的教育环境包括虚拟教室、虚拟校园、虚拟图书馆、虚拟播音室等，由此带来的虚拟教育，可分为校内模式和校外模式两种。校内模式是利用校园网开展网上教学，校外模式是利用广域网进行远程教育。目前很多高等学校都在重点加强校园网的建设，开发网络的虚拟教育功能，虚拟教育与现实教育的有机结合，校内教育与校外教育融合，不断地扩大了教育教学的规模，使现有教育资源获得了倍增效益。

二、现代教育技术的作用

信息技术给教育带来了深刻而重大的变革，使教育观念和教育活动出现了前所未有的变化。那么，以现代信息技术为基础的现代教育技术到底对教育改革起到哪些作用呢？对于这个问题，我们应当把现代教育技术放在整个教育科学群中去考察，放在广阔的社会环境中去考察，只有这样，才能对现代教育技术的功能与使命认识得更加全面、深刻，才能更加有利于我们清楚地认识现代教育技术这门学科的定位、研究对象、学科属性等基本理论问题，为今后从事教育技术学科理论研究和教育技术实践研究奠定基础，使我们的工作有较强的针对性和现实意义。

（一）有效地促进学生信息素养的提高

随着信息时代的到来，在人才培养的问题上出现了一个新术语：信息素养。该词的出现引起了世界各国的普遍重视，成为现代社会评价人才综合素质的一项重要指标。

1. 信息素养概述

"信息素养"一词由来已久，最早是由美国信息产业协会主席保罗·泽考斯基提出来的，他把信息素养定义为"人们在解决问题时利用信息的技术和技能"。随着人们对信息、信息技术、信息素养研究的深入，逐渐对信息素养的内涵有了更加明确的认识。在当前，人们一般把信息素养界定为个体能够主动地选择、运用信息和信息设备并积极地创新信息的综合能力。

关于信息素养的构成要素，不同的学者有不同的见解。但是从现有的众多文献中大致可以归纳为三个要素：信息意识、信息能力和信息伦理。在这三个要素当中，信息意识是指个人对信息价值有敏感性，有寻求信息的兴趣，有需求信息的意念，有利用信息为个人和社会发展服务的愿望；信息能力是指能够有效地获取、加工和利用信息的能力，包括操纵信息工具的能力、检索获取信息的能力、加工提炼信息的能力、整合创建信息的能力、交流传播信息的能力等；信息伦理是指个人在信息活动中的道德情操，能够合情、合理、合法地利用信息解决个人和社会所关心的问题，使信息产生合理的价值。三者的关系是：信息意识是先导，信息能力是核心，信息伦理是准则。

2. 现代教育技术能有效地提高信息素养

信息素养包含技术和人文两个层面的意义：在技术层面上，信息素养反映的是人们搜索、鉴别、筛选、利用信息的能力，以及有效地在教学过程中使用信息技术的技能；从人文层面上看，信息素养反映了人们对于信息的情感、态度和价值观，它建立在技术层面的基础之上，涉及独立学习、协同工作、个人和社会责任等各个方面的内容。现代教育技术是为了促进教学优化，教师借以帮助学生实现有效学习的工具与方法，是教师将教育理论与实践相联系的桥梁。现代教育技术可以说包含了信息素养的成分，信息素养是现代教育技术的基础。在教育领域中，无论是对教师还是对学生来说，要在信息社会中立足，具备竞争力，都必须具备良好的信息素养，而良好的信息素养有赖于现代教育技术的开展和学习。

（二）有效地促进学生科学思维能力的培养

1. 科学思维概述

所谓科学思维，就是具有意识的人脑对科学事物（包括科学对象、科学过程、科学现象、科学事实等）的本质属性、内在规律及事物间的联系和相互关系的间接的和概括的反映。根据思维材料的不同，可将科学思维分为科学抽象思维、科学形象思维、科学直觉思维。而科学创造性思维是在科学思维的基础上发展起来的一种高层次的综合思维能力，是科学创造力的核心。

创造性思维结构由发散思维、形象思维、直觉思维、逻辑思维、辩证思维和横纵思维六个要素组成。这六个要素按照一定的分工，彼此互相配合，形成一个有机的整体。发散思维用于解决思维过程的方向性；辩证思维、横纵思维用于提供解决高难度复杂问题的指导思想与策略；形象思维、直觉思维、逻辑思维用于构成创造性思维过程的主体。创造性思维就其过程而言，实际上是综合运用多种思维过程，其中发散思维、直觉思维和形象思维是重要的组成部分，是培养创造性思维的重要途径。

现代教育技术的应用，特别是教学设计技术的应用，可以使教师科学地设计每一堂课，教师将有更多的机会将大量的各种思维训练整合到课堂教学的内容中去，从而使学生形成良好的思维习惯，超越一般思维定式、习惯性的发现方式和传统观念的束缚，形成创造性思维。因此，现代教育技术的应用可以有效地促进科学思维的培育。

2. 现代教育技术是促进科学思维能力培育的重要手段

（1）利用现代教育技术营造和谐的氛围，为思维训练提供良好的环境

建构主义理论强调，学生学习活动是在一定的情境下进行的，而且学习环境中的情境必须

有利于学生对所学内容的意义建构。因此，教师要努力创设合理的情境，特别是尝试用多媒体网络创设情境，让学生融入情境中，使其在宽松和谐的氛围中自由地主动进行思考、探索，激活学生的思维。

(2) 利用现代教育技术培养学生的发散性思维

发散思维（也称求异思维）是指思考问题时信息朝各种可能的方向扩散，并引出更多新信息，使思考者的思路由一条扩展到多条，由一个方向转移到多个方向，尽可能地做出合乎条件的多种答案的思维方式。传统的教育是以传授知识、发展技能为主要目标，尤其是在教学方式上的单一运用，抑制了学生学习潜力的开发，抑制了学生主动思考、主动探索和创新思维能力的培养，学生习惯于一种单一的思维方式。

现代教育技术在教学领域的应用，使教学信息的组织实现了非线性化，使教学信息的呈现方式日益多元化，学习者可以自由地选择不同的学习途径，获得不同的学习效果，这对于发散思维能力的提高大有裨益。现代教育技术还可以将文字、图形、图像、声音、动画有机地结合起来，全方位、多视角地呈现在学生面前，这种图文并茂的问题教学法不断地刺激学生的感官，使学生通过大脑各区交替处于兴奋状态，思维充分地活跃起来，激发了学生的学习兴趣，丰富了学生的想象力，拓展了学生的思维空间。此外，在教学中充分发挥计算机作为发现工具的功能，促进学生认识事物本质，使其发散性思维得到训练。

(3) 现代教育技术有利于培养学生的形象思维

形象思维就是以表象为思维材料而进行的思维。在培养形象思维方面，多媒体 CAI（Computer Aided Instruction，计算机辅助教学）课件有着得天独厚的优势。CAI 课件中广泛地采用动画、影像、图片等多媒体形式，它直观形象，为发展学生的观察、联想、想象能力提供了素材和着眼点。在现代教育技术环境中，虚拟现实技术能够构造出最佳的课堂教学环境，能够提供和展示各种趋于现实的学习情境，把抽象的学习与现实融洽起来，诱导学生积极思考，激发学生的联想能力。

(4) 现代教育技术有利于培养学生的直觉思维

直觉思维就是以科学概念和科学表象结合而成的、具有整体功能的知识组块为思维材料而进行的思维，是指人脑不借助于逻辑推理而综合运用已有知识、表象和经验知觉，以高度省略、简化、浓缩的方式洞察事物的实质，并迅速做出猜测、设想或突然领悟的思维。这不是凭空而来的毫无根据的主观臆断，而建立在丰富的实践和丰富的知识积累基础上所做出的直观判断。直觉思维最重要、最本质的特征是：把握事物之间的关系，而不考虑事物的具体属性。现代教育技术的最大特点是能方便地用动态方式表现对象之间的空间结构关系，即将语言文字难以直观表达的抽象的道理、复杂的现象，通过一定的形式形象具体地表现出来，从而大大降低了学生的发现难度，是训练学生直觉思维的理想手段。

(5) 现代教育技术有利于培养学生的逻辑思维

逻辑思维是以概念、判断、推理的形式来反映客观事物的运动规律，是对事物的本质特征和内部联系的认识过程。计算机网络环境下的"自主学习"，是学生利用计算机生成的学习软件和信息资源库，通过人机交互把学习者和发现材料有机地联系在一起。同时学生通过多媒体信息的演示、讲解、练习、检测和反馈评价的过程，主动地获取知识。学生在学习中通过"学习—总结—叙述—输入"这一过程，在分析推理过程中认识事物的本质，使逻辑思维得到训练。

此外，教师指导作用有利于逻辑思维的培养，不论技术革新、社会发展到何种程度，教师在教育、教学过程中的指导作用都是不言而喻的。在教师指导下，以学生为中心的教学正是当代建构主义教育理论的核心要旨。教师要抓好教学设计这一中心环节，精心设计课堂教学，促进逻辑思维能力的训练和提高。

总之，教师应积极发挥主导作用，运用教学设计理论，挖掘教材内在因素，进行科学的思维培育。

（三）有效地促进教师专业发展

1. 教师专业化概述

当前，教师专业化已经成为世界教师教育的发展目标和行动总则。一直以来，人们对教师这个职业能否专业化的问题进行过激烈的争论，提出了各自不同的见解。然而，不论是在国内还是国外，随着社会对教育要求的不断提高，人们对教师职业也有了更高的要求，因而就有了各国试图提高教师专业水平的教师专业化运动的兴起，而且很快如雨后春笋般蓬勃发展起来。早年间，联合国教科文组织颁布了《关于教师地位的建议书》，它对教师专业化做出了明确的界定：应把教师工作视为专门的职业，这种职业要求教师经过严格、持续的学习，获得并保持专业的知识和特别的技术。

我国教育普及的任务已基本完成，高等教育正在加快发展，教师在教育质量和数量上都有了较大的发展。过去仅仅为了满足基础教育对教师在数量上的要求，而现在开始有条件满足基础教育和职业技术教育对高素质教师的需要，教师专业化的时代已经来临。

现代教育技术在为教育提供新的现代化手段的同时，也对教育产生了巨大的影响，加快了教师专业化的进程，对教师素质提出了新的挑战。努力提高教师专业化水平已成为教师教育的必然选择。

2. 现代教育技术能有效地促进教师专业发展

为了提高我国中小学教师教育技术能力水平，促进教师专业能力发展，教育部颁布了《中小学教师教育技术能力标准（试行）》。这是我国中小学教师的第一个专业能力标准，它的颁布与实施是我国教师教育领域一件里程碑式的大事，这标志着我国的教师教育信息化将走向一个新的阶段，将对我国教师教育的改革与发展产生深远的影响。现代教育技术如何促进教师专业发展就成为当前摆在我们面前的一个重要课题。

现代教育技术是促进教师发展专业技能和自我完善的重要途径。在信息化社会中，教师理所当然地成为"数字化生存"的带头人，应该能够应用信息技术开展有效的教学，应该能够应用信息技术进行研究，寻求解决教育教学过程中所遇问题的方法，应该能够利用信息技术进行合作，塑造出开放、融洽、互动的协作风格，应该能够利用信息技术进行学习，成为信息化条件下的终身学习者，实现知识、技能、伦理的自我完善。这是信息化社会中教师专业发展的内在要求。这些问题的有效解决有赖于现代教育技术，要通过现代教育技术来促进教师专业的发展。

（四）有效地促进基础教育的改革

传统的教学系统是由教师、学生和教材三要素构成的，在现代化教学环境下，还要增加一个要素——教学媒体。根据系统论的观点，这几个要素不是简单、孤立地拼凑在一起，而是彼此相互联系、相互作用而形成的有机整体。所谓教学模式，正是这四个要素相互联系、相互作用而形成的教学活动进程的稳定结构形式，是四个要素相互联系、相互作用的具体体现。

目前以教师为中心的教学模式，其特点是由教师通过讲授、板书及教学媒体的辅助，把教学内容传递给学生或者灌输给学生。教师是整个教学过程的主宰者，学生则处于被动接受老师灌输知识的地位。其优点是有利于教师主导作用的发挥，有利于教师对课堂教学的组织、管理与控制，但是它存在一个很大的缺陷，就是忽视了学生的主动性、创造性，不能把学生的发现主体作用很好地体现出来。

因此，为了推进我国教育的深化改革，以利于创新人才的成长，必须明确认清教学过程的本质，在先进的教育科学理论的指导下，改变传统的以教师为中心的教学模式，建构既能发挥教师主导作用，又能充分体现学生发现主体作用的新型教学模式，以此作为深化教学改革的主要目标。

要实现上述教改目标，就必然离不开现代教育技术的支持，涉及以下两个方面。

1. 以计算机为基础的现代教学媒体可为新型教学模式的建构提供理想的教学环境

以计算机为基础的现代教学媒体主要是指多媒体计算机、网络教室、校园网和互联网。作为新型的教学媒体，它们具有以下五种特性。

（1）多媒体计算机的交互性，有利于激发学生的学习兴趣和发现主体作用的发挥。
（2）多媒体计算机提供外部刺激的多样性，有利于知识的获取与保持。
（3）多媒体系统的超文本特性，可实现对教学信息最有效的组织与管理。
（4）计算机的网络特性，有利于培养合作精神并促进高级发现能力发展的协作式学习。
（5）超文本特性与网络特性的结合，有利于培养创新精神和促进信息能力发展的发现式学习。

可以看到，以计算机为基础的现代教学媒体确实具有优化教育、教学过程的多种特性，这些特性的集中体现就是能充分发挥学生的主动性与创造性，从而为学生创新能力和信息能力的培养营造最理想的教学环境，而这样的环境正是建构新型教学模式必不可少的。

2. 现代教育技术的教学设计理论可为新型教学模式的建构提供坚实的理论基础

现代教育技术中的教学设计理论是连接学习理论、教学理论与教学实践的桥梁，是一门用来实际指导教学过程、为"如何教"及"如何学"提供具体处方的规定性理论。这门学科目前已发展出两种不同类型的教学设计理论：一种是以"教"为中心的教学设计，另一种是以"学"为中心的教学设计。以"教"为中心的教学设计的理论方法，由以下环节组成：教学目标分析，学习者特征分析，在此基础上进行教学策略设计和教学媒体的选择与设计，进行形成性评价，并依据形成性评价所得到的反馈，及时调整和修改教学内容与教学策略。经过教育理论专家多年的努力，以"教"为中心的教学设计已形成一套系统、完整且具有可操作性的理论与方法，并在教学实践中产生了较大的影响，受到广大教师的欢迎。其优点是有利于教师对课堂教学进程的组织、管理与控制，有利于教师主导作用的发挥；缺点是这种教学设计忽视了学生的主动性，在整个教学过程中把学生置于被动地位。显然，这种教学设计理论是直接为传统的教学模式服务的。

随着多媒体技术和互联网应用的迅速普及，一种新的以"学"为中心的教学设计正在兴起并快速发展。这种新的教学设计理论与传统的以"教"为中心的教学设计完全不同：它的全部理论、方法都是围绕如何帮助学生的"学"，即围绕如何促进学生主动建构知识而展开。这种理论强调在教学过程中学生处于中心的位置，教师应围着学生转。以"学"为中心的教学设计包括两部分内容：一部分是关于学习环境的设计，另一部分是关于自主学习策略的设计。

以"教"为中心的教学设计和以"学"为中心的教学设计各有优缺点，而它们的优势则刚好互补，因此若将这两种教学设计理论恰当地结合起来，就可以为我们将要建构的既发挥教师主导作用、又充分体现学生发现主体作用的新型教学模式（"双主模式"），提供比较全面而坚实的理论基础。

双主模式介于以教师为中心的教学模式和以学生为中心的教学模式之间，它不是以教师为中心，也不完全是以学生为中心，而是既发挥教师的主导作用，又要充分体现学生的发现主体作用，既要把以"教师为中心"和"学生为中心"两者的长处吸收过来，又要对两者的短处加以避免。这就要求在基本保留"传递—接受式"教学活动进程的条件下，对这种"进程"加以认真的改造，即在此进程中积极利用现代教育技术，并在建构主义理论指导下，通过人机交互，让学生更多地去主动思考、主动探索、主动发现，从而形成一种新的教学活动进程的稳定结构形式。

第三节　现代教育技术的发展趋势

随着科学技术的飞速进步和现代教育技术相关理论的研究，以及现代教育技术实践领域的拓展，现代教育技术主要朝着以下方向发展。

一、现代教育技术作为交叉学科的特点将日益突出

现代教育技术是涉及教育、心理、信息技术等学科的一个交叉学科。现代教育技术需要技术，尤其是信息技术的支持。作为交叉学科，现代教育技术融合了多种思想和理论，它的理论基础包括教育理论、学习理论、传播学、系统论等。在现代教育技术领域，上述理论相互融合，以促进人的发展为目标而各尽其力。现在，现代教育技术的研究不仅关注个别化学习，还对学生之间如何协同与合作进行系统的研究。此外，现代教育技术交叉学科的特性决定了其研究和实践主体的多元化，协作将成为现代教育技术发展的重要特色。包括教育、心理、教学设计、计算机技术、媒体理论等不同背景的专家和学者共同研究和实践，开放式的讨论与合作研究已成为教育技术学科的重要特色。

二、现代教育技术将日益重视实践性和支持性研究

现代教育技术作为理论和实践并重的交叉学科，需要理论指导实践，在实践中进行理论研

究。目前，现代教育技术研究前沿的两个领域是信息技术与课程整合及网络教育，所有这些乃至终身教育体系的建立都强调对学习者的支持，即围绕如何促进学习、提高绩效开展所有工作。正因为如此，人们将会越来越重视包括教师培训、教学资源建设、学习支持等在内的现代教育技术实践性和支持性研究。

三、现代教育技术将日益关注技术环境下的学习心理研究

随着现代教育技术的发展，技术所支持的学习环境将真正体现出开放、共享、交互、协作等特点。因此，适应性学习和协作学习环境的创建将成为人们关注的重点。现代教育技术将更加关注技术环境下的学习心理研究，深入研究技术环境下人的学习行为特征、心理过程特征、影响学习者心理的因素，更加注重学习者内部情感等非智力因素，注重社会交互在学习中的作用。

四、现代教育技术的手段将日益网络化、智能化、虚拟化

现代教育技术网络化的主要标志是互联网应用的迅速发展。在信息社会中，互联网是进行知识获取和信息交流的强有力工具，它将改变人们的学习、工作和生活方式。基于互联网的远程教育目前正发挥着越来越重要的作用。

人工智能是一门研究运用计算机模拟和延伸人脑功能的综合性学科。与一般的信息处理技术相比，人工智能技术在求解策略和处理手段上都有其独特的风格。人工智能的一些成功，以及智能计算机辅助教育系统目前已在教育教学领域得到应用。

虚拟现实是继多媒体广泛应用后出现的更高层次的计算机接口技术，其根本目标是通过视、听、触等方式达到真实体验和交互的效果，它可以被有效地应用在教学、展示、设计等方面。虚拟现实技术支持下的学习环境将成为人们进行思维和创造的助手，以及对已有概念进行深化和获取新概念的有力工具。

随着信息技术的发展，教育网络化、智能化、虚拟化的程度将日益提高，并对教学手段、教学方法和教学模式产生深远的影响。

第九章 教育技术理论基础

第一节 现代学习理论

在现代教育技术的理论体系中,学习理论是处于核心地位的。学习理论是心理学的一门分支学科,是对学习规律和学习条件的系统阐述,它主要研究人类与动物的行为特征和认知心理过程。学习理论注重把心理学的一般原理应用于学习领域,从这个角度来讲,它是一门应用性学科;鉴于学习理论主要探讨行为(包括内部行为)是如何变化的,并试图解释和预测行为的变化,从而为课程与教学理论奠定基础,所以它又是一种基础理论。教育技术必须根据科学的学习理论进行学习过程和学习资源的设计、开发、利用、管理,帮助学生进行有效的学习。

在学习理论的发展史上,人们始终不懈地从不同的角度探析学习现象,分析提高学习的规律。由于各人的观点、视野和研究方法各不相同,因此形成了各种学习理论的流派。到目前为止还没有形成一种统一的、综合的、大家普遍认同的学习理论。纵观关于教育技术理论的发展,行为主义学习理论、认知主义学习理论、人本主义学习理论以及正在兴起的建构主义学习理论等都为教育技术的形成和发展奠定了坚实的基础。同时,随着技术和观念的不断发展,一些新的学习理论也不断涌现。

一、行为主义学习理论

行为主义理论认为,学习就是刺激与反应之间的联合(简称联结学说)。常用"S-R"加以表示,强调客观环境因素对学习者的影响。强调有什么样的刺激,便会产生什么样的反应,并注意及时强化在建立正确行为中的重要作用。该派理论的代表人物主要有爱德华·桑代克、约翰·华生、伯尔赫斯·斯金纳等。他们在研究方法上强调动物与人的行为类比的客观研究,着重于客观的观察和实验。此理论为早期的程序教学以及 CAI(Computer Aided Intruction,计算机辅助教学)课件的编制奠定了理论基础。

行为主义理论对课件设计的影响,首推美国心理学家斯金纳的强化学说,该学说对程序教学理论和实践及早期 CAI 的课件设计产生了重要影响,甚至在今天的课件设计中仍有重要价值。斯金纳的强化论及程序教学理论对教育技术理论发展产生了巨大的推动作用,其影响主要体现在以下三个方面。

(1) 从重视"教"到重视"学"。在教育技术史上,长期以来的重点都放在使用媒体呈现刺激方面,而没有把心理学学习理论作为教育技术的基础。受行为主义理论的影响,该领域的研究从仅仅重视媒体的使用,扩展到注重对学生行为的研究,从注重"教学刺激物"的设计发展,扩展到对"学"的强调。

按照行为主义的观点,教学媒体设备的作用不仅是呈现教材,而且必须与学生的行为联系起来。具体的联系包括：接受学生做出的反应、控制学生的学习顺序、经常和即时性的强化、学生自定学习步调。媒体设备和教材只要发挥上述作用，就能强化学习，从而保证学习的成功。在这种理论的影响下，传统视听传播领域日益重视对"学"的研究，以及使用教学媒体促进对"学"的研究。

（2）从强调"结果"到强调"过程"。程序教学理论使人们重视课件的开发过程：从教学目标（学习结果）的阐明开始，分析教学对象，设计教学内容，进行实验性测试，编制课件，直至推广使用。

（3）行为目标和标准参照评价。程序教学理论要求首先要阐明学生应达到的教学目标，即明确行为目标，从教育技术理论发展的角度看，行为目标的意义是强调学生的行为以及产生行为的条件，对学生的学习任务具体化、明确化。根据行为目标进行测量，以了解学生能力所达到的程度。这种对学生能力的测量是以预先确定的目标为依据的，它适于个别化学习的评价，可提供个人学习进步的情况，可使教师了解所设计课件的优缺点，并进行及时调整。

二、认知主义学习理论

认知心理学是西方心理学的另一大流派，它是对行为主义心理学放弃研究个体内部心理活动的观点和做法不满和反抗的产物。认知心理学的基本观点是，心理学必须要研究个体头脑内部进行着的心理活动，尤其是认知过程，并强调已有的知识和认知结构对个体行为和当前认知活动的决定作用。基于这样的认识，认知学派认为，学习是由经验引起的认知结构的相对持久的变化。换句话说，学习的实质是学习者内部心理结构的形成和改组，而不是刺激—反应联结的建立或取消。

（一）基于认知主义学习理论的课件设计指导原则

（1）逐渐分化原则。所谓逐渐分化原则是指先让学习者了解最一般的、包容性最广的观念，然后根据具体细节对内容逐渐加以分化。课件内容的呈现要从最基本的概念开始，根据具体细节逐步细分。

（2）综合协调原则。所谓综合协调原则是指要对不同学科中相关的内容加以综合协调，使学习者的认知结构进一步分化和完善。

（3）分类处理原则。根据所阐述事理的属性和关键特征，将它们进行分类处理。美国认知心理学家杰罗姆·布鲁纳认为，人类系统地对环境的信息加以选择和抽象概括，这种抽象和概括就是根据物质的属性或关键特征进行分类。为了帮助学生有效地获得概念，促进其思维发展，在课件设计中要注意对知识内容的分类化处理。

（4）积极参与原则。指在学习过程中，学习者不是被动地接受刺激后才表现出反应，而是积极主动地参与学习活动。这项原则为课件的交互性设计赋予新的、更高水平的含义。行为主义倡导的程序教学也有交互性，但这种交互性仅处在学习者外在行为变化的水平上。认知理论则把交互性提升到学习者内在认知思维水平上，设计课件时更关注学习者思维活动的变化，给其信息加工活动提供条件和空间。

（5）个别化原则。所谓个别化原则是指要根据学习者的认知结构等特征区别对待。只有当教学适应学习者的个别需求和特征时，学习的效率才可能更高。

(二) 基于认知主义学习理论的课件内容组织形式

从课件中教学内容的组织结构上看,认知理论有如下三种形式。

(1) 螺旋式结构。即针对不同学生的思维水平与年龄等特点,以不同的形式和抽象程度来呈现同一个概念和原理,不断去掉直观的成分,增加抽象性,使学生一步步地迈向较高的认知层次。其中包含有两层含义:一是加强基本概念和原则在教材中的地位;二是无论多么复杂的概念和原理均可采用不同的形式(如实物、表演、图像和符号等)呈现给学生。

(2) 层级式结构。罗伯特·加涅认为学习者的活动应依照"简单—复杂"的顺序进行。掌握第一层次的知识才能进行更高层次的学习,某一层次的学习必须以较低层次的学习为基础。因此在课件设计时要分析学习内容中的"基础层"和"较高层",采用层级式的结构。

(3) "先行组织者"结构。大卫·奥苏贝尔认为,如果学习材料本身是有逻辑的,而学习者认知结构又具备与之相联系的观念,这时的教材对学习者来说就是一种具有潜在意义的材料。为使学习者对学习材料产生联系,即学习者头脑中已有的知识经验与教材中的新知识、新观念建立起实质性的、非人为的联系,就要对课件进行处理,设计"先行组织者"结构。所谓先行组织者是指先于学习材料呈现之前的一个引导性材料,这个引导性材料在概括与包容水平上高于要学习的新材料,并以学习者易懂的通俗语言、图形、图表或其他方式来呈现,其目的是给学习者一个同化新知识的认知框架。

三、人本主义学习理论

人本主义学习理论的主要代表人物有卡尔·罗杰斯和亚伯拉罕·马斯洛。人本主义的核心理念关注的是人的价值、人的潜力和人的个别差异,强调情感、兴趣在学习中的作用,重视学习的自主性等。人本主义学习理论的主要观点之一是学习者是学习的主体,学习是人的自我实现。人本主义心理学的学习观主要可以概括为:强调以学习者为中心;尊重学习者的个别差异;重视兴趣、情感在学习中的价值。

(一) 基于人本主义的课件设计原则

(1) 以人为主的原则。如果说在其他学习理论指导下,课件设计偏重于知识本身,即偏重于知识的逻辑结构和对客观事物的描述,那么人本主义的课件设计则更注重人的需求,注重人与课件的关系,注重人在课件中的地位。人本主义认为课件不是用来规范和约束人的工具,而是使人充分发展或自我实现的一种工具。因此,人本主义的课件设计不主张那种从命题出发,然后一步步导向结论的模式,倡导以多种多样的形式向学生提供与学习内容相关的现象、观点、数据和资料,不直接或轻易地呈现结论,并在课件中留出空间让学习者参与到活动中来,给学习者留下自我修改、自我思考、自我认识和自我发展的空间。

(2) 从实际经验到一般原理的原则。一般认为人们对学习内容的处理都是从提出理论和普遍原理入手,然后提供在实践中贯彻这些原理的具体途径和方法。罗杰斯则提倡相反的策略,首先呈现大量的实际经验和具体方法,其次才概括出一般原理来。这也不失为CAI课件结构设计的一种思路。

（二）人本主义学习理论对网络教学的影响

（1）重视利用学习者的情感等非智力因素。罗杰斯认为，师生之间的人际关系是促进学习的最为重要的条件，并提出了人际关系的三大要素：真诚、理解、接受。师生关系融洽是调动学生主动性、保证教学有效实行的重要条件。人本主义学习理论非常重视学习者的情感因素。根据自己学习的基础、兴趣、层次，选择自己交流的内容、方式和学习的模式。教师可以采用小组讨论与小组汇报两个步骤来完成。在分组时，将认知水平及个性品质相近的学生分在一起，有利于引起思维共鸣，教师也可参与讨论。小组汇报时，教师以鼓励为主，注意思维评判的延迟性，充分肯定学生的讨论，并把每个小组的荣誉与组员的成功结合起来，最大限度地挖掘学生的潜力。在课程的学习期间，教师也可以定期通过电话与学生交流，使学生感到教师在持续关注自己。

（2）从教师评价到学生自我评价。传统教育对学生的评价基本上仅靠一张试卷。当然，开放教育也有形成性评价，也就是课程作业，约占期末考试的30%，因此基本上还是以分数论成败，即以教师为主的评价。这种评价体系的弊端是：学生只能被动地等待教师的评价，学生得到的反馈信息也仅仅限于题目的对错和分数的多少，缺少对学习的监控和评价。而人本主义学习理论认为，学习者的自我评价是使自我发起的学习成为一种负责的学习的主要手段之一。在网络教学中，学生应以自我评价为主要依据，教师可以设计"中期检查"界面，学生可以通过自我测验，评价近期的学习效果，及时反馈给自己，然后根据反馈结果计划下一步的学习。学生的自我评价，可以帮助他们更好地认识自己，并在评价的过程中不断反省，进行自我调整，更好地培养自主性和创造性，从而实现自我。

（3）从"做"中学。在罗杰斯看来，促进学习的最有效方式之一，是让学生直接体验到面临的实际问题，如社会问题、个人问题和科研问题等。在网络教学中，教师运用先进的网络技术（3D动画制作、虚拟现实技术等）构建良好的学习环境，针对不同的学习者特征创设不同的学习情境。运用先进的技术支持为学生创建使之在情感上具有愉悦感和亲和力的物化环境，使学生身临其境，这是成功实现网络教学的一个重要方面。在计算机网络教学中，学生可以根据教师讲解的课文中的重点字词来选择网络课件中若干辅助阅读来进行学习。这些课件不仅能提供适合学生理解水平的、既有趣味性又符合科学性的阅读材料，还可以通过改变显示时间的长短和适当的提问与测验来检查学生的阅读速度和对阅读内容的理解程度。教师可以在计算机系统上进行全班性的阅读速度和阅读理解能力的竞赛，达到更好的教学效果。这种以人为本的教学模式既有利于发挥学生的主动性，也大大地提高了学生的学习能力。

人本主义的学习观强调人在学习中的自主地位，强调学习中的情感因素，并试图将情感和认知因素在学习中结合起来。这对于CAI课件设计中充分考虑学习者的主体地位，调动其主动参与学习进程，在课件中给予学习者以适当的活动空间等设计策略或思路的产生有直接影响。

四、建构主义学习理论

（一）基本理论观点

建构主义是学习理论中从行为主义发展到认知主义之后的新发展。在让·皮亚杰和早期布鲁纳的思想中已经有了建构的思想，到20世纪70年代末，以布鲁纳为首的美国教育心理学家将苏联教育心理学家利维·维果茨基的思想介绍到美国以后，建构主义思想有了极大的发展。建构主义更多的不是关注世界的本体存在，而是学习新旧经验的相互作用。尽管这些建构主义的观点不尽相同，但是它们在知识观、学习观、学生观等方面都达成了许多共识。这些共识如下。

（1）知识观——知识相对论。建构主义者一般强调，知识只是一种解释、一种假设，不是问题的最终答案，不是对现实的准确表征。课本知识只是一种关于各种现象的较为可靠的假设，而不是解释现实的模板。科学知识包含真理性，但不是绝对正确的答案。也就是说，知识具有相对性、主观性、参与性、过程性等特点。

（2）学习观——意义的生成与建构。建构主义认为，学习不是由教师向学生传递知识，而是学生建构自己的知识的过程。学习是个体主动建构意义的过程，这种建构不可能由他人代替。意义不是简单地由外部信息决定的，而是学习者通过新旧知识经验间反复的双向的相互作用过程建构而成的。学习并不是简单的信息积累，而是包含新旧经验冲突而引发的观念转变与结构重组。

（3）学生观——有准备的头脑。建构主义强调，学习者并不是空着脑袋进入学习情境中的。在日常生活和以往各种形式的学习中，他们已经形成了有关的知识经验，他们对任何事情都有自己的看法。即使是有些问题他们从来没有接触过，没有现成的经验可以借鉴，但是当问题呈现在他们面前时，他们还是会基于以往的经验，依靠他们的认知能力形成对问题的解释，提出他们的假设。教学不能无视学习者已有的知识经验，不能简单强硬地从外部对学习者实施知识的"填灌"，而是应当把学习者原有的知识经验作为新知识的生长点，引导学习者从原有的知识经验中生长新的知识经验。教师与学生，学生与学生之间需要共同针对某些问题进行探索，并在探索的过程中相互交流和质疑。由于经验背景的差异不可避免，学习者对问题的看法和理解经常是千差万别的，这些差异本身就是一种宝贵的现象资源。建构主义虽然非常重视个体的自我发展，但是它也不否认外部引导，即教师的影响作用。

（二）基于建构主义的多媒体课件设计

建构主义学习理论提倡在教师指导下的以学生为中心的学习，追求教与学的合作化，并强调创设真实情境。现代信息技术是创设真实情境的有效工具，被广泛应用于建构主义学习之中。教学中，基于建构主义的多媒体课件设计应遵循如下五个原则。

（1）尊重学生的主体性原则。计算机在课堂教学中所发挥的作用与使用计算机的教师的教学思想是分不开的。建构主义强调知识是不能传递的，知识只能由学习者主动建构。学习的本质是学习者积极主动建构的过程，学习者是进行建构的主体，必须主动地参与整个学习过程，才能建构出属于自己的知识。这个建构的过程是一个自主的过程，不应由别人来监控和管理，教师只是一个"协助者"，学习者才是这个自主建构过程的监控者和管理者。因此，教学设计要重视学习者的主体作用，以激发学习者的学习动机、增强学习者的责任感为核心，着眼于学生的主动学习，激发学生的学习兴趣和欲望，发挥学生的首创精神。基于建构主义的多媒体课件设计将学生置于学习主体位置，能充分发挥学习者学习的主观能动性，促进学习者创造性思维的发展。坚持尊重学生的主体性原则，这是区分"以教为主"和"以学为主"的最根本标志，决定了课件设计的方向和指导思想。

（2）有效的情境创设原则。建构主义认为知识是情境化的，知识的意义受到广泛的情境脉络影响，所有知识都与特定的背景相联系。学习总是与一定的社会文化背景即"情境"相联系的，学习实质上是学习者认知结构的一个调适过程，人们只有在知识产生与应用的特定情境中才能真正理解知识的含义。在"真实"的情境下，学习者能充分调动和利用自己原有认知结构中的有关经验去"同化"或"顺应"当前学习到的新知识，从而赋予新知识以某种意义。因此，多媒体课件要能创设与学习内容相融合的、有利于学习者建构的真实的、复杂的学习情境。

（3）支持学习者独立学习原则。建构主义强调学习过程是学习者自主建构知识意义的过程，这个过程是积极主动的过程。学习者是这个过程的主体和中心。在这个过程中，学习者不应受到限制与支配，而应该是被支持与被帮助的，是主动与自由的。因此，基于建构主义的多媒体课件要为学生提供信息资源、认知工具以及相关的活动情境，为学生创设一个有利于同学间交流与协作，并能及时有效地给学生提供帮助来完成建构意义的"学"的环境。

（4）重视学习者已有知识、经验的原则。知识建构过程离不开学习者原有的经验，学习者的"先在结构"即原有知识结构（"图式"）影响他们的兴趣和认知风格，决定和制约着他们在认识活动中进行的某种自觉或不自觉的选择和取舍。由于个体的先前经验的独特性，因此每个学习者对同一事物及其过程意义建构的结果也是各不相同的。基于这种思想，基于建构主义的多媒体课件设计强调必须研究学生已有的知识和经验，确定学生所能理解的建构的新知识的范围——最近发展区，课件要有助于为学习者提供新旧知识间的联系线索。

（5）以促进、完成意义建构作为设计的核心目标。建构主义认为，意义建构是学习者获得知识并使认知结构发展完善的唯一途径。学习者获得知识的多少、学习质量的优劣、效率的高低取决于学习者建构有关知识的意义的质量与效率。因此，基于建构主义的多媒体课件设计要以促进完成意义建构作为设计的核心目标。课件设计通常从如何创设有利于学生意义建构的情境开始，整个课件紧紧围绕"意义建构"这个中心，课件中的一切内容都要从属于这一中心，都要有利于完成和深化对所学知识的意义建构。

第二节　现代教学理论

教学理论是以学习理论为基础，依据人的学习过程来研究如何教的理论。教学理论是教育技术的重要理论基础之一，教学理论尤其是现代教学理论中的成果，为教育技术的研究提供了丰富的理论依据，特别是对教学设计起着重要作用。

教学理论是以教学规律为研究对象的学科，其内容是研究如何依据教学活动的性质和规律，合理设计教学的过程和情境，以提高学生学习的质量和效率。一般认为，17世纪夸美纽斯的《大教学论》奠定了这门学科的基础。20世纪初开始发展的现代教学理念，对教育技术的发展产生了直接的影响。这里介绍几个主要的理论观点。

一、斯金纳的程序教学理论

美国行为主义心理学家斯金纳根据操作条件反射与强化理论，提出了学习材料的程序化思想。程序教学的原则如下。

（1）积极反应原则。程序教学不主张完全以教师授课的方式进行教学，而是以问题的形式，通过教学机器或程序教材给学生呈现知识，使学生对一个个问题做出积极的反应。即要求学生通过程序教材和教学机器，能自己动脑、动手去学习。

（2）小步子原则。将教学内容按内在的联系分成若干小的步子。材料一步步地呈现，步子由易到难排列，每步之间的难度通常是很小的。学生每次只走一步，做对了才可走下一步，每完成一步就给予一次强化。这就使强化的次数提高到最大限度，从而能促使学生主动、积极地学习。

（3）及时强化原则。斯金纳的操作性条件反射的规律认为，一个操作发生后，紧接着呈现一个强化刺激，那么这个操作力量就会得到增强，遵循这一规律，在教学中做到及时强化，也就成为程序教学的一个原则。这一原则要求在每个学生做出反应后，必须使学生立即知道其反应是否正确。告知学生结果，也就是给予学生反应的及时强化，这也是程序教学中最常用的强化方式。

（4）自定步调原则。以学生为中心，不强求统一进度，鼓励每一个学生以他自己最适宜的速度进行学习。这样，学生可按各自不同的思维方式、速率来处理问题而不受其他人的影响。同时，一次次的强化能够激发学生的学习兴趣，使他们能够稳步前进。这一原则是以个别化教学方式为基本前提的。

（5）低错误率原则。要求在教学过程中尽量避免学生出现错误的反应，错误的反应会得到令人反感的刺激，过多的错误会影响学生的情绪和学习的速度。少错误或无错误的学习可以增强学生学习的积极性，提高学习效率。

斯金纳的程序教学理论对今天的计算机辅助教育研究依然具有重要意义。

二、布鲁纳的认知发现教学理论

美国教育心理学家布鲁纳从认知心理学原理出发，提出了以学生主动"发现"为主要形式的认知发现教学理论。认知发现教学法的重要特征是，在一个由教师有组织、有目的地创设的学习情境中，学生依靠习得经验和主观动机，一步步地去"发现"新的知识内容，并通过这种成就感，不断地深入"发现"，最终在这些发现成果的积累、组成和构架中，"顿悟"到知识的内在体系，从而掌握学习内容。认知发现教学法的大致步骤如下。

（1）问题情境。教师设置问题情境，提供有助于形成概括结论的实例，让学生对现象进行观察分析，逐渐缩小观察范围，将注意力集中在某些要点上。

（2）假设与检验。让学生提出假说，并加以验证，得出概括性结论。通过分析、比较，对各种信息进行转换和组合，以形成假说。而后通过思考讨论，以事实为依据对假说进行检验和修正，直至得出正确的结论，并对自己的发现过程进行反思和概括。

（3）整合与应用。将新发现的知识与原有的知识联系起来。纳入认知结构的适当位置。运用新知识解决有关问题，促进知识的巩固和灵活迁移。

认知发现教学模式有利于培养学生的探索能力和学习兴趣，有利于知识的保持和应用。

但是，这种学习往往需要更多的时间，效率比较低。另外，它对学生的预备技能和自控能力要求较高，主要适用于理科的教学。

三、奥苏贝尔的讲解式教学理论

美国教育家奥苏贝尔依据认知心理学的原理，认为人的认识过程往往是先认识事物的一般属性，然后在这种一般认识的基础上，逐步认识其具体细节。据此，他要求学校的教学顺序也应遵循人的认识的自然顺序：先呈现概念性的组织者，以便学生认知结构中形成同化新的下位知识的框架；然后呈现具体材料，使学生的认知结构从一般到个别，不断分化；同时也应注意知识的横向联系，使之达到融会贯通。

奥苏贝尔认为，讲解式教学是课堂教学的基本形式。讲解式教学是与学习理论中的有意义接受学习相应的一种教学方法。教师大多运用这种教学方法来传授文化科学知识，学生则在这种教学形式中采用接受学习的方式获得文化科学知识。奥苏贝尔还反对把传统的接受学习和机械学习画等号、发现学习与有意义学习画等号，认为与讲解式教学相应的接受学习照样可以是有意义的学习，讲解式教学若运用得好，就会成为一种经济、高效的教学方式。

奥苏贝尔的讲解式教学主要有以下四个特点：第一，要求师生进行大量的相互作用。教师在呈现教材的同时，必须引起学生的思考反应。第二，大量地运用例子。这种教学虽然强调有意义的语言学习材料，但也可以用图画、图解或图片辅助教学。第三，这种教学是演绎式的。教学首先呈现最一般的包容广的上位概念，然后从中推演出较具体的下位概念。第四，它有一定的程序。教材的呈现必须遵循某些步骤，尤其是先要呈现一个先行组织者，然后再把下位的内容逐一呈现出来。

讲解式教学的大致步骤如下。

（1）呈现先行组织者。即为了促进学生对新知识的理解，在学习之前先让学生学习有关的比新知识包容性更广、更清晰、更稳定的引导性材料，作为新知识与原有认知结构之间的联系桥梁，同时使学生确立有意义学习的信念。

（2）呈现学习内容。通过讲解、讨论、录像、作业等形式让学生接触新的学习材料或任务，学习材料的呈现必须逻辑清晰，让学生能很容易地把握各个概念、原理之间的关联性。另外，教师要注意集中和维持学生的注意力，要使学生明确了解学习材料的组织形式，对整个学习过程有明确的方向感。

（3）知识的整合协调。帮助学生把新信息纳入自己的认知结构之中。教师可以提醒学生注意每个要点与整体知识结构的关系，也可以向学生提问，以了解他们是否理解了学习内容，还可以鼓励学生提出问题，使他们的理解能够超越所呈现的信息。

（4）应用。应用所学的知识解决有关的问题。讲解式教学模式有助于学生在有限的时间内掌握系统的知识，而且在实施上经济可行。但是，这种模式不利于对具体经验有较大依赖性的学习内容，而且不利于培养学生的探究能力和创造精神。

四、维果茨基的最近发展区理论

苏联心理学家维果茨基从种系和个体发展的角度分析了个体心理发展的实质,提出了心理发展的文化历史观。他认为心理发展的实质就是在环境与教育的影响下,个体心理在低级心理机能的基础上逐渐向高级心理机能的转化过程。低级心理机能是指作为动物的基本知觉加工和自动化过程,是个体早期以直接的方式与外部相互作用时表现出来的特征。所谓高级心理机能是指以符号系统为中介的记忆、语言和思维等,是人在与社会交互作用中发展起来的,是各种活动、社会性相互作用不断内化的结果。

在教育与发展的关系上,维果茨基提出了"最近发展区"的思想。维果茨基认为,儿童的发展有两种水平,一种是儿童现有的发展水平,另一种是指在有指导的情况下借助他人的帮助可以达到的较高水平。这两者之间的差距,就是"最近发展区"。教学要适应儿童的现有水平,但更重要的是发挥教学对发展的主导作用,使教学走在儿童现有发展水平的前面,从而带动儿童的发展。

根据最近发展区思想,在教学中首先要了解儿童现有的发展水平,即儿童能够独立完成学习任务的水平,以及经过教师或有能力的同伴的帮助可能达到的水平,以确定儿童的最近发展区,然后根据最近发展区组织教学活动。教学的作用表现在两个方面:一方面它决定着儿童发展的内容、水平、速度等;另一方面创造着最近发展区。儿童的两种水平之间教的差距是动态的,取决于教学如何帮助儿童掌握知识并促进其内化。教学不等同于发展,也不可能立竿见影地决定发展。但如果从教学内容到教学方法上都不仅考虑到儿童的现有的发展水平,而且能根据儿童的最近发展区给儿童提出更高的发展要求,则更利于儿童的发展。

五、巴班斯基的教学过程最优化理论

苏联教育家巴班斯基,从"培养全面发展的人"这一教育目标出发,运用辩证唯物主义方法对教学过程进行了系统的分析,提出了"教学过程最优化"的概念。

所谓"最优化",就是要求教师在全面考虑教学规律、教学原则、现代教学的形式和方法、已有条件以及具体班级和学生特点的基础上,目标明确地、有科学依据地、信心十足地选择和实施一整套教学方法,以最小的代价取得相对于该具体条件和一定标准而言最大可能的成果。显然,最优化不是绝对的,不是一种抽象、固定的模式,而是指在某些具体条件下最好的方案,它的精髓在于具体问题具体分析。

为了实现教育过程最优化,应该运用教学过程最优化程序。最优化程序的结构与人的任何活动的一般结构相似,即遵循任务→内容→形式→方法。

(1) 任务。教师在确定任务时,必须遵循个性全面和谐发展的根本原则.综合地规划学生的教养、教育和发展的任务,保证教学的教养、教育和发展职能的统一。教养任务包括传授基本概念、规律、理论和科学事实,培养各科的专业技能和一般的学习技能技巧;教育任务包括世界观培养、道德教育、美育、体育、劳动教育和职业指导等;发展任务包括发展智力、培养意志、激发认识兴趣以及影响学生的情感等。

(2) 内容。任务具体化之后,教师就必须以严谨的科学态度挑选最优的教学内容。教学内容问题，主要是教学大纲和教科书的问题。因此，教学大纲和教科书必须完整地反映社会对人的全面和谐发展的需要和现代科学、生产、社会生活、文化的各个基本方面，必须具有科学价值和实践价值，必须符合各年级学生的实际可能性，必须符合规定的课时，必须考虑国际水平以及必须符合教师的可能性等。

（3）形式。教师要采用合理的教学形式，实行区别教学，这是因为人们在记忆类型、感知世界的方式、思维的主要特征等方面各不相同。

（4）方法。教学过程最优化理论最为重要的步骤是教师应当根据具体学习情境的需要，选择最合理的教学方法。

为了实现教学过程的最优化，巴班斯基提出了十大教学原则。

①教学旨在综合解决教养和发展任务的方向性原则。
②教学的科学性、教学与生活实践相联系的原则。
③教学的系统性和连贯性原则。
④教学的可接受性原则。
⑤激发学生积极的学习态度，形成他们的认识兴趣和对知识的需要的原则。
⑥在教师领导作用下，学生在教学中的自觉性、积极性和独立性原则。
⑦口述法、直观法和实践法、复现法和探究法，以及其他教学方式最优结合的原则。
⑧课堂教学和课外活动，全班教学、小组教学和个别教学等各种教学形式最优结合的原则。
⑨为教学创造最优条件的原则。
⑩教养成果、教育成果以及其他教学成果的巩固性和效用性原则。

第三节 传播理论

传播是自然界和人类社会的普遍现象。从远古的生物进化，到当代形形色色的社会活动，无不涉及信息的传播和利用。传播学是一门研究人类传播行为的科学，它是随着广播、电视、书刊、报纸等传播媒体的发展，逐步从社会学、心理学等学科分离出来的一门学科。

从某种意义上来说，教育也是一种传播活动，它是按照确定的教育目标，通过教育媒体，将相应的教育内容传递给特定的教育对象。教育传播与大众传播有许多共同之处，两者关系密切，可以把传播理论的研究成果应用到现代媒体教育中，提高教育质量和效率。因此，传播理论也是现代教育技术的基础理论之一。

一、传播的概念和类型

传播学诞生于20世纪40年代，教育传播是从20世纪五六十年代以来逐渐形成的一个新的学术领域，它是传播理论向教育研究渗透而产生的结果。

传播原指"通信、传达、联系"之意，后专指信息的交换与交流。广义的传播可理解为"大自然中一切信息的传送或交换"，包括植物、动物、机器、人所进行的信息传播。狭义的传播主要指人所进行的信息传播，又分为人的内在传播（或称自我传播）、人与人的传播。

一个人的自言自语、自我思考、自我安慰、自我剖析等，都属于人的内在传播的范畴。而人与人的传播，是指人们通过符号、信号，传递、接收与反馈信息的活动，是人们彼此交换意见、思想、感情，以达到互相了解和影响的过程，包括人际传播、组织传播、大众传播、教育传播和网络传播。

（一）人际传播

人际传播是个人与个人之间的信息交流活动，包括面对面的直接传播和以媒体为中介的间接传播。直接传播主要是以语言表达信息，或用表情、姿势来强化、补充、修正语言的不足；间接传播是以媒体为中介，如电话、电报、电视、书信等进行信息交流。人际传播的目的如下。

（1）沟通。通过交流，不仅使自己了解别人，也能使别人了解自己，达到相互了解、建立和谐关系的目的。

（2）调节。在传播过程中，通过了解别人对自己的各种反应，不断调节自己的行为和生活态度，使之符合社会需要。

（二）组织传播

组织传播是组织与组织之间、组织内部成员之间的信息交流活动。组织是由一群相互关联的个体组成的，每个人都属于一定的组织，可以说，没有人能够离开组织而独立生活。传播是组织生存与发展的必不可少的条件，没有传播就没有组织。组织传播的目的：与其他组织达成有效的沟通，增进了解，建立良好的关系；使组织内部成员贡献出自己的力量并和睦共处，以共同的行动促进共同的利益。

（三）大众传播

大众传播是传播者用专门编制的内容，通过媒体，对广大受众进行信息交流的活动。在大众传播中，传播者不是某个人，而是有组织的传播机构，如报社、广播电台、电视台等。传播的内容是专门人员根据预定的计划编写、设计、制作的，内容涉及的范围很广泛，运用的媒体有报纸、书刊、广播、电视等，受众是广大而不确定的人群，包括各种职业、各个阶层、不同文化程度的个体。大众传播的目的是从多方面影响受众，使之接受或认同传播者的意向。

（四）教育传播

教育传播是由教育者按照一定的要求，选定合适的信息内容，通过有效的媒体通道，把知识、技能、思想、观念等传递给特定的教育对象的一种活动，是教育者和受教育者之间的信息交流活动，目的是促进学习者的全面发展，培养社会所需的各种人才。

与其他传播活动相比，教育传播具有以下特点。

（1）明确的目的性。教育传播是以培养人才为目的的活动。

（2）内容的严格规定性。教育传播的内容是按照教学计划和教学大纲的要求严格规定的。

（3）受者的特定性。

（4）媒体和传播通道的多样性。在教育传播中，教育者既可以充分发挥形体语言的作用，又可以利用板书、模型、幻灯片、电视等媒体；既可面对面地交流，又可远距离地传播。

（五）网络传播

若按媒体分类，现代传播又可分为书刊传播、电话传播、电报传播、广播、电视传播和网络传播等。网络传播是以计算机网络为物质载体进行传递信息的行为和过程，是一种新的传播方式。

网络传播既是对传统传播的一种继承，又具有以下自身的特征。

(1) 传播的数字化。网络是以信息技术为基础的高速数据传递系统，只传递 0 和 1 的数字。

(2) 传播的互动性。网络公众通过 BBS 论坛、QQ 聊天室和网络调查等方式实现即时的信息交流、情感沟通。

(3) 传播的快捷性。网络传播省略了传统媒体的印刷、制作、运输、发行等中间环节，发布的信息能在瞬间传递给受众，而且网络传播的内容可以方便地实现刷新，在内容上具有极强的时效性。

(4) 信息的大容量。互联网实现了在线资源的共享，任何资料库内的信息资源只要联网，都能成为公众的共享资源。

(5) 检索的便利性。利用搜索引擎或新闻站点等多种检索方式，可以快速获得自己所需的信息。

(6) 媒体的综合性。网络综合了报纸、广播、电视等传统传播方式，将文字、图片、声音、图像综合于一体，为公众提供全方位的信息。

(7) 信息的再生性。网络中传播的信息可以复制或打印，成为个人信息。

(8) 传播的开放性。网络的开放性体现在传播对象的平等性和传播范围的广阔性。

(9) 传播的选择性。网络传播的网站众多，内容丰富且分工精细，网民选择范围极为宽广，每位网民都可自由选择适合的个性化网站。

二、传播的模式

（一）拉斯韦尔模式

拉斯韦尔提出了一个用文字形式描述的线性传播模式。用一句话去概括这个模式就是：Who、Says what、In which channel、To whom、With what effect（谁、说什么、用什么方式、对谁说、有何效果），这就是所谓的"5W"传播模式。

拉斯韦尔传播模式包括五大传播要素——传者、信息、媒介、受者和效果，由此提出了传播学研究的五大内容。

第一，控制分析。研究"谁"，也就是传播者，进而探讨传播行为的原动力。

第二，内容分析。研究"说什么（或称信息内容）"以及怎样说的问题。

第三，媒体分析。研究传播通道，除了研究媒体的性能外，还要探讨媒体与传播对象的关系。

第四，受众（对象）分析。研究庞大而又复杂的受播者，了解其一般的和个别的兴趣与需要。

第五，效果分析。研究受播者对接收信息所产生的意见、态度与行为的改变等。

拉斯韦尔模式过于简单，有明显的缺陷：首先，它忽略了"反馈"的要素，是一种单向的而不是双向的模式；其次，这个模式没有重视"为什么"或动机的研究问题。

（二）香农—韦弗模式

香农、韦弗在研究电报通信问题时，提出了一个新的传播模式。这一模式原是单向直线式的，不久他们将这一模式加入了反馈系统中，并引申其含义，用来解释一般的人类传播过程。

这是一个把传播过程分成七个组成要素、带有反馈的双向传播模式，可以使用图解形式来表示。其对传播过程的解释是这样的：从信息源选出准备传播出去的信息，这一信息经编码器转换为母号与信号后，信号通过一定的信道传送出去。在接收端，信号经译码器转换成符号并解释为信息的意义，最后为信宿——受播者所接收、利用。受播者收到信息后，必然在生理、心理上产生反应，并通过各种形式向传播"反馈"信息。另外，在传播过程中还存在干扰信号，干扰信号可以影响到信源、编码、信道、译码、信宿等部分，这里为了简化，只集中表示对信道的干扰。

香农—韦弗模式虽然源于通信技术的研究，但能解释人类的一般传播过程，在传播理论中占有重要地位，包括教育技术学在内的许多相关学科都受到这一模式的深刻影响。

（三）施拉姆模式

被称为"传播学鼻祖""传播学之父"的施拉姆在上述传播模型的基础上，于1954年对有关"经验范围"的传播模式进行了构建。

该模式指出，在信息传播过程中，传播者和受传者都是不可或缺的主体，受传者除了对信息加以接收并进行解释外，还会做出相应的反应，传播过程本身就具有双向性和互动性。这一模式也指出，传播者与受传者要进行真正意义上的交流，需要在双方共同的经验范围之内传播信息。只有这样，信息才能被双方共享。所以，教学传播过程可用施拉姆模式来解释。

根据施拉姆传播模式，教师在教学过程中应对学生的身心特点、知识水平、兴趣爱好、个人经验等情况予以全面考虑，尽可能在双方共同的经验范围内传播教学内容，使学生更好地掌握知识，并促进其经验范围的不断扩大。

（四）贝罗模式

贝罗传播模式综合了哲学、心理学、语言学、人类学、大众传播学和行为科学等理论，试图解释传播过程中的各个不同要素。

贝罗模式把传播过程分解为四个基本要素：信源、信息、通道和受播者。

第一，信源和编码器。研究信源和编码者，需要考虑他们的传播技术（对信源部分是指说话和写作，对受播者部分是收听和阅读）、态度、知识水平、所处的社会系统及文化背景等。

第二，受播者与译码器。信源、编码者与译码者、受播者，虽然处在传播过程的两端，但在传播过程中，信源——传播者可以变为受播者，受播者也可以变为传播者——信源。所以，影响受播者、译码者的因素与传播者、编码者相同，也是传播技术、态度、知识、社会系统与文化背景等。

第三，信息。影响信息的因素包括内容（传播者为达到目的而选取的材料，包括信息及其结构）、符号（内容呈现的形式包括语言、文字、图像与音乐等）和处理（传播者对内容要素和选择安排符号所做的恰当决定）。

第四，通道。通道就是传播信息的各种途径，如各种感觉器官，传载信息的声、光、空气、电波、报纸、杂志、播音、电影、电视、电话、唱片、图画、图表等。在传播过程中，信息的内容、符号及处理均能影响通道的选择，通道的选择会影响信息的传送与接收效果。

贝罗模式比较适合于教学传播过程。人类的传播活动是非常广泛的，传播不一定都是教学活动，但教学活动却是一种传播。传播者不一定都是教师，但教师却是传播者。因此，教师要成为一个良好的传播者，有效地传播知识、技能，改变学生的思想、行为，就必须掌握传播理论与技术。

（五）双向传播模式

香农—韦弗模式是工程学模式，工程学模式与心理学模式是传播模式的两个主要类型。心理学模式对信息源、接受者及传播效果比较关注。

双向传播模式是由罗密佐斯基提出的，他将香农—韦弗模式和心理学模式的优点结合起来提出这个传播模式，该模式是教育的重要理论依据，如图9-1所示。

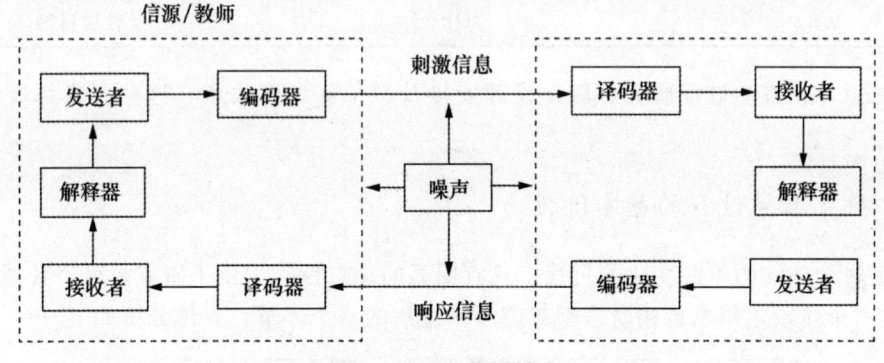

图 9-1 双向传播模式

三、传播理论对教学过程的解释与说明

利用以上传播模式可以对教学过程进行解释与说明，这些模式为教育传播学研究奠定了重要的理论基础。

（一）指出教学过程的双向性

早期传播理论片面地认为传播过程是单向的，也就是受传者对信息内容被动接受的过程。这种理论对信息接收者作为独立个体所拥有的主动性和自主性没有正确的认识。施拉姆模式指出传播过程是双向的互动过程，传播主体不仅包括传播者，还包括受传者。之所以能够循环不断地进行传播，是因为反馈机制在起作用，这也说明了受传者的主体作用。按照施拉姆传播模式，教学过程中包含教师与学生共同的传播行为，教师传播教学信息，学生接收信息的同时也作出反馈，因此要从教与学两方面出发来设计与安排教学过程，并将学生的反馈信息充分利用起来，及时调控教学过程。

（二）说明教学过程包含的要素

拉斯韦尔提出了"5W"线性传播模式，用该模式可以解释一般传播过程。有人以此为基础构建了"7W"模式。该模式指出，传播过程包含七个要素，将该模式运用到教学中，也能说明完整的教学过程包含七要素，见表9-1。

表 9-1　教学过程的要素

Who	谁	教师
Says what	说什么	教学内容
In which channel	用什么方式	教学媒体
To whom	对谁说	教学对象
Where	在什么情况下	教学环境
With what effect	有何效果	教学效果
Why	为什么	教学目的

需要注意，在教学过程研究、教学设计安排及教学问题解决中，这些要素都应纳入考虑范围。

（三）确定教学过程的基本阶段

传播是一个连续的不断变化的过程，具有明显的动态性。为便于研究，可将其划分为如图9-2所示的六个阶段，每个传播阶段都对应教学过程的一个环节，具体分析如下。

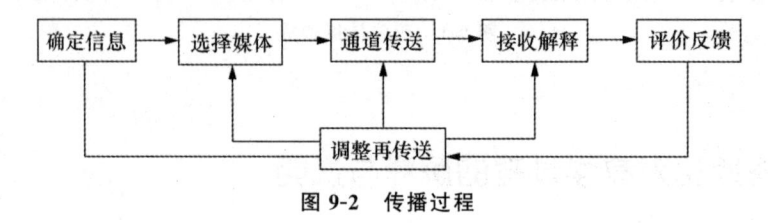

确定信息 → 选择媒体 → 通道传送 → 接收解释 → 评价反馈
　　　　　　　↑　　　　　　　　　　↑　　　　　　　↓
　　　　　　　└──────── 调整再传送 ←────────┘

图 9-2　传播过程

1. 教学信息的确定

将所要传递的教学信息确定下来，这是教学传播的首要环节。教师要从教学目标出发来确定要传递的教学信息。通常，要传递的教学信息出自专家按照教学大纲精心编写的课程教材中。在这一阶段，教师要对课程教材认真钻研，细致分析各教学单元的内容，并进行适当分解，确定被分解后的内容所要达到的传递效果。

2. 传播媒体的选择

这个阶段主要是进行信息编码，选择适当的媒体手段来呈现与传递信息，这个过程比较复杂，需要在科学原理的指导下循序渐进地完成。教师所选的传播媒体要满足以下要求。

（1）能将教学信息内容准确呈现出来。
（2）方便获取，且传播效果较好。
（3）与学生的知识水平、经验相符，使学生接受和理解起来更快一些。

3. 信息的传递

在这个阶段重点是将以下两个问题解决好。
第一，确定媒体信号传播的范围。
第二，合理安排信息内容的传递问题，利用媒体对教学信息进行有序传递，尽可能地减少外界环境对媒体信号的干扰。

4. 信息的接收和解释

在教学过程中，学生作为教学主体，不仅要接收教师利用教学媒体传递的教学信息，还要对此进行解释、做出反应。从传播学的角度来看，这个环节主要是进行信息译码。学生先用感官接收信号，然后从自身知识水平与经验出发将接收的信号解释为信息意义，并在大脑中加以储存。

5. 教学评价反馈

学生接收并解释信息后，知识得到增长，智力得到发展，但还需要通过评价来判断预期教学目的是否实现。观察学生的行为变化、课堂提问、课后作业、阶段性测试等都是可采用的评价方式。

6. 调整再传递

对比信息传播效果与预期教学目标，发现教学的不足，及时调整传播内容、传播媒体，然后再传递，以达到预期教学目标。例如，对于课堂上出现的问题，要在课堂上迅速解决；对于学生课后作业中存在的问题，如果是个别问题，以个别辅导为主，如果是共性问题，需要在课堂上集中解决；对于远程教育中的问题，多提供有价值的资料，或创造条件提供面授辅导。

（四）揭示教学过程的规律

随着传播学与教育学的不断融合，现代教学与信息传播逐渐拥有了共同的规律，将传播学与教育学理论方法综合运用起来对教学过程与规律进行研究，可有效提高教学效果。下面具体分析传播理论揭示的教学过程的规律。

1. 共识律

共识的含义有以下两点。
第一，教师对学生的知识水平和经验予以尊重，在共同经验范围内建立传播关系。

第二，教师以教学目标、教学内容的特点为依据对教学方法与媒体进行选择与运用，以便向学生传授知识和技能，使学生将已有经验和即将接受的教学内容信息建立联结，从而取得良好的传播效果。

共识是教师与学生在教学传播活动中顺利交流与沟通的前提与基础。学生的知识水平、已有经验及发展潜能是教师选择、组合及传递教学信息时必须参考的依据与考虑的要素。学生的知识与技能水平在不断变化，教学传播也是动态的变化过程，所以一般不存在绝对的"共识"状态，而是一个呈螺旋上升的反复变化的过程，即不共识—共识—不共识……在共识经验的创设中，教师必须依据学生的"最近发展区"来设定教学目标。

2. 选择律

选择教学内容、教学方法和教学媒体是教学传播过程中的主要工作环节，对这些教学要素的选择要与学生的身心特点、学习规律相符，要为教学目标而服务，争取以最小的代价最大化地实现教学目标。选择教学媒体在教育传播活动中最受关注。师生选择教学媒体一般与需要付出的代价成反比，与可能取得的教学成效成正比。所以，在教学媒体的选择中，要想方设法选择那些需要付出代价最小的教学媒体，付出最小的代价取得最好的功效。

选择教学媒体的规律是：对于功效相同的教学媒体，优先选择需要付出代价小的；对于需要付出相同代价的教学媒体，优先选择需要付出代价小的；对于需要付出相同代价的教学媒体，优先选择能够取得良好功效的教学媒体。

3. 谐振律

谐振指的是传递信息的"信息源频率"接近接收信息的"固有频率"，在信息传递中，二者产生共鸣。要维持教学传播活动，并提高传播效果，就必须具备谐振这个条件。师生双方能否达成谐振，与信息传播的速度快慢、容量大小有关，如果速度、容量不合理，就会导致传播过程受阻，传播活动无法继续。

教师传递信息的速率和容量要与学生认知的规律、接受能力相符，此外，还要在教学中营造宽松和谐的信息传递氛围，建立民主的师生关系，并注重对学生反馈的收集与对教学传播过程的调控，只有满足这些要求，信息传播的谐振现象才能顺利产生。

第四节 系统科学理论

一、系统科学与系统方法的内涵

系统是由相互作用和相互依赖的若干组成部分结合成具有特定功能的有机整体。世界上一切事物、现象和过程都是有机整体，它们自成系统，又互为系统，一个系统可以包括若干子系统，但它本身又是另一个更高层次系统的子系统。任何系统都在和环境发生物质、能量与信息的交换中变化、发展，所以保持动态稳定性和开放性是系统的本质特征。

系统科学是研究一切系统的模式、原理及规律的科学，是在系统论、信息论和控制论的基础上形成的。它是新兴的科学方法论，也是信息时代下的认识世界和改造世界的方法论，广泛应用于各领域和学科。系统科学的思想观点和方法对教育技术学科的形成和发展有着广泛和深远的影响,成为现代教育技术重要的理论基础之一。

系统方法是在运用系统科学的观点和方法研究和处理各种复杂的系统问题时形成的。系统方法是按照事物本身的系统性把对象放在系统的形式中加以考察的方法,它侧重于系统的整体性分析,从组成系统的各要素之间的关系和相互作用中去发现系统的规律性,从而指明解决复杂系统问题的一般步骤、程序和方法。

二、系统科学的基本内容

(一) 系统科学"老三论"的基本内容

1. 系统论

系统论是研究一切系统的模式、原理和规律的科学。系统是由相互作用和相互联系的若干组成部分结合而成的,具有特定功能的统一的整体。系统论认为,世界上一切事物、现象和过程几乎都是有机整体,且又都自成系统、互为系统;每个系统都是在与环境发生物质、能量、信息的交换中变化、发展,并能保持动态稳定的开放系统;系统内部及系统之间保持一种有序状态。如果这种有序状态失衡,系统就不稳固,并会产生故障。

教育系统是一个整体,由教育者信息源、传输信道、学习者接收信息以及干扰部分组成。系统论促使我们以整体、综合的观点来考察教育教学过程与现象,运用系统方法来分析和解决教育教学问题。

2. 控制论

控制论是研究生物系统和机器系统中的控制和通信的科学。所谓控制,是指通过反馈实现有目的的活动。而反馈则是指系统的输出转变为系统的输入这一过程。随着控制论的创立而发展起来的反馈控制方法和功能模拟方法等在教育技术中有着十分重要的地位。

反馈控制方法是指把系统输出的信息返回到输入端,对系统的输入和再输出施加影响,从而使系统能稳定地保持在某种状态或按照一定路径达到预定目标的方法。一个有效的教育教学系统,必须有一个良好的反馈控制系统。我们知道,教育系统实质上是教育信息传播和反馈的过程。教师备课就是将教育信息的储存状态重新组成输入状态,并考虑以怎样的表达方式和顺序传递给学生。在传递过程中,教师要运用反馈原理,不断从学生的反馈信息中获得调节和控制的依据,从而了解情况、发现问题,进而改进教法、优化效果。学生也可以从教师那里获得反馈评价,了解自己的学习情况及存在的问题,从而改进学习方法,提高学习效率。

功能模拟方法是指在没有搞清楚或不可能搞清楚其系统原型内部结构的条件下,用一个与它的内部结构不同的模型,来实现与原型相似的功能的方法。在教育技术中功能模拟方法被广泛采用。更重要的是,功能模拟方法启示人们用机器来代替人脑的部分功能,用计算机系统去完成人脑系统才能完成的工作,所以说控制论的发展促进了人工智能的发展。从发展的角度看,人工智能将成为一种重要的教育技术手段。

3. 信息论

信息论是研究各种系统中信息的计量、传递、变换、储存和使用规律的科学。信息普遍存在于自然、社会和人类思维之中，它是一切系统保持一定结构、实现其功能的基础。

信息论认为，系统正是通过获取、传递、加工与处理信息而实现其有目的的运动的。受信息论的影响，人们对教学过程的认识不再仅仅局限于"教学过程是一种特殊的认识过程"这一抽象的概括上，而将教学过程具体化为"教学信息交换的过程"，认为学生与教师、同学、教材、教学环境之间，以及教师与学生、教材、同事、教学环境之间所存在的信息交换关系，应是研究教学过程的重点。如何对教学信息进行分析与处理，如何分析教育教学系统中的信息传播特点与规律，这就是教育技术关注的问题。信息论为解决这些问题提供了很好的思路与方法。

（二）系统科学"新三论"的基本内容

自 20 世纪 70 年代以来，系统科学本身又有了很大的发展，其基本内容已由原来的"老三论"，发展到由"耗散结构理论""协同学""超循环理论"为代表的"新三论"。相应地，系统方法也有了较大的拓展。"新三论"的共同特点是，以系统为研究对象，研究其有序与无序、平衡与非平衡等状态的内在机制及转化条件，由于这种内在机制及转化条件取决于系统内部各组成要素之间的相互联系、相互作用，即涉及系统的"自组织"问题，因而"新三论"也可统称为"自组织理论"。

1. 耗散结构理论

耗散结构理论最早是由比利时物理学家普里高津在 1969 年提出。所谓耗散结构是指与外界不断进行物质、能量、信息交换的开放系统，在远离平衡态的非线性区，因涨落而形成的宏观稳定有序结构。一个系统要想形成耗散结构，需要具备四个条件：必须是一个开放系统；该系统必须远离平衡态；系统内部各要素（子系统）之间必须存在非线性的相互作用；还要有某种随机的扰动或涨落作为杠杆——通过"涨落"导致有序。

2. 协同学

协同学是由德国斯图加特大学理论物理学教授哈肯于 1976 年创立的。协同学和耗散结构理论一样都是研究系统如何实现自组织，它在耗散结构理论基础上进一步指出，使无序转变为有序的关键在于系统内部各组成要素之间非线性相互作用所引起的协同现象。协同学不仅深入地研究了这种协同现象的形成机制及作用方式，还对"涨落如何导致有序"的具体过程作出了科学的量化分析，从而发展出协同学的重要原理。简言之，耗散结构理论是基于"开放、远离平衡、非线性、有涨落"等原则，提出了系统自组织的外部条件，协同学则是通过"协同原理、支配原理、涨落原理、模式原理和广义进化原理"揭示出系统自组织的内在依据。

协同学和耗散结构理论二者研究的对象、目标完全一致，只是前者的研究内容更微观，研究方法更侧重定量分析，而且更关注内在依据。后者的研究内容则较宏观，研究方法侧重定性分析，并且侧重外部条件，二者具有互补性。

3. 超循环理论

德国的物理化学家艾根于 1977 年发表了《超循环——自然界的一个自组织原理》一文，引起了国际学术界的普遍关注，由此掀起研究"超循环"的热潮。艾根在该文中把宇宙生命起源和进化分为三个阶段：第一个是前生物的化学进化阶段；第二个是生物大分子的自组织阶段；第三个是生物进化阶段。艾根着重研究从生物大分子的自组织到原生细胞的进化阶段，提出了"超循环"概念及与超循环相关的三个原理：自然选择原理、结构优化原理和信息增值原理。所谓"超循环"是指由生物学上的反应循环和催化循环发展而成的新循环，这种循环具有很强的自复制与自催化能力。

如上所述，耗散结构理论和协同学主要研究物理世界的自组织现象，然后再把其结论推广至社会领域乃至生物领域，以便说明这些领域的自组织现象及其发展、进化规律；而超循环理论则是直接从生物领域来研究非平衡系统的自组织现象，并具体阐明了生命如何进化，如何永续的机制问题。可见，超循环理论不仅对生命科学具有重大意义，也从新的领域、新的角度为自组织理论的发展作出了贡献。

三、系统方法的主要特征

基于"老三论"的系统方法是指，按照事物本身的系统性把对象放在系统运行过程中来加以考察的一种方法。运用这种方法去考察系统时，要从系统观点出发，着重从整体与部分（要素）、系统整体与外部环境之间的相互联系、相互作用的辩证关系中全面、综合、动态地去考察对象，以便最有效地处理、解决现实问题，达到改造主、客观世界的目的。按照这样的系统方法去处理、解决问题时强调应符合整体性、层次性、动态性和最优化等几方面的要求。

"新三论"仍属系统科学范畴，因而"新三论"的系统方法特征显然应当包含原来"老三论"所具有的上述整体性、动态性、层次性和最优化等几个方面，同时，还应增加以下几项与系统"自组织"有关的新特征：开放性、非线性、协同性与涨落性。开放性要求系统与外部环境之间不断进行物质、能量及信息的交换，这是系统形成耗散结构的首要条件。只有通过这种开放性，系统才有可能引进负熵流以抵消熵增，从而促使系统从无序向有序的稳定状态发展。

非线性是指系统内部各组成要素（各个子系统）之间的相互联系、相互作用呈非线性关系。只有非线性的相互联系、相互作用才能产生相干效应；只有存在这种相干效应，才能使由于某种内部或外部原因引起的微小扰动或涨落被不断放大，使系统从无序走向有序，并最终形成新的稳定有序结构（耗散结构）。

协同性是上述相干效应得以形成的关键所在。系统内具有不同质的各组成要素之间所存在的非线性相互联系、相互作用原先处于一种无序状态，后来在支配原理（一方的属性同化了另一方，使另一方属性与自身相同——此即"协同学"中的支配原理）的作用下，系统会因"同化"作用（也称相关效应）开始按照某个统一的模式而协调一致地运动。这样，就使系统逐渐从无序变为有序，并形成一个新的有序结构。可见，协同性是系统实现自组织的核心机制。

涨落性是指系统一定要有适当的外界扰动或涨落才能导致有序。由于某种内部或外部的原因，系统的状态有可能发生一些小的起伏涨落，但是对处于不同状态的系统来说，涨落的影响是有区别的：对处于平衡态的系统，虽然涨落可正可负，但可以用求统计平均的方法消除它的影响；对处于近平衡态的系统，由涨落造成的状态偏离会自行衰减并最终回到稳定状态；对处于远离平衡态的系统，涨落的作用则完全不同，如上所述，这时系统内部各组成要素之间的非线性相互作用将因"协同"而发生相干效应，这些相干效应可以把微小的涨落迅速放大，最终导致系统达到一个新的稳定有序状态，即形成耗散结构。

四、系统科学理论对教育技术的指导意义

系统科学的思想和方法，特别是系统科学理论的三大基本原理，即整体、有序、反馈原理，为教育技术的研究和应用提供了新思路和新方法。

（一）整体原理

系统是由若干相互联系、相互作用的要素构成的整体。任何系统的整体功能不是各要素功能的简单相加，而是各要素功能之和与相互因素的综合结果。对于一个各要素之间结构合理、协调运作的系统来说，整体功能大于各孤立要素的总和。整体原理要求人们在研究问题时，要牢固树立全局、整体的观念，不仅要注意发挥系统中各要素的功能，更重要的是要注意发挥各要素相互联系形成结构的功能。

整体原理使我们认识到教育系统中各要素之间协调运作的重要性，进行教学设计时，应该从整体出发，综合考虑教学过程中的各要素，协调好教师、学生、教学内容和教学媒体等要素之间的关系，发挥系统的整体优势，以实现教学效果的优化。

（二）反馈原理

任何系统只有通过反馈信息，才可能实现有效的控制，从而达到预期的目的。反馈分为系统内部信息反馈和对外部影响的反馈。内部信息反馈是系统要素间互相作用时，受作用要素向施作用要素发回的状态信息，这种反馈有助于我们调整对系统的控制。外部信息反馈是系统中的要素对系统外因素变化的反应，它能使我们尽快地掌握环境变化对系统的影响，适时地采取相应措施，调整环境或改变系统自身机能。

反馈原理告诉我们，教育系统必须建立有效的反馈机制。反馈信息传递通道的顺畅是保证教育系统稳定、正向发展的前提。在教学过程中，要随时通过反馈信息掌握现状与目标之间的差距，调整教学的内容、进度和方法，提高教学质量和学习效率。

（三）有序原理

系统的结构、功能和层次的动态演变有某种方向性，从而使系统具备了有序的特征。系统从初始的简单、无序状态，通过逐步的演变，走向高级、复杂、有序的状态，有序能使系统趋向于稳定。系统要达到有序，首先必须是一个开放式系统，即与外界有信息的交换，否则，一个封闭的自运行系统，是无法走向有序的。其次系统必须具有偏离平衡态的能力，这样在外部作用下，才能发生能量变化，并逐步趋于稳定状态。

有序原理揭示教育系统要稳定地发展，必须是一个开放式的系统。教育教学活动必须与外界有充分的联系，进行必要的信息交换，进行教育系统的调整和优化，以满足社会发展对教育

的要求。同时，教育系统是一个动态的系统，它是在运动过程中不断变化、调整、适应的过程。因此，对教育系统的设计不能企图寻求一个以不变应万变的理想固定模式，而是要力求建立一个具有完善的调整、适应功能的机制，使其在动态发展中能够保持正确的方向，实现动态稳定。

第十章 信息技术教学模式

第一节 信息化教学模式概述

一、教学模式认知

当前,教育技术领域研究的一项重要命题,就是如何应用现代教育技术创新教学模式。传统教学论中对教学模式有过先期研究,但是,随着信息化教学的开展及现代教育技术学科的发展,人们更多地想从技术应用的视角来创新教学模式。对于教学人员来说,创新教学模式,就必须全面把握教学模式的内涵和构成要素,才能以此为依据指导实践创新。

(一)什么是教学模式

早年间,我国教学理论界开始对教学模式展开研究,目前教学模式已成为一个重要的研究领域。然而,对于"什么是教学模式"这个问题,人们仍未形成一致的看法。对教学模式的概念之所以会出现多元界定,一方面是由于教学模式本身的复杂性和多样性,另一方面是由于研究者的出发点和研究视角的不同。一般认为:模式是再现现实的一种理论性的、简化的形式。模式有三个显著的要点:一是模式是现实的再现,即模式是现实的抽象概括,来源于现实,但终归于指导现实的改变;二是模式是理论性的形式,是一种理论,而非工艺性方法、方案或计划;三是模式是简化的形式,是经理性高度抽象概括后,以简约明了的方式表达出来的。教学模式是指对理想教学活动的理论构造,是描述教与学活动结构或过程中各要素间稳定关系的简约化形式。简言之,教学模式是指在一定教育理论指导下和丰富的教学经验基础上,为完成特定的教学目标和内容而建立起来的稳定且简明的教学结构理论体系及其具体可操作的实践活动方式。对于教学模式概念的理解,有必要从教学模式的本质特征出发,把握教学模式理论与实践的统一、内容与形式的统一,主要体现在以下三个方面。

(1)从教学理论层面看,教学模式是一种教学结构理论。首先,教学模式接受教学理论(思想)的指导;其次,教学模式揭示了某一教学活动所赖以建立的理论基础,对人们从理论上认识和把握教学模式起着重要的作用。

(2)从教学实践层面看,教学模式是具体可操作的实践活动方式。首先,教学模式是教学实践(经验)的基础;其次,它揭示了与某一教学活动相适应的教学方式、程序、步骤,为人们从实践上操作运用教学模式提供了具体指导。

(3)教学模式是教学理论与教学实践的中介和桥梁。一方面,教学模式是对教学实践(经验)的概括化、抽象化和简约化的描述,可以上升到理论层次。另一方面,尽管教学模式带有理论的概括性、抽象性和简约性,但它又不是像一般理论那样抽象,而是一般理论的具体化、程序化，能以明确的和具体的方式、手段指导实践。

（二）教学模式的基本构成

1. 理论基础

理论基础是指教学模式所赖以建立的教学理论和思想。任何一种教学模式都是以一定的教学理论为基础，并在一定的教学思想指导下提出来的。离开一定的教学理论，教学模式就难以形成；离开一定的教学思想，教学模式也难以存在。而且，不同的教学理论会孕育出不同的教学模式；不同的教学思想会指导教师选用不同的模式和进行不同的操作方式。

2. 教学目标

教学目标是指教学模式所能达到的教学结果，是教育者对某项活动在教育者身上将产生什么样的效果做出的预先估计。任何教学模式都是为了完成特定的教学目标而设计和展开的。教学目标在教学模式的构成要素中居于核心地位，对其他因素具有制约作用，也是教学评价的标准和尺度。

3. 操作程序

操作程序是指教学在时间上展开的逻辑步骤及每个步骤的具体做法等。任何教学模式都具有一套独特的操作程序和步骤。由于教学过程的设计与实施要综合考虑学生、内容、方法、媒体等多方面因素，因此操作程序只能是基本的和相对的，而非僵化的和绝对的。

4. 实现条件

实现条件是指为完成一定的教学目标，使教学模式发挥效用所需的各种条件。教学模式的实现条件包括多方面的内容，如教师、学生、教学内容、教学手段、教学的时空组合等。认真研究并保证教学模式的实现条件，可以更好地掌握和运用教学模式，成功地达到预期的教学目的。

5. 教学评价

教学模式运用得如何是需要评价的，因而教学评价是教学模式的一个重要因素，包括评价方法和评价标准。由于各种教学模式在目标、操作程序、策略方法上的不同，评价方法和标准也存在着差异。一种教学模式一定要规定自己的评价方法和标准。

上述五个因素具有不同的功能，它们之间彼此联系，相互蕴含，相互制约，共同构成了一个完整的教学模式。理论基础是教学模式得以建立的基础；教学目标是教学模式的核心，制约着其他因素；操作程序是教学模式的环节和步骤；实现条件可保证教学模式的有效发挥；教学评价对教学过程进行反馈和监控。

（三）教学模式的特征

教学模式作为一种反映或再现教学活动现实的理论性、简约性的表现形式，具有以下五个基本特征。

1. 完整性

教学模式是教学现实和教学理论构想的统一,所以它有一套完整的结构和一系列的运行要求,体现着理论上的自圆其说和过程上的有始有终。

2. 指向性

由于任何一种教学模式都是围绕着一定的教学目标设计的,而且每种模式的有效运用也是需要一定条件的,因此不存在对任何教学过程都适用的普遍有效的模式,也谈不上哪一种教学模式是最好的教学模式。最好的教学模式就是在一定情况下达到特定目标的最有效的教学模式。在教学过程中选择教学模式时,必须注意不同教学模式的特点、性能以及教学模式的指向性。

3. 操作性

教学模式是一种具体化、操作化的教学思想或理论,它把某种教学理论或活动方式中的最核心的部分用简化的形式反映出来,为人们提供一个比抽象的理论具体得多的教学行为框架,具体规定了教师的教学行为,使教师在课堂教学中有章可循,便于教师理解、把握和运用。

4. 稳定性

教学模式是大量教学实践活动的理论概括,在一定程度上揭示了教学活动具有普遍性的规律。一般情况下,教学模式并不涉及具体的学科内容,所提供的程序对教学起着普遍的参照作用,具有一定的稳定性。但教学模式是依据一定的教学理论或教学思想提出来的,而一定的教学理论和教学思想又是一定社会实践的产物,因此,教学模式总是与一定历史时期社会政治、经济、科学、文化、教育的水平相联系,受到教育方针和教育目的的制约。因此,这种稳定性是相对的。

5. 灵活性

教学模式在运用的过程中必须考虑到学科的特点、教学的内容、现有的教学条件和师生的具体情况,进行细微的方法上的调整,以体现对学科特点的主动适应。

二、信息化教学模式基础

(一) 什么是信息化教学模式

随着教学改革的不断深入,信息技术与课程整合已成为教学研究的热点。信息技术与课程整合是指在课程教学过程中把信息技术、信息资源、信息方法、人力资源和课程内容有机结合,共同完成课程教学任务的一种新型的教学方式。信息化教学模式就是信息技术与课程整合的结果,其实质是要在先进的教育思想、教育理论的指导下,把以计算机及网络为核心的信息技术作为促进学生自主学习的认知工具与情感激励工具,丰富教学环境的创设工具,并将这些工具全面运用到各学科的教学过程中，使各种教学资源、教学要素和教学环节，经过组合、重构相互融合，在整体优化的基础上，产生聚集效应，从而达到促进传统教学方式的根本变革（也就是促进以教师为中心的教学结构与教学模式的变革）和培养学生创新精神与实践能力的目标。

信息化教学模式是根据现代化教学环境中信息的传递方式和学生对知识信息加工的心理过程，充分利用现代教育技术手段的支持，调动尽可能多的教学媒体、信息资源，构建一个良好的学习环境，在教师的组织和指导下，充分发挥学生的主动性、积极性、创造性，使学生能够真正成为知识信息的主动建构者，达到良好的教学效果。信息化环境下的教学既是对传统教学的继承，同时也是对技术环境下教学新模式的探索与建构过程，是各类教学模式的结构成分与技术应用条件的"整合"过程；教师是教学模式的实践者和创造者，丰富多变的实践情境是教学模式创新的源泉；信息技术为教学模式的发展提供了丰富的资源、工具以及交流与合作平台。

（二）信息化教学模式的基本特征

信息化教学模式的关键在于从现代教学媒体构成理想教学环境的角度，探讨如何充分发挥学生的主动性、积极性和创造性。我们知道，以计算机为主的现代教学媒体（主要指多媒体计算机、教学网络）的出现丰富了教学媒体的构成，使传统的教学环境呈现出交互性、多媒体性、超文本性和网络性等多种现代教学特性。这些特性改变了学习者的学习地位，使其能够从真正意义上探索知识，实现知识意义的主动建构。在信息化教学模式中，教师从知识的灌输者和课堂的主宰者转变成课堂教学的组织者、指导者和学生意义建构的帮助者、促进者。一般来说，信息化教学模式具有如下特点。

1. 信息源丰富，有利于学习环境的创设

现代教育技术手段为课堂教学所提供的教学环境，使课堂上信息的来源变得丰富多彩，教师和课本不再是唯一的信息源，多种媒体的运用不仅能够扩大知识信息的含量，还可以充分调动学生的多种感官，为学生提供一个良好的学习环境。

2. 新型教学活动形式，有利于提高学生的主动性和积极性

现代教育技术手段的加入，尤其是多媒体计算机和网络的引入，使教师的主要工作不再是向学生传递知识信息，而是培养学生自主获取知识信息的能力，指导学生的学习探索活动，让学生主动思考、探索和发现，从而形成一种新的教学活动形式。在这种教学活动形式中，学生有时也会处于"传递－接受"式的学习状态，但更多的是在教师指导下自主思考与主动探索；教学媒体有时作为辅助教学的教具，但更多的是作为学生自主学习的认知工具；而教材既是教师向学生传递的内容，也是学生建构知识和认知的对象。这种新型的教学活动形式有利于提高学生的主动性和积极性。

3. 个别化教学，有利于因材施教

计算机的交互性为学生提供了个别化学习的可能，学生可以通过多媒体技术完整呈现学习的内容和过程，自主选择学习内容的难易和进度，并随时与教师、同学进行交互。在现代教育技术手段所营造的信息化学习环境中,学生可逐步摆脱传统的教师中心模式,由被动学习变为主动学习,有利于教师因材施教。

4. 互助互动,有利于实现协作式学习

计算机的互动特性和网络特性有利于实现培养合作精神、促进高级认知能力发展的协作式学习。在信息化学习环境下,学习者之间通过协同、竞争或分角色扮演等多种互动形式来参与学习,对于问题的深化理解和知识的掌握运用具有重要意义,而且对高级认知能力的发展、合作精神的培养和良好人际关系的形成也具有明显的促进作用。

5. 超文本信息组织方式,有利于培养创新精神和信息能力

多媒体的超文本特性与网络特性的结合,为培养学生的信息获取、分析与加工能力营造了理想的环境。众所周知,因特网是世界上最大的知识库、资源库,它拥有最丰富的信息资源,而且这些知识库和资源库都是按照符合人类联想思维的超文本结构组织起来的,因而特别适合于学生进行"自主发现、自主探索"式的学习,有利于学生发散性思维的发展、创造性思维的发展和创新能力的培养。

(三)信息化教学模式中的基本教学观念

目前,一些新的教学观念正在或者已经形成,并深刻地影响着当前的教育教学改革。典型的教学观念有以下四点。

1. 发挥教师主导作用,体现学生主体地位

对于教师、学生在教学过程应处于什么样的地位,在教育领域是一个长期争论的问题,因此也形成了以"教师为中心"和"学生为中心"的两种观点。在我国的传统教育实践中,教师在课堂教学中一直处于权威地位,在整个教学过程中具有较强的控制性。目前,随着对教学过程的深入研究以及社会的发展,以教师为中心的理论受到了挑战和批评,教师发挥主导作用、体现学生主体地位的教学观念逐渐受到了重视。强调教师要充分了解学生的特点和能力基础,并以此为依据来设计教学过程、组织学习活动。

2. 加强学生素质和能力培养

传统教学通常把掌握书本知识作为课堂教学的根本目标,教学质量体现在学生对知识内容掌握的量和深度上。随着信息社会的到来,人才不再是"装满知识的容器",而应是具有良好的素质和创新能力、能够解决实践问题的人。因此,信息化教学过程越来越强调教学的任务不单单是使学生具有良好的理论知识,也要使学生具备全面素质和基本能力(除了听、说、读、写、算的能力外,还要有实践能力、创新能力和信息能力)。

3. 注重学生智商和情商的协调发展

传统教学比较重视知识的掌握和学生认知能力的发展,忽视了学生社会生存能力、与人合作交往的能力,以及解决问题等方面能力的培养;而现代教学过程则要求在培养学生丰富的知识和较高认知能力的同时,也要使情商和智商协调发展,使学生能够很好地进行自我体验和自我调节,与他人进行良好的沟通和合作。

4. 重视对学习过程的评价

在传统教学中,非常重视教学结果的评价,以学生期末试卷成绩作为衡量教学效果的标准,相对忽视了对学生学习过程的评价。教学结果固然重要,而更重要的是学生在教学过程中的切身体验,包括他们的认知体验、情感体验和实际操作体验等,正是这些过程性的体验决定着教学的最终结果。因此,信息化教学过程也要重视学生学习过程的评价。

第二节 讲授型教学模式

一、讲授型教学模式概述

讲授型教学模式是教师以演示、讲解等形式向一定规模的学生群体传授教学内容的教学组织形式,主要教学方法是讲授演播法,典型的教学环境是多媒体教室。通常是在教师口头讲授的同时,利用多媒体手段把讲授中的难点和重点内容,尤其是抽象的内容加以表现,或给学生提供直观形象的内容,或给学生设置情景。这种模式的主要优势是能够促进学生系统学习和掌握知识。讲授型教学模式的主要特点体现在以下四个方面。

(一)教学目标

由教师确定教学的目标,并将这些目标进行分解、具体化,按具体教学目标的要求向学生实施教学。总的目的是向学生传授系统的知识和技能,同时要注意对其道德、情感等方面的培养。

(二)技术环境

教学媒体在这类教学模式中的主要作用是传递教学信息,在教师的操作和控制下,把抽象的教学内容形象化、具体化,可以突破课堂的时空限制,将所讲的对象在大与小、远与近、快与慢、零与整、虚与实之间互相转化,极大地丰富了教学信息的表现方式等,为教师的"教"创造了良好的条件。

(三)教学程序

首先由教师确定好教学目标,设计、组织好教学内容,安排好教学方案和步骤,其次教师应用现代教学媒体和一定的教学方法向学生系统地传递教学信息,最后评价学生的成绩或学习结果。

(四)师生关系和人机关系

教师是教学的组织者、教育信息的主导者,学生是教育信息的接收者和教学过程的积极参与者。教师处在主导地位,学生处于主体地位。在人机关系上,教师和学生是教学活动的主体,现代教学媒体主要扮演着传递信息工具的角色。因此,在人机关系上形成应用与被应用、控制与被控制的关系。

二、讲授型教学模式的类型

(一)示范型

通过媒体提供给学生示范模仿的标准行为模式,要求学生掌握要领、模仿操作,教师指出标准规范行为的要点、程序,组织学生模仿,纠正错误。适用于语言示范模仿教学(如外语语音、语文朗读、音乐唱法等示范)、动作示范模仿教学(如体育动作、表演动作等示范)、书写示范模仿教学(如书法、符号公式、报告格式、汉字结构等示范)以及操作示范模仿教学(如实验操作、程序操作等示范)。示范型的讲授型教学模式适用于技能类知识的教学。

(二)逻辑归纳型

利用媒体提供若干有关科学现象、形态、结构、文献、史料等客观事实,或提供有关情境,以便建立共同经验,形成表象,教师借助事实、情境进行概括归纳,显示事物的特征,建立概念,学生观察事实、现象,认识事物特征,识记事实,理解概念。因此,该类型的教学模式适用于事实、概念类知识的教学。

(三)逻辑演绎型

利用媒体提供某一典型的事物运行、成长、发展的完整过程,教师借助典型事例,揭示事物发生、发展的原因和规律,并以此通过演绎推理或类比的方法,促进学生知识迁移,学生认真观察,思考原因,探求规律,理解原理,推广运用。逻辑演绎型的讲授型教学模式比较适用于原理类知识的教学。

(四)练习型

利用媒体提供某种可观察的事物、现象或过程资料,教师组织学生细心观察,向学生提出要求,引导学生描述被观察对象,以加深对概念和原理的理解,学生认真观察,抓住特征,运用语言、文字符号以及动作来描述被观察对象,适用于事实、概念、原理类知识的学习。

(五)控制型

该类型的讲授型教学模式适用于培养或训练学生某种技能,如教学、实验、艺术、体育技能。教师组织学生按要求进行实践,提出评价实践水平的标准,学生根据要求,参与实践,并利用摄像、录像设备等媒体把学生的整个实践过程录制下来,然后教师组织学生观察实践过程的记录资料,进行自我分析、自我评价、改正错误,从而提高实践能力。

三、讲授型教学模式的基本教学事件

在讲授型教学模式中,要注意教师主导作用的发挥和学生主体地位的体现。对于认知类教学内容的学习,讲授型教学模式的基本教学事件如下。

(1) 引起注意:呈现促动信息(标题和先行思考题),使学生集中注意力。

(2) 告知目标:将整堂课的教学目标或各个知识点的教学目标告诉学生,使学生清楚学完本课后要做什么,并明确具体学习要求。

(3) 激起回忆:复习以前课程内容或提供起点测试,引发学习兴趣,让学生感到有获得知识的需求。

(4) 呈现刺激:对于言语信息,呈现新信息;对于定义概念,呈现定义;对于规则使用,介绍对象间的相互关系;对于问题解决,呈现涉及应用规则的代表性问题。

(5) 引导学习:对于言语信息,显示助记符或关联对象,或将新信息加框;对于定义概念,提供概念的正例和反例;对于规则使用,逐步地演示规则应用步骤;对于问题解决,让学习者尝试规则的各种可能用法。

(6) 诱发行为:呈现精心设计的问题(必须与目标相符),让学习者应答。

(7) 提供反馈:常见的反馈形式有:确认学生反应的正误;强化信息(赞扬)或处罚信息(批评);说明信息(讲清学生对或错的原因)。反馈信息的使用可因学习类型和学习对象而异。

(8) 评估行为:向学生提供一个小型测试,并按一定的标准判断其是否达到了"掌握"程度。

(9) 加强保持:向学生提供操练与练习,或变化题型,或要求学生产生不同的解法。可以理论联系实际,举一反三,提高学生应用能力,促进学生知识迁移。

在以上的教学事件中,可以根据具体情况灵活组合,但要注意积极发动学生参与教学活动,真正体现主体地位。学生参与活动如下。

(1) 观察思考:对教师所呈现的教材画面,能够进行积极的观察,并根据教师所提出的问题进行思考反应。

(2) 实际操作:动手操作,做好课堂实验。

(3) 重复描述:根据示范录音带或其他教学媒体所呈现的内容,采用语言进行复述。

(4) 讨论发言:积极参加小组讨论,发表意见,或联系现实生活,罗列实际例子。

(5) 动作模仿:按照标准的示范动作进行模仿练习。

(6) 看书阅读:在信息化教学环境中,虽然利用了大量的媒体资源,但媒体的利用并不与传统的教学媒体相矛盾,作为教科书的课本,目前在课堂教学中仍是一种重要的媒体,所以看书阅读在课堂中仍是学生必不可少的活动内容。

(7) 练习巩固:做好形成性练习题,巩固所学知识。

第三节 探究型教学模式

一、探究型教学模式概述

探究型教学是指学生在教师指导下,从自然、社会和学生自身生活中选择和确定专题,以类似科学研究的方式去获得知识技能、培养实际能力、获得情感体验为目的的教学方式。探究型教学应该具有以下三个特点。

(1) 学生必须要完成一个明确任务,或者在某一情景中自己发现问题。这一任务或问题可以是完整的,也可以是局部的(如只是提出假设,或只是设计方案),但应具有能引起学生兴趣、有一定难度、有一定的开放性、有利于教学目标实现的特点。

(2) 学生是在教师的支持下对提出的问题或任务进行探究,并获得自己的探究结果。探究活动可以采用个别、小组合作、小组分工等多种不同的形式进行。

(3) 教师应组织学生将探究的过程和结果用可视化的方式表达出来,并参与和指导学生进行交流、讨论、竞争、答辩,从而达到预定的教学目标。

与传统教学相比,探究型教学具有以下三个特点。

(1) 学生在学习过程中的参与性与自主性。在探究性学习中,教师要发挥指导作用,扮演的角色更多的是指导者、协助者、参与者,在课题的选择、确定、资料的收集、分析,报告的撰写、答辩,成果的整理、展示等整个过程,都需要学生主动、自主地参与,从而完成学习活动。

(2) 学习成果的创造性与多样性。探究性学习创造了让学生充分发挥创新潜能的宽松环境,其学习成果主要不是知识的积累,而是创造能力的提高。同时,不同学生或小组对同一个课题会有不同的研究路径和策略,这也意味着学习成果的多样性。

(3) 学习评价的多元性与社会性。多元性主要表现为评价方式、标准、主体的多元性,应鼓励学生主动、客观地评价自己的表现,而专家、教师组成的评价指导小组应给学生必要的指导、帮助,也可进行跟踪评价,以避免探究性学习过程的失控。同时,要明确教育是为社会发展培养人才,探究型教学是面向社会、面向未来的新型教学方式,要通过这种学习让学生走进自然、融入社会。

二、探究型教学模式的教学目标

探究型教学模式的教学目标是帮助学生掌握分析和论证社会问题的方法,引导学生去探讨学术研究的价值标准,以提高学生的法理逻辑能力,促进学生的社会化,使其最终成为良好的人。

探究型教学模式实际上是一种以包含价值冲突的社会公共问题为基础的案例教学模式。在这种教学模式中,师生之间的关系是平等、合作的,他们的共同目的是在同一个原则下追求真理和价值标准。该模式的优势在于师生始终保持互动的活跃气氛,可以促进学生加深对社会价值问题的理解和认识,尊重伙伴的见解以及增强在公共场合发表意见的勇气。但它也有不足之处，该模式对教师和学生的要求很高，如果教师没有足够的逻辑推理能力和辩论能力，将很难维持和组织辩论。而学生如果缺乏社会公共问题的一些常识和参与辩论的意识，教学活动也难以顺利开展。

三、探究型教学模式的类型

根据引导学生积极进入探究状态的切入点和研究过程特点的不同，探究型教学模式可以分为以下三种形式。

（一）实验探究型

实验探究型的教学模式是以实验为抓手，通过"提出问题—作出假设—制订计划—实施计划—得出结论—表达交流"等过程，让学生能动手实验、动眼观察、动脑思维、动口讨论，亲身实践、积极思辨，在不同见解的碰撞中发展自己的思维能力，提高自己的实践能力和创新能力，最大限度地调动学生的学习自主性、主动性，有利于学生创新意识的萌发和创造能力的培养。

（二）情景创设型

教师通过讲述或利用媒体展示一些理论联系实际的生动材料，创设课堂教学的活泼情景，触动学生的心弦，让学生体验生活、感受困惑、提出问题，从而激发学生探究热情和潜在的学习内驱力。

（三）社会课题型

该形式的探究型教学是将日常生活实际中遇到的问题作为课题，通过探究，将生活中的科学展现在学生面前，让学生用科学的眼光去看待社会生活中的各种事物。通过社会课题型的探究，学生在多角度、多方式、多渠道、多手段获取知识的同时，也把自己已有的知识灵活应用于实践中去，培养学生处理生活实际问题的能力。

四、探究型教学模式的实现条件

（一）教学环境

需要一个带有问题的环境，最好是具有价值冲突的案例，并用比较丰富的材料来支持。

（二）教师的作用

教师应该创造一种充满活力的、所有观点都受到尊重的良好氛围。教师可以通过相关性、一致性、特殊性或一般性的提问和对定义的阐述对学生的立场做出反应。教师同样也要注重强化学生对问题思考的连贯性，以便他们在进行辩论之前形成自己的逻辑思路。同时，教师也要深入研究学生的观点，避免对学生观点进行直接评价，也避免采取一种立场。总之，教师必须让学生清楚：对事件的阐述和采取最有防御性的立场都要坚持客观性，所提供的证据和对事实的假设必须经得起质疑。

（三）学生的要求

学生要认真阅读案例材料，然后选择一个立场或观点。根据学生的立场，把学生分为小团体，每一个团体经过研究和讨论后，拿出充分的证据和充足的理由。学生必须自信，敢于表达自己的观点。但辩论结束后，学生可以选择不同的结论。

第四节 合作学习

一、合作学习的定义

所谓合作，是指个人与个人或者群体与群体之间基于一个相同的目标而采取一定的群体规范，共同行动、积极配合的方式。因此，合作学习可以这样来定义：它是以一个学习目标为导向，以生生、师生、师师之间的协作为基本动力，以小组为表现形式，以小组成员之间的学习活动为主体，以团体总成绩为评估依据的一种学习方式。

二、合作学习的基本要素

虽然不同的合作学习方法的表现形式及侧重点都彼此不同，但对于任何一种形式的合作学习来说，有一些基本要素是共有的。合作学习的研究者们曾对这个问题进行过十分深入的研究。综合起来，关于合作学习基本要素的研究与认识主要有以下三种。

（1）三因素论。罗伯特·斯莱文认为大多数的合作学习模式都具有三个核心因素，它们是小组目标、个体责任和成功的均等机会。

（2）四因素论。加拿大著名合作学习研究专家劳拉·库埃豪提出了四因素论，并在北美的合作学习理论界有一定的影响。她认为，成功的课堂合作取决于四个关键要素：小组形成和管理、任务设计、社会因素和探索性谈话。

（3）五因素论。美国明尼苏达大学合作学习中心约翰逊兄弟提出了五因素论，它们是积极相互依赖、面对面的促进性互动、个体和小组责任、人际和小组技能、小组互评。

另外，在借鉴国外相关研究资料和大量的课堂观察、访谈的基础上，北京师范大学学者曾琦认为合作学习应该包含以下五个基本要素，它们是正相互依赖、个人责任、社交技巧、小组自评和混合编组。这个五因素论目前在国内影响较大，下面予以简要介绍。

（1）正相互依赖。代表了小组成员之间一种积极的相互关系，每个成员都认识到自己与小组及小组内其他成员之间是同舟共济、荣辱与共的关系。简言之，正相互依赖就意味着每个人都要为自己所在小组的其他同伴的学习负责。

（2）个人责任。所谓个人责任是指小组中每个成员都必须承担一定的任务，小组的成功取决于所有组员个人的学习。社会心理学的研究表明，在群体活动中，如果成员没有明确的责任，就容易出现成员不参与群体活动，逃避工作的"责任扩散"现象。正是由于这种社会心理效应，在缺乏明确的个人责任时，小组就会成为学生逃避学习责任的"避风港"。

（3）社交技能。导致合作学习小组解体或不能顺利进展的最主要因素就是小组成员不会合作。导致学生不合作的原因往往不是学生缺乏合作的愿望，而是学生缺乏合作的方法——社交技能。所以，教师最好在传授专业知识的同时教学生掌握必要的社交技能。好的社交技能对学生的发展具有重要价值，它们不仅能够使学生在小组里学到更多东西，对学生与家人和朋友和睦相处以及在未来事业上的成功都是至关重要的。

为了在小组中与他人友好而有效地合作，学生需要掌握许多社交技能。美国青年研究中心对这些必要的社交技能进行了总结，将其归纳为三种类型：第一类是组成小组的技能，包括"向他人打招呼、问候""自我介绍和介绍他人"等；第二类是小组活动的基本技能，包括"表达感谢和对感谢的应答""注意听他人讲话""鼓励他人参与和对鼓励参与的应答""用幽默的方式帮助小组继续活动"等；第三类是交流思想的技能，包括"提建议和对建议的应答""询问原因和提供原因""有礼貌地表示不赞同和对不赞同的应答""说服他人"等。教师应该根据教学活动的需要，从易到难地、有计划地教授学生掌握这些重要的社交技能。

（4）小组自评。为了保持小组活动的有效性，合作小组必须定期地评价小组成员共同活动的情况，这就是"小组自评"。小组自评的目的是帮助小组学会怎样更好地合作，为此，在小组自评时应讨论以下内容。

第一，总结有益的经验，使之明确。要提出对小组活动中好的方面，如建议奖励某个积极帮助本组同学讲解难点的组员，请那些主动在课下为全组活动收集有用资料的组员介绍经验，或者设置"噪声控制员"，从而有效地防止对其他组的干扰等。教师要引导学生把这些小组合作的成功经验具体地表述出来，在不同小组之间交流，甚至可以把不同小组的典型经验进行书面的归纳，形成本班的"成功宝典"，为以后的小组活动提供经验。

第二，分析存在的问题及相关的原因。鼓励学生正视本组在合作中出现的问题，分析导致问题的可能原因并提出改进建议。教师可以教授学生用"头脑风暴法"来展开讨论，即小组中每个成员都要发言，并且发言内容要不同于前面所有发言者；每个组员在发言时，其他组员要认真做笔记，不能打断发言者，更不能对发言者进行消极的评价；待组员充分表达完自己的见解后，其他组员可以进行客观的评价。通过"头脑风暴法"讨论，可以比较充分地认识小组活动中存在的问题，得到尽可能多的解决措施。

第三，明确发展的方向和目标。在总结经验和分析问题的基础上，小组全体成员共同制订出本组今后的活动方案，明确在以后的小组活动中应当达到的目标以及如何达到目标。小组自评能够为小组的合作提供有益的反馈，是合作学习的一个关键成分，而在实际的教学中，由于时间紧迫，教师很容易忽视小组自评这个环节，这种偏差是必须纠正的。

（5）混合编组。所谓混合编组是指在组建合作学习小组时，应当尽量保证一个小组内的学生各具特色，能够相互取长补短，即小组成员是异质的、互补的。对学生进行混合编组，一个重要的原因就是合作学习需要多样性。混合编组保证了小组成员的多样性，从而使小组活动中有更多、更丰富的信息输入和输出，激发出更多的观点，使全组形成更深入、更全面的认识。

具备以上五个基本要素的小组学习才是真正的合作学习。要提高合作学习小组的活动效率和质量还需要探讨相应的合作学习方法。心理学和教育学的研究者经过长期的研究，开发了许多适应不同年龄的学生、不同学科的教学的合作学习方法，教师们可以根据学生的特点、结合自己讲授的学科从中选择。但是，更重要的是，教师应该在实际教学中以上述五个基本要素为原则主动创造自己的合作学习方法。

三、合作学习的类型

纵观国内外合作学习的分类研究成果，结合多年来的研究与实践，合作学习方法与策略可以归为四个基本的类型，即指导型、过程型、结构型和探究型。

（一）指导型

指导型的合作学习方法与策略，强调在运用合作学习过程中教师的指导作用和中心地位，这种类型的典型代表是学生小组成就分工法，简称 STAD（Student Teams-Archievement Division）法，是由当代合作学习研究的主要代表人物斯莱文博士创设的一种合作学习方略。在 STAD 中，学生被分成每组 4 人的学习小组，要求成员在各方面具有异质性。教学程序是先由教师授课，然后学生在他们各自的小组中进行共同学习，使所有小组成员掌握所教内容。最后，所有的学生就所学内容参加个人测验。此时，不允许他们互相帮助。学生的测验得分用来与自己以往测验的平均分相比，根据学生们达到或超过自己先前成绩的程度来计分（也叫提高分计分制）。在此基础上，将小组成员的个人分数相加构成小组分数，达到一定标准的小组可以获得认可或得到其他形式的奖励。

（二）过程型

过程型是围绕小组过程的基本原则组织起来的一些方略，这类模式强调的重心在于小组过程和技能的发展。这类模式最著名的就是由美国约翰斯·霍普金斯大学斯莱文教授所提出的共学式。约翰逊兄弟认为，按照五要素论的要求，共学法通常涉及以下教学程序：教师将教学目标具体化，确定小组规模并安排学生至学习小组，设计具有互赖性的教学材料，分配角色；教师就学习任务进行解释，特别强调小组的目标，采取适当方式来确保个体责任的落实，使预想的小组行为具体化；学生在各自的小组中共同努力以达成小组的目标。他们互帮互助，彼此分享信息，并就小组任务进行合作活动；教师监控小组的活动和个体行为，当学生需要时，及时提供帮助和教授合作技能；无论是教师，还是学生，都要对学习成绩及小组活动过程进行评价。

（三）结构型

结构型最初是与菲利普·卡甘的研究相关联的。卡甘设计的不是具体的合作学习方略，而是一些小组可以运用的基本结构，这些基本结构可以派生出若干合作学习的具体策略供小组学习使用。经过研究，卡甘确定了七种基本结构。

(1) 课堂构建结构。这类结构包括一些旨在形成一个有凝聚力的课堂气氛的小组活动。
(2) 小组构建结构。这类结构旨在强调小组关系的加强。
(3) 沟通建设者结构。这类结构旨在提高学生交流的技能。
(4) 精熟结构。这类结构运用团队协作来帮助学生掌握一些基本的技能和学科内容，复习学习内容，互教互学。

（5）概念形成结构。这类结构利用诸如会见、上网等活动来帮助学生形成相关的概念。

（6）劳动分工结构。这类结构包括诸如著名的切块拼接法等，它要求每一个小组成员都接触不同的信息，或者承担一部分具体的小组任务。

（7）合作项目类型。这类结构强调小组成员就一些合作项目进行工作。值得指出的是，对于那些希望获得合作学习活动的具体建议的教师来说，卡甘的资料是非常实用的。

（四）探究型

探究型的合作学习方略强调的是对复杂问题的小组调查。按照这一模式的著名代表人物——以色列特拉维夫大学教授沙伦及其夫人的解释，小组探究型的合作学习过程主要基于以下步骤。

（1）教师确定将要学习的总课题。

（2）学生查找信息，概括出他们就这一课题喜欢回答的问题，然后将这些零散的问题进行分类或分组。根据对其中一类或一组问题的共同兴趣，学生自行分成小组进行活动。

（3）每个小组制订计划并开展调查，以求回答他们所选择的那些问题。

（4）随后，每个小组准备并且呈现给全班一份有关他们研究课题的终结报告。

（5）学生和教师共同合作对探究过程和结果进行评价。

四、合作学习的方式

（一）学生小组学习

学生小组学习是约翰斯·霍普金斯大学开发与研究成功的合作学习技术。他们认为有三个概念对所有的学生小组学习法十分重要：小组奖励、个体责任、成功的均等机会。小组奖励是指如果小组达到了预定的标准，那么就可以得到认可或得到其他形式的小组奖励。个体责任是指小组的成功取决于所有组员个人的学习。成功的均等机会是指学生通过提高自己以往的成绩水平来对小组作出贡献。有两种是适合于大多数学科和年龄水平的普通合作学习法：学生小组成绩分工法和小组游戏竞赛法。

1. 学生小组成绩分工法

学生被分成四人小组，要求组员在成绩水平、性别和种族方面具有混合性。先由教师授课，然后学生在他们各自的小组中进行学习，使所有的学生都掌握教师教授的内容。最后，所有学生就学习的内容参加个人测验，此时不再允许他们互相帮助。学生的测验得分用来与他们自己过去取得的平均分相比，根据他们达到或超过先前成绩的程度来记分。

然后将这些分数相加得到小组分数，达到一定标准的小组可以得到认可或得到其他形式的奖励。

这一方式已在相当广泛的学科中得到应用，数学、语言艺术以及社会学科，最适合于有正确答案的界定清楚的目标教学。在这一策略中，起作用的是学业的进步幅度而不是学业的最终成绩。这是一种把合作与学习评价联系起来考虑的教学策略。

2. 小组游戏竞赛法

小组游戏竞赛法是约翰斯·霍普金斯大学所创设的合作学习方法中最早的一种，它运用与学生小组成绩分工法相同的教师讲授和小组活动，不同的是它以每周一次的竞赛替代测验。在竞赛中，学生同来自其他小组的成员进行竞争，以便为他们所在的小组获得分数。成绩优秀的小组获得认可或其他形式的奖励。

学生小组学习法主要是通过成绩的评价来鼓励每个学生参与，比较适合有正确答案的界定清楚的目标教学，但只采用成绩评价也不太有利于学生的学习。

（二）切块拼接法

切块拼接法最初是由艾略特·阿伦森及其同事于1978年设计的。在这一方法中，首先，将学生安排到6人组成的小组中，将一项学习任务分割成几个部分或片段，每个学生负责掌握其中的一个部分；其次，把分在不同小组而学习任务相同的学生集中起来，共同学习和研究所承担的任务直至掌握。最后，再回到自己的小组中，分别将自己所掌握的部分内容教给其他同学。这是将合作与学习任务挂钩的一种教学策略。

此方法进行了学习任务的分割，但由于学生只学了其中一部分，对所学内容缺乏整体把握，因此不利于学生全面掌握知识。

（三）共学式

共学式是由明尼苏达大学的约翰逊兄弟于1987年创设的。学生们在小组中共同学习统一分配的教材，共交一份报告单或答卷。奖励也是以小组为单位进行，根据小组平均分计算个人成绩。此种方法强调学生共同学习前的小组组建活动和对小组内部活动情况的定期检查。

（四）小组调查法

小组调查法是由以色列特拉维夫大学的沙伦夫妇创设的。首先，由教师根据各个小组不同的情况提供有关的学习课题，由小组将课题再分解成子课题落实到每个学生身上；其次，小组通过合作收集资料，共同讨论，协同准备向全班汇报或呈现学习结果；最后，教师或学生自己就各小组对全班的贡献做出评价。这种策略在发挥学生自主性方面尤为突出，任务的关联性也很强。但此方法需延伸到课外，在合作学习实施的初级阶段，运用此方法有一定的难度。

五、合作学习的效益

（一）批判性思维

批判性思维已经被许多教育家提倡为高等教育的重要目标之一，可见它对于大学生的意义之大。批判性思维具有开放性和分析性的特点，而合作学习过程中的互动、讨论等环节鼓励学生将不同观点、不同思路开放性地表达出来，供组员思考分析。选择正确的学习方法，对批判性思维的发展更具有重要意义。研究表明，小组讨论这种学习方法比同等质量的学习内容更有利于促进批判性思维的发展。

（二）积极的人际关系

为了提高合作学习的效果，小组成员必须增强信任感，减弱心理防御，并且提供高效的支持，如资源和信息等。还要能接受别人的质疑，在遇到分歧的时候，不是回避而是平等地交流讨论，这样有利于拉近彼此的关系。另外，在相互评价时，还要能提供积极的反馈以便组员在未来做得更好。最后，相互激励也是很重要的一环，因为被鼓励、被尊重能增强学习欲望。合作学习的效果良好，必然离不开积极的人际关系；反过来，积极的人际关系也会带来良好的学习效果。因此，学习效果和人际关系是相辅相成的。

（三）健康的心理

除了合作精神，良好有效的合作学习不仅可以提高组员对人的情绪或者所处情景的敏感度和观察力，而且能维护较高的自尊心。在相互联系的社会网络中，合作精神、观察力和自尊心都是维持心理健康的重要因素。因此，合作学习有助于维持健康的心理，而健康的心理又可以增强人体免疫力、提升幸福感。

第十一章 信息技术教学原则与教学方法

第一节 信息技术教学原则

信息技术教学原则，是根据教育学中教学理论提出的教学基本原则，结合信息技术教学的具体情况而提出的，是建立在信息技术教学过程的客观规律的基础上的，具有客观的性质；同时信息技术课程是一门不断发展的课程，自身具有许多特点和特性。因此，它除了具有一些普遍适用的教学原则，还有一些它本身固有的教学原则。研究、认识和利用这些原则，可以减少盲目性，增强自觉性，使教学质量不断提高。

一、信息知识和上机实践相结合原则

信息技术课程是一门基础工具课程，实践性很强，具有实用性、技巧性和经验性的特点。它要求信息知识与上机实践很好地结合。从教学内容可以看出，信息技术课程的信息知识主要是信息技术常识和信息操作知识。这些知识在上机实践中的学习理解与掌握比在教室中的学习理解与掌握要快、要易，更能克服学生对计算机、互联网等信息技术工具的害怕、神秘心理。从以往计算机教学实践经验看，如果不实践上机操作，即使容易的知识，也会变得难以理解，更谈不上掌握。有些操作性知识，讲十遍也不如做一遍，只有通过实践才能真正掌握。

广泛应用性也是信息技术课程的特点。不仅可以利用信息技术学习信息技术课程本身，而且可以用于其他学科的学习，乃至用于娱乐、生活。通过这些实践活动，可以培养学生对信息技术的兴趣和意识，让学生了解和掌握信息技术基本知识和技能。

当然，没有理论知识的指导，没有教师对信息技术知识的讲授和对上机操作实践的辅导，让学生自己摸索，不可能很好很快地掌握信息知识和操作技能。因此，在信息技术教学中，应把握好信息知识与上机实践相结合的原则。

要在信息技术教学中贯彻这一原则，必须做到以下三点。

（一）使教材中的知识不脱离客观现实

在信息技术教学中，要根据学生实际和教材实际，通过实物演示、实际操作演示或列举学生熟悉而又易于理解的事例进行分析，把直接经验和间接经验结合起来，从而加深对书本知识的理解。例如，讲计算机组成结构时，不妨把实物搬上讲台，拆卸给学生看，或让学生自己去拆卸，寻找归类各种部件；介绍电子邮件时，既可拿生活中的邮寄邮件作实例去比照，还可在计算机网络上实际操作演示给学生看，怎么制作电子邮件，怎么收发电子邮件，什么是电子邮件地址，什么是电子邮箱等。这样学习就比较容易理解书本概念，容易掌握书本知识。

在信息技术教学中，还应讲清理论的实践基础和在实践中的应用。联系科学上的最新成

果,联系广泛的社会生活,讲明信息技术是因为需要而在实践中产生并因实践需要而不断发展的,我们学习信息技术也是为了在实际生活和学习工作中使用它。引入实例时应注意例子的典型性和简明性,以及与其他学科的联系,与实用技术的联系等。要根据理论的内容和学生理解能力适当地贯彻这一原则,不能牵强附会、生搬硬套,也不能联系学生不熟悉的实际,增加学习困难。

（二）要重视实践活动

信息技术课程是一门以实践为基础的,在实践中产生和不断发展的学科,上机动手实践是不可缺少的教学环节,也是理论联系实际的重要体现。上课最好在 CAI 网络教室。因此,在信息技术课程教学中,必须特别重视实践活动,精讲多练,加强上机实习。一人一机,自己动手操作,主动学习,必须遵循"实践—认识—再实践—再认识"的规律,充分注意信息技术知识结构与信息技术应用的辩证关系,使学生在上机实习中有效地验证和应用书本知识,增加学生的直接经验和感性认识,加深对理论知识的理解。有些概念,如文件、文件目录、文件夹、电子邮件等除了讲解时要打一些通俗的比方,主要靠在实践中多练、多用,才能深刻理解这些概念。提供专门让学生在业余时间学用电脑的地方,可以让学生参观、见习、参与教学管理工作的录入编辑,增加实践的机会。在实践中启发学生独立思考,灵活运用知识。

（三）要明确理论与实践相结合的目的

在信息技术课程教学中,理论联系实际的目的是使学生更好地学习和掌握信息技术基础知识和基本技能,培养学生分析问题和解决问题的能力,提高学生的学习兴趣,增强运用信息技术的意识,从而提高教学效率和效果。因此,既不能片面地强调知识而不重视联系实际,不重视实践,让学生死背书上的概念,也不能只强调实际应用和操作而削弱知识的教学,两方面要紧密结合,有机穿插进行,使学生真正掌握系统的计算机知识和网络技术知识并学以致用。计算机的知识只有通过实践,联系实际,才能真正掌握;互联网也只有多使用,才能了解其含义,理解其概念,掌握其实质,形成真正的信息能力和意识;同时只有具备系统的理论知识,才能指导实践,更好地操作计算机,解决实际问题。

本原则着重强调培养学生的能力,无论是理论还是实践,都要以有利于发展学生的思维能力、动手能力为目的,要有整体的构想,有计划地选择典型问题训练学生,创造各种条件,提高学生将理论运用于实践的能力。例如,在教学中,总结软件使用的一般原则和一般方法,无论在实践中或在计算机操作技能的培养上都具有广泛的指导作用。

二、教师主导与学生主动相结合原则

教师主导作用,是指教学的进程、内容、方法、组织和实施通常由教师来设计和决定;学生的主动性,是指学生作为认识和发展的主体,要主动积极而不是消极被动地学习。教师主导与学生主动相结合原则,就是要教师在发挥主导作用的前提下,充分调动学生学习的自觉性,引导学生积极地开展思维活动,主动地获取知识,并且能够把知识创造性地运用到实际中去。

教师要对教学效果和质量负责,学生的积极主动性也必须由教师引导,学生学习积极性如何，课堂秩序好坏，学生上课注意力是否集中，成绩优劣，主要责任者是教师。从这个观点出发，如果上课时学生秩序不好，这时教师首先想到的应该是自己课讲得怎样，而不是责备学生。学生的成绩很大程度上反映出教师的教学成绩。因此，如果许多学生考试不及格，对教师来说，应该检查自己教学中存在的问题。

教师上课任务明确，教学方式可以是任务驱动式，教学用语要有启发性，辅导学生完成任务时不能代劳，但可以提示，可以启发。"启发"一词是从"不愤不启，不悱不发"而来，"愤"是指虽经积极思考还没有彻底通晓的状态，"悱"指想说而说不出的样子，这时就需要教师去"启"、去"发"，以达到"其意皆若出于吾之心""其言皆若出自吾之口"的境地。与启发相反的是注入式，把学生看成被动接受知识的容器，教师的任务只是灌输，导致学生的思维缺乏灵活性和创造性，不能很好地掌握知识。

教师主导与学生主动相结合原则合乎认识规律，合乎构建主义教学原则。学习是一种创造性的劳动，尤其是信息技术的学习，学生对于所学习的东西要进行感知、理解和应用，只有通过他们自己的实际操作和探索，认真思考分析研究，达到融会贯通的程度，才能使所学的知识成为他们的可靠"财富"。"教师主导"是外因，"学生主动"是内因，外因通过内因而起作用。教师要循循善诱，不可因急于求成而包办代替，把知识"嚼"得太烂，以至于学生感到无味，应使学生在思考中掌握知识，在实践中理解概念和掌握技能，并学会学习。不论具体使用什么教学方法和手段，教师主导与学生主动相结合原则都应贯穿其中。

要在信息技术教学中贯彻教师主导与学生主动相结合原则，应做到以下四点。

（一）吃透教材，了解学生

贯彻教师主导与学生主动相结合原则，首先必须对所教内容的知识结构、来龙去脉、地位作用、重点、难点、关键和内在联系等弄清楚，才有可能充分发挥教师的主导作用；而对学生的知识水平、接受能力和有关思想实际（如学习目的、态度、方法、兴趣等）的了解是调动学生积极性、主动性的基础。只有吃透教材、了解学生，才能有的放矢地进行启发。

（二）创设问题情境，引导学生积极思维

教师要善于提供具有典型意义的任务，既富有挑战性，又难易适中；既涵盖教学内容，又不照抄书本案例（信息技术知识更新太快）；教师要善于提出富有启发性的问题，引导学生积极思考、步步深入以实现教学目标。问题要难易适度。太浅不利于发展学生思维，太难又会挫伤学生的积极性，以至于启而不发。要使各种层次的学生都有动脑的机会，问题还要紧扣重点、难点和疑点，引导学生沿着合乎逻辑的思路深入思考、渐入佳境。提出问题后，要留给学生思考的时间，学生答对了要给予表扬，答错了不能责怪，创造良好的问答气氛。还要鼓励学生提问题，使思维始终处于活跃状态而得到发展。

（三）教师要运用各种方式预设锚点，进行启发

教师主导作用还在于在学生完成学习任务过程中预设一些锚点，给一些提示，提一些问题或要求。这样学生既不受任何思维束缚，又不至于无从下手或偏离教学目标。通过学生自主练习、操作，启发学生进行分析综合、归纳、演绎；通过讨论问题提高学生的分辨能力、表达能

力和论证能力;适时运用恰当的表情和动作感染学生,引起学生注意,进而激发他们的思维,使他们有效地获得知识或加深对知识的理解。

在信息技术教学中不必一概排斥游戏。第一,学生可以通过玩游戏激发学习计算机的热情,并积极主动地从中学到一般软件的使用、安装、复制、压缩等方法;第二,一些编得好的游戏,尤其是益智游戏可以开发学生智力,提高学生分析问题、解决问题的能力;第三,游戏本身就是由程序组成,其中体现了许多程序设计的思想和方法,可以拓开学生的思路,使其自己动手编一些简单的游戏(如猜数、玩牌、炮击等),以提高编程能力。总之,学生对感兴趣的事可以极大地调动其积极性,热情地投入学习思考,这也锻炼了他们的自学能力和解决问题的能力。

当然,要注意提醒和监督学生不要沉溺于游戏,以至于影响正常的学习。另外,学习用的游戏或益智软件应主要由教师提供,对学生自己复制的游戏要事先检查有无病毒,思想是否健康,设计是否适合本年龄段的学生及本校机器,是否有利于学生学习计算机知识、训练基本技能和发展智力、提高能力等。

(四)要使学生主动学习,养成善疑、善问、善思的习惯

人们常说:"提出问题是解决问题的一半",这是很有道理的。爱因斯坦也曾认为:"提出了一个问题往往比解决一个问题更重要。因为解决问题也许仅是一个数学上或实验上的技能而已,而提出新的问题、新的可能性,从新的角度去看旧的问题,都需要有创造性的想象力,而且标志着科学的真正进步。"学生善疑、善问、善思的习惯是需要在教学中逐渐培养的。

经常提出有启发性的问题,学生的思维才能活跃起来,对知识的理解才能更加深刻,敢于提出问题和新见解的素质才能培养出来。在教学中,我们还要培养学生多思、深思的习惯,只有在提出问题之前,经过多方面的深入思考,才能提出有意义、有质量的问题。而在解答问题时也只有坚持认真思考,才能解答得好。鼓励学生从不同角度思考问题,用不同的方法解决问题,都有利于学生创造性思维的发展。

正确运用教师主导与学生主动相结合原则,还要澄清教学思想上的一种误解:认为教师主导与学生主动相结合原则就是教师设计好教学任务后,剩下的全部是学生自己的事了。其实,这是一种错误的理解。教师主导与学生主动相结合原则,对教师的要求更高。教师在讲述中要密切注意学生的思维活动,适时地、恰当地提出能激发他们思维的问题而不一定要求学生口答,目的是促进学生思考。在学生上机实践中帮助他们完成学习任务,让他们在操作中理解知识,掌握操作技能,获得成就感。因此,贯彻教师主导与学生主动相结合原则对教师的要求是很高的,要下功夫掌握,并且要把这一原则努力贯彻到信息技术课程教学的各个环节中去。

三、趣味性和严谨性相结合原则

所谓严谨性,是指信息技术课程的教学内容体系结构严谨,所涉及的基础理论体系严谨,我们的教学目标严谨,教育原理和教学原则严谨,教学组织严谨,实施教学过程严谨;所谓趣味性,是指信息技术课程的教学模式、教学内容、教学方法、教学手段等的趣味性、灵活性和多样性。信息技术课程的教师要利用趣味性和严谨性相结合原则,使学生爱学、想学、能学,使信息技术的知识、技能和信息意识在学生的学习中不断得到巩固和加强。

加强趣味性教学是教师，特别是信息技术课程的教师面临的一个新课题。过去的教学受应试教育的影响，一切以考试为最高目标，多采用填鸭式教学，教学内容围绕考试大纲来组织，毫无趣味可言，使用统一教材、统一教案、统一教学形式，统一进度，实行大批量规模化流水作业方式，教学方式陈旧，教学手段单一，教师一支粉笔就可以把一门课讲完。我们应重新审视我们的教学，要考虑教学对象的个体差异，要研究学生的学习规律和心智水平，要考虑教学内容的趣味化，要考虑教学手段的多样性，要考虑教学组织形式的灵活性，要使用现代的信息技术手段，要充分利用多媒体教学手段，要开发和使用优秀的CAI课件，要充分调动和刺激学生的听觉、视觉等感官；如果教师抓住了学生的兴趣，吸引了学生的注意力，就能让学生尝到学习信息技术的趣味，让学生体验到使用信息技术的乐趣。由于信息技术课程的教学内容中操作性知识居多，许多知识和概念都很抽象，很枯燥，它所涉及的其他学科理论知识很多、很难、很专业，对学生来说过于晦涩难懂，因此要在教学中充分体现信息技术教学的趣味性、教学方式和手段的灵活性和多样性，只有这样才能保持学生学习的长期积极性。现在多媒体技术和网络技术的发展也提供了现实的技术手段，实现趣味性教学已成为可能，学生学习的趣味性、娱乐性可以极大地提高，从而激发他们学习的兴趣，提高学习积极性和自觉性。当然趣味性教学不能偏离教育目标，不能偏离教学目标，不能损害学科知识的严谨性。

在信息技术教学中要贯彻好趣味性和严谨性相结合原则，应该做到以下两点。

（一）使用现代教育技术手段，增加教学的趣味性

多种基于信息技术的教学手段同时使用，如在CAI网络教室上课，使用投影屏幕、CAI课件，实时操作演示，使用黑板或白板书写课堂教学内容、教学重点或实践任务要求等，这样就能让学生产生新奇感，产生学习、探究的欲望，破除神秘感。

（二）精心组织教学内容，选择合适教学形式，寓教于乐

信息技术教学内容具有模块化、离散的特点，信息技术常识中的部分知识比较抽象，操作性知识也较枯燥，在教学过程中，应精心组织教学内容，选择合适的教学形式，提高教学的趣味性。首先，应尽量从贴近学生的生活、贴近实际的简单有趣的实例入手，引导学生进入学习状态。其次，要注重保持学生的兴趣，适当变换问题的角度，加深学生对知识的理解和技能的掌握。例如，在学习表格制作时，布置一个制作表格的任务，然后让学生按步骤一步步完成，教师可以变换一个角度，就计算机里面已有的表格根据新的要求修改重做。最后，要注意学生潜力的挖掘，激发他们开拓进取、不断创新的精神。教学中还可适当安排学生间的竞赛活动，以培养学生的竞争意识，同时有利于调动学生学习的积极性。

四、培养信息能力和创新能力相结合原则

培养信息能力和创新能力相结合原则就是要在培养学生信息能力的同时培养创新能力。创新是一个民族进步的灵魂。学生具备创新能力是现代信息社会所要求的。因此，创新教育成了现代学校教育所追求的目标。为了深入实施以培养创新精神和实践能力为重点的素质教育，把教育办成培养创新人才的摇篮，我们必须坚持培养信息能力和创新能力相结合原则，在培养信

息能力的过程中培养创新能力。

在信息技术课程教学中可以发挥其独特的优势，为培养创新能力服务。在设计教学任务中预留创新空间，在教学实施过程中鼓励自主学习、信息检索、探索研究、讨论、协作、大胆创新和主动创新。

在信息技术教学中贯彻好培养信息能力和创新能力相结合原则，必须做到以下六点。

（一）必须遵循一定的规范要求，并不是一切新的都是好的

我们在注重培养学生创新能力的同时，主张必须加强道德行为规范教育，明确创新教育的方向，这是适应未来创新社会的需要，正如埃德加·富尔在《学会生存》中指出的："保持一个人的首创精神和创造力量而不放弃把他放在真实生活中的需要，鼓励他发挥他的天才、能力和个人表达方式，而不助长他的个人主义；密切注意每个人的独特性，而不忽视创造也是一种集体活动。"

（二）在实施信息技术教学过程中使用探索性原则培养创新能力

探索性原则要求教师不是把现有知识完全照搬给学生，而是要在激发学生创新兴趣的基础上启发学生思考、质疑，鼓励学生去探索，在探索中学会学习、学会创新。而未来的社会中，不只是要求单纯地获得知识的信息，还必须重视用自己的头脑思考、创造和表达。

为了引导学生探索，国外教育家构建了不少创新教育模式，我们可以在教学过程中结合我国实际选择性地加以运用。

（三）在信息技术课上开展各种活动培养创新能力

学生创新能力的培养离不开活动，这些活动包括课内活动与课外活动。只有让学生主动参与，才能激发创新兴趣，增强创新才干，发展创新人格。

有人曾对多所私立大学的学生做过一次调查，他们得出这样的结论：在中学坚持参加课外活动的学生，进入大学后，比那些在中学光是学习的学生获得的成就多得多。

坚持活动性原则。首先，课堂教学要开放，提高空间和时间上的灵活性、学生思维活动的活跃性、组织形式的针对性，为学生活动创造一个宽松的课堂氛围，使学生在动手、动眼、动口、动脑中学会创新。其次，要引导学生积极参与课外活动。例如，部分学校有计划地组织学生参观、调查，开展各种自然实验和创造发明活动，激发学生对社会和科学创新的兴趣，培养儿童严谨、细致的创新态度和百折不挠的探索精神。

（四）在信息技术教学中坚持个性化

坚持个性化教育是促进创新的必不可少的条件。可以这样说，没有个性化就不会有创新。教育改革为了实现培养创新人才的教育目标，要把实行个性化作为基本价值指向和最重要的原则，并贯穿于整个教育教学过程之中。坚持个性化原则，首先，师生之间必须建立真诚、平等、共融的密切关系；其次，要尊重学生的人格，提倡学生在共同性前提下的独特性；再次，废除给予性学习，提倡自主解决问题学习，实行知识、技能与培养创造力一体的教育；最后，必须使教育环境"人性化"，创设有利于个性发展的环境。我国现在越来越重视个性化教学。

（五）终身学习是信息技术教育的目标之一，也是创新的基础

随着社会的现代化发展，知识以令人始料不及的速度铺天盖地而来，人们为了适应未来社会的要求，就得不断地学习，这样才能创新。终身学习是创新的基础。坚持终身化学习的原则，就是要不断学习，掌握创新知识，研究探索新问题，活到老，学到老，创新到老。而信息技术教育为终身学习提供了必要手段。终身学习的思想已对我国及国外的教育政策和规划产生巨大影响，加快了创新教育的实施。

（六）信息技术教师要树立创新形象

培养人才，离不开教师，只有树立教师的创新形象，才能有效地实施创新教育。国内外一些国家的师资培训机构强调，创新型的教师不只使学生知道过去，尤其重视教学生去关心将来，认识明天和创造更美好的将来。创造型教师的形象主要表现在以下9个方面。

（1）能指导学生过智慧型生活，不仅是教学的"严师"，而且是拓展学生心灵和智慧的"人师"。
（2）以启迪智慧，开发创造力，以使学生获得精神愉快为前提。
（3）唤醒学生关心未来，对未来作广泛、深入的思考，培养学生对未来的创新意识。
（4）能认识创新的教育环境对学生的影响力，具有创设促进学生创新和个性发展的教育环境的能力。
（5）能提供合乎学生心理发展和创新程度的学习活动，以促进儿童创新人格发展。
（6）能指导学生利用现代信息技术收集和处理信息，为促进学生创新做好铺垫。
（7）能在言教、身教、境教上下功夫，以树立自己的创新形象，为学生的创新提供精神导航。
（8）要树立良好的创新精神形象，对错综复杂的多元社会能应付自如。
（9）能成为给学生提供创新的楷模。

五、传统教学手段和现代教辅媒体相结合原则

传统教学手段主要有课堂讲授方式，使用黑板与粉笔，实验室与教室分离等。这已经不符合现代教育信息时代。多种基于信息技术的现代教学辅助手段要同时使用，如在CAI网络教室上课，使用投影屏幕，实时操作演示。这样才能让学生产生新奇感，产生学习、探究的欲望，真正培养学生对信息技术的兴趣和意识，让学生了解或掌握信息技术基本知识和技能，使学生具有获取信息、传输信息、处理信息和应用信息技术手段的能力，提供创新环境和空间，培养学生的创新精神。

第二节　信息技术教学方法

教学方法是教学过程重要的组成部分之一，是教师和学生实现教学目的、完成教学任务的途径和程序，是师生之间相互有机联系的活动方式。教学方法包括教的方法和学的方法两个方

面,但又不是二者的简单相加,而是彼此结合、彼此适应。教学方法决定着教与学的效果,对于提高教学质量有着重要的理论和实践。

教学手段是指教师和学生在完成教与学的活动中互相传递信息的媒体,是教学过程的重要构成因素之一,它同教学内容、教学组织形式、教学方法密切相关。

信息技术的发展,特别是多媒体技术和因特网的快速发展,有力地支持了构建主义教学原理的实践。构建主义认为教学工作重点在学而非教,应以学生为中心,而不是以教师为中心,强调情境设计、学习环境、协作对意义构建的重要性,强调利用各种信息资源支持学而非教。构建主义学习环境包含四大要素,即情境、协商、会话和意义构建。多媒体计算机和因特网正好适于实现构建主义学习环境,可以有效地促进学生的认知发展。

情境:多媒体技术正好是创设真实情境的最有效工具,如果与虚拟现实技术相结合,则更能产生身临其境的真实效果。

协商与会话:协商与会话过程主要通过语言或文字做媒介,而多媒体计算机和因特网能实现语言和文字的交流,并且不受时空限制。

意义构建:构建主义学习理论认为,意义构建是学习的目的。它要靠学生自觉、主动去完成,教师和外界环境的作用都是帮助和促进学生的意义构建。多媒体技术由于能提供界面友好、形象直观的交互式学习环境,能提供图文声像并茂的多重感官综合刺激,还能按照超文本方式组织管理教学信息和专业知识,利用因特网可以方便地检索、传递、交流信息,可以实时会话、辩论,因而对学生认知结构的形成与发展非常有利。这也是其他媒体和教学环境所无法比拟的。

受信息技术的推动和构建主义理论的影响,出现了新的教学模式、教学手段,本章讨论了信息技术教学中几种基本的教学方法和手段,它们是组成教学过程的基本元素。

需要说明的是,有的教学理论将这里所称的教学方法称为"教学方式",而将教学模式(含手段)称为"教学方法"。其实,教学模式是较广义的教学方法,它不是教学过程的基本元素,而是一个动态的系统。实际上,"方法"一词还有更广的含义,我们在本书中采用了狭义的教学方法,这也与广大教师的理解比较接近。当然,这并不特别影响我们对信息技术教学规律的探讨,有时单提教学方法时也可以隐含教学手段。

一、信息技术课程教学的基本方法

由于教学活动的性质和方式是多方面的,教学方法也是多种多样的。在长期的实践中,人们总结、创造出许多各具特色的教学方法。而由于教学过程的复杂性,人们对教学方法的认识不尽相同,对它也有不同的分类方法。例如,按照产生的时间可分为传统教学法(如讲授法、谈话法等)和新教学法(或称现代教学法,如发现法、程序法等);按照教学指导思想的不同可分为注入式教学、启发式教学和任务驱动式教学;按照教学内容的逻辑安排可分为归纳法(由特殊到一般)和演绎法(由一般到特殊);按照获得信息的主要途径可分为语言的方法(讲授、谈话、讨论)和直观的方法(演示、参观、观察)和实践的方法(练习、实验、实习);按照学生认知活动的基本形式可分为接受(复现)型、自学型和探究型等。

本节介绍信息技术教学中用到的八种基本方法,讨论它们的作用、用法和特点。

(一) 讲授法

讲授，是教师运用口头语言向学生系统地传授知识、方法和技能的一种教学方法，也是教学中最常用的方法之一，其他教学方法也往往需要讲授法的配合。"讲授"有讲述、讲解、讲演等不同的形式。"讲述"偏重于叙述事实和描绘形象；"讲解"偏重于解释事实，阐明概念和论证原理、规律；"讲演"则是对完整的题目连贯地进行分析、论证和说明，要求有严密的逻辑性和系统的科学性。课堂教学中常常根据讲授的教学内容不同而选择讲述或讲解形式（讲演一般用于讲座形式）或二者配合运用。例如，教材中关于信息技术发展史、应用领域、与人类社会的关系等内容用讲述；而对信息技术的组成、操作命令的使用、算法的实现等用讲解。在信息技术教学中，讲解的形式用得比较多，如学习新命令、语句、操作方法，解答疑问，总结上机及作业中的问题等。

运用讲授的方法要注意以下四点。

（1）讲授要正确可靠，有根有据；要有系统性，条理性；要由浅入深，抓住关键，突出重点，讲透难点，指明疑点。

（2）讲授要有启发性，应言简意赅，给学生留出思考余地，给学生动手实践的机会，激励学生首创精神。教师要把自己提出问题、分析问题、解决问题的过程变成学生的认识过程。

（3）讲授要通俗易懂，生动有趣，详略得当，深浅适度。要善于举例子，做比喻，言之有物，避免"乱""散""平""空"。教师讲授还要精神振奋、情绪饱满，富有说服力和感染力。

（4）教师讲授的速度要与学生思维的速度相适当，太快、太慢或过多的重复都不妥当。一个段落讲完后，应留出短暂的间隙让学生回味、思索教师刚才讲的内容，需要学生做笔记时，要留出相应的空余时间。持续性地讲授，要考虑学生注意力集中的持续时效问题。

讲授法的优点是信息传递效率高，所授知识能保持流畅和连贯，可以充分发挥教师的主导作用，教学时间和进度便于控制；适用于较抽象、理论性较强的内容。但若运用不当，易导致注入式，即忽视学生主体的作用，不利于学生能力的培养。另外，对低年级学生，讲授时间不宜太长，应与其他方法配合，以免注意力分散。

(二) 上机实习法

信息技术教学的实习法是指组织学生到机房上机实际操作，从而使学生获得、验证或巩固信息技术知识，并掌握有关基本操作技能，进一步发展智能的教学方法。此法主要用于实习软件的功能和用法、调试程序、训练信息技术操作技能，从而培养学生运用信息技术处理信息的能力和分析问题、解决问题的能力。

上机实习是信息技术教学的重要环节。学习信息技术，尤其是学习基本操作，如果不上机，只是纸上谈兵，不能达到会用信息技术的目的，实习课过少也不能熟练掌握基本操作技能。因此，条件较好的学校，学生上机时间一般不低于总课时的二分之一。当然若条件允许，比例可以更高。

根据学生的接受水平和实习的内容及时间，上机实习可采取三种方式。

一是边讲边实习，全体学生统一按教师讲的步骤进行，便于控制进度和秩序。适用于实践性较强的新知识的学习，或较难掌握的操作内容。但这种方式不利于培养学生的主动性和创造性,也不便于个别指导和帮助,有时较费时间。

二是分段实习,即把实习内容分成几个段落,每段开始先讲清本段要求,再由学生独立进行学习,段落结束时统一做小结,再一起进入下一段。这种方式既能逐步培养学生的独立工作能力,又能比较容易地控制课堂秩序。但学生操作进度不一,应以速度中等偏下的学生为准,适当布置一些补充题供速度快的学生做,并加强对速度慢和问题多的学生的指导。

三是学生独立实习,即学生按教师事先布置的上机题目(可写在黑板上或以上机讲义的形式下发)独立操作,教师主要是巡视和具体指导。发现共性问题时,可暂停实习,进行集体辅导。在巡视中发现学生误操作或出现不会处理的情况时,教师应注意启发、引导学生自己解决。这种方式可充分发挥学生的主动性和积极性,锻炼学生独立工作的能力,适用于学生已有一定的上机操作基础、进行创造性工作(如调试程序或编辑小报)或进行巩固性实习,以及训练机械性技能(如打字)的实习。有条件的学校还可以在课外开放机房,组织学生进行自选内容的实习,以补充、巩固和提高课堂实习的效果。

运用实习法,需要注意以下四个问题。

(1)上机实习要注意趣味性。例如,指法练习比较单调,可在教学中运用指法训练软件,此类软件一般含有"指法练习自测程序"。例如,有的练习程序包括慢速、快速、加速三种形式,均可记分,并以图文和音响告知准确性;有的软件内还有"电子琴程序",可供学生在弹电子琴奏曲子中练习指法;有的有字符游戏程序,可增加练习的趣味性。教师在出上机练习题时要考虑趣味性和实用性。

(2)要精心设计实习题目,有计划地培养学生的探索精神和能力。经过一系列的操作试验,学生便可得出正确的结论。这一实习过程应事先由教师设计好,从而提高实习的效果。

(3)有的学校机器很少,机时紧张。为节省开支,凡是不必在机房内解决的问题尽量不要带进机房。例如,初练键盘指法,多人用一台机器效果不佳,可先让学生参观键盘实物,尝试击键。然后在键盘图纸上模拟练习,熟悉键位和指法,与上机配合练习,多分几组,轮流上机。这样不仅提高了机器的利用率和练习效果,并且学生可在课下抽空练习。

(4)要教育学生爱护信息技术设备,强调操作时应注意的事项,并注意病毒的查消,以确保在有限的经济条件下,持久地开展信息技术教学。还要教育学生遵守机房各项规则,维持好实习时的秩序。

当然,实习课时也不是越多越好,即使所有信息技术课都在机房上,也要有一定比例的讲授,才能保证学生系统而深入地掌握理论知识、发展思维能力,完成教学任务,尤其是理论性较强的内容,如程序设计等。若没有设备先进的网络教室,并且机房大,上机人数多,则不利于维持课堂秩序,不便在机房讲很多内容。

(三)演示法

演示法主要指教师在上课时将实物或教具演示给学生看,或利用示教设备(如幻灯机、投影仪、电视、信息技术等)向学生作示范来说明或印证所传授的知识。演示法是直观性的原则的具体化,它不仅在知识教育方面有很大作用,也有助于发展学生的认识能力。例如,通过幻灯、录像、信息技术动画可以展示事物的变化发展(如信息技术工作流程、程序执行过程),可以观察到微观世界(如集成电路),可以见到平时不易见到的景象(如信息技术在各领域的应用)等。

某些知识的教学，借助示教设备演示，能使学生获得大量的感性认识，加深对所学知识的理解；帮助学生形成正确、印象深刻的概念；还能引起学生学习的兴趣、集中注意力、积极思考；可以培养学生的观察能力、动手能力。尤其是软件的使用，用边演示边讲解的方法可起到事半功倍的作用。为实现这些目的，必须充分准备。比如，演示的内容、时机、形式等都要精心设计，避免流于形式或没有代表性。

运用演示法，应注意以下五个问题。

（1）演示时，为了避免学生的注意力分散在一些细枝末节上，教师应对演示对象加以必要的说明，告诉学生应着重观察什么，并提出一系列问题，把学生注意力引导到他们应注意的内容上去。

（2）要尽可能地让学生观察被演示事物的变化，使学生获得深刻、完整的印象。在必要时，可暂停信息技术所显示的画面。以便学生观察、教师讲解。

（3）演示要适时。一些画面比较新颖的软件或显示结果，要在需演示时再运行，亦可先将屏幕背向学生以免分散学生学习其他内容的注意力，观察完后，要及时地清掉画面。

（4）演示完之后，要归纳总结，做出明确的结论。

（5）演示不能取代上机实习，只看不练是掌握不了软件的操作方法的。

演示法常用于需通过观察才能有效学习的比较复杂的内容，或需要实习但因条件所限学生不能充分实习的内容，或一些新软件的简介等。对课程的核心内容和各种常用软件的使用等，都可以用演示法辅助讲解，一目了然，可以少费许多口舌，也不必在黑板画出界面和写出反馈信息。当然，有时屏幕太小，演示时需有放大或发送设备。

（四）练习法

练习法是教师引导学生多次地、多方面地、创造性地应用已学知识的方法。就学生来说，学习中获得的感知必须多次重复呈现，才能促进理解，而理解的知识通过应用才能牢固掌握，并在此基础上进一步学习新知识。练习法的意义还在于培养技能和技巧。技能技巧是对理解了的知识的反复应用，并达到会用和纯熟的程度。例如，打字技能、使用浏览器检索信息的技巧和收发电子邮件等，都需反复练习才能掌握。

学习理论中的强化原则，就是指学会知识后还须强化学习，才能掌握得熟练，尤其是技能性的学习。例如，汉字输入法，学生很容易学会打汉字，但是要提高速度和准确性，必须通过大量的上机操作练习。又如，学习操作系统的操作指令，理解其功能并不困难，但若不通过多举例子、多做练习（书面与上机两方面），学生并不能很好地掌握其灵活用法，尤其是文件、文件夹、图标和窗口等概念。当然，练习要有明确的目的，要在理解的基础上恰当地练习，还要注意练习的多样化和讲练结合。

练习的形式多种多样，如课堂问答、板演、上机操作、课内外作业等。按其作用，练习分成两类：一类是巩固性练习，为巩固所学知识而设置，它既有必要的机械模仿，也有经过变形后的规则、命令、语句、算法的训练，这种练习常常是反复性的；另一类是发展性练习，着眼于某种科学思维、某种心理素质而设计的训练。

练习不但能巩固知识，形成技能，还能培养学生独立思考的能力、克服困难的意志、一丝不苟的作风及审美能力，而且对于能力的形成和发展、学习兴趣和探索精神的激发、科学思维的培养、反馈教学效果、提高学生学习质量起着重要的作用。

练习要注意以下四点。

(1) 练习要有针对性和典型性。教师在准备练习题时要有明确的目的：是巩固知识还是发展智能；然后针对目的选编典型性的习题，特别要注意"变式"的应用。

(2) 练习要有规范性和严谨性。教师要通过讲解例题、进行示范，指导学生掌握解题方法、格式；要求学生在认真复习、弄懂所学知识的基础上才做练习。

(3) 练习的数量和难度要适中。练习的数量太多，学生负担过重，会造成学生马虎了事，错误增多，甚至出现抄袭作业的坏习惯。机械地重复太多，会引起学生的厌烦情绪，抑制大脑的兴奋，毫无益处；练习太少，难度偏低，又达不到训练的目的。

(4) 要有区别地布置学生练习。对基础好、接受能力强的学生适当布置一些难度大一点的习题（如选做题、思考题），避免出现一些学生"吃不了"而另一些学生"吃不饱"的现象。

（五）自学指导法

自学指导法是教师指导学生通过自学教材和参考书来获得知识的一种方法，它是培养学生的自学能力、养成读书习惯、扩展知识面必不可少的途径。阅读还有利于培养学生的独立性和分析问题、解决问题的能力，有利于学生自由调整学习速度，实现个别学习。自学的内容应难易适宜，所列提纲具体明确，提倡多思考，才能将单纯接受知识转变为接受知识与培养思维能力相结合。

教材是教和学两方面的用书，要指导学生养成阅读教材的习惯。有的教材还专门提供了阅读材料，如新版教材中关于信息革命和信息技术硬件的材料。自学教材包括课前预习、课堂自学和课后复习三种形式。讲授新课前，教师要提出预习要求，给出内容提要，让学生带着问题看书，这样便于教师精讲重点、难点和关键；课堂上也可以对较容易的内容使用自学指导法，学生按教师提示的重点、难点和具体要求自学，然后回答有关问题，再由教师进行综述；课后阅读教材是对讲过的内容进行复习，整理笔记，做出小结，以便巩固知识，顺利地解决有关问题。对一些较简单的操作方法，可让学生自学后上机实习，最后再根据上机情况进行总结。

运用这种方法应注意以下四个问题。

(1) 教师要了解学生的水平，把握教材，特别是其难点，以便有效地指导。

(2) 要重视教师的指导作用。例如，编好阅读提纲，指导学生带着问题看书。对于课堂上的阅读，教师注意巡视，随时解答学生阅读中的疑难问题，掌握阅读的进度。

(3) 要注意可行性。学生必须有一定的自学能力，对于深度、难度较大的内容要在讲解后再让学生去阅读，以加深对这些内容的理解。

(4) 阅读应与其他方式结合进行。例如，在阅读前使用讲解、演示等方式提供线索，或进行类比，引起联想，以激发学生的求知欲望，提高阅读的效率。

除教材外，还要指导学生阅读课外读物和参考书，加大信息技术学习的深度、广度，了解信息技术发展的动向，这对课内的学习有促进作用。要帮助学生选择合适的课外书籍（可因人而异），并指导学生阅读方法，如怎样抓住中心内容、粗读、精读、使用工具书、做读书笔记、写读书报告等，逐步提高学生的自学能力。

信息技术课的自学还包括软件的自学，如讲完一个软件后，可提供类似软件的说明材料和软件让学生自学，以提高使用同类软件的能力。

自学指导教学需长期实践才能看出教学效果，较适宜在高年级实行。此法常与精讲、讨论相结合。如果没有寓教法于教材之中,教材没有留给学生思考的机会,则不宜采用。

(六) 谈话法

这是教师和学生用口头语言问答的方式进行教学的一种方法。采用这种方式教学,学生的活动较多,因而可以更好地活跃课堂气氛,调动学生学习的积极性。进行谈话法教学,教师的意图要通过学生的语言来表达,并且要求全班学生都处在探索问题、解决问题和回答问题的积极状态,课堂气氛求"活而不乱"。因此,教师一方面要吃透教材,了解学生,精心设计谈话提纲;另一方面在实际授课时,谈话要围绕主题,有计划、有步骤地把问题展开,并善于结合学生思想动态,适时启发诱导,灵活执行课时计划。在信息技术教学中,程序设计部分较适于用谈话法。

谈话法一般可分为三种类型:一是传授新知识的谈话,主要用来引导学生掌握新知识,教师在学生原有知识和经验的基础上抓住一系列关键环节,连续地提出问题,不断地激发和诱导学生思考,概括出结论,获得新的认识;这种类型带有探究性;如五个数排序的算法就可以在求最大数算法的基础上,一步步通过启发、问答得出来。二是检查和复习性的谈话,主要用于检查学生学习情况和巩固已有知识,问题一般选在教材的重点、难点和关键内容上;这种方法可以在整堂课内进行,如复习课;也可以在一堂课里的某个环节中进行,如讲新课前的复习提问或新课后的巩固提问。三是指导性和总结性谈话,这种方法可在上机实习前进行,使学生通过谈话明确目的、要求和方法;也可在上机之后,通过谈话帮助学生分析、总结和概括。

运用谈话法教学,需注意以下问题。

(1) 向学生提出的问题必须题意清楚,要求明确,避免产生歧义和误解。在提问中,需要指出所研究问题的前提。同时要注意问题的新颖性,不死板费解,以增加吸引力。

(2) 教师在编拟问题时,要同时考虑回答的学生对象,由浅入深,难易适度,以便对不同学生进行教育和鼓励。提出问题后应让全班学生思考片刻,然后再提名让学生回答,这样可使全班学生思考。提的问题要有一定的思考性和推理性,引导学生经分析得出结论,而避免经常向学生提"是非题"。一则"齐声回答"形式上较热烈,而不少学生未认真思考就随声附和;二则对基础较差、思维不甚敏捷的学生容易养成猜测的习惯。

(3) 与一个学生的谈话也要兼顾全班,用眼神、手势、旁白将全班学生的注意力集中在教师、学生两个人的对话中,随时指定其他学生补充和纠正,形成全体师生的共同活动,切忌将大多数学生冷落在一边。学生有疑问的地方,也应鼓励其提出来,教师可及时有针对性地解疑,调动学生学习的主动性。

(4) 提问题时要想到学生可能有不同回答及处理方法;若学生回答出教师未想到的答案,要迅速判断其正确性,若不正确,不要简单否定,要分析产生这种回答的原因(可能是对问题的误解或对知识掌握得不透),然后消除这个障碍,引导学生得出正确结论;谈话告一段落时,教师应进行小结,作出明确的结论;最后要归纳新知识的主要内容,使之系统化,留给学生完整的印象。

谈话法的优点是:有利于激发学生的求知欲,养成思考问题和讨论问题的习惯;促进学生的思维发展,锻炼其语言表达能力;对学生掌握知识的情况可以及时得到反馈,并及时解疑。适用于学生已有一定的知识基础,以及在教师引导下可独立得出结论的知识。但这种教学方法不易驾驭,要求教师有较高的组织课堂教学的艺术和应变能力。比如,对学生似是而非的回答，既不轻易放过，又不离题太远，应恰当地进行处理，通过插话、评价、改变问题、改换回答等灵活多样的方式，使谈话顺利进行下去。谈话法常与讲授法、演示法结合运用。

（七）讨论法

讨论法是在教师指导下，由全班或小组成员（如前后左右的同学）围绕指定的问题展开议论，表述自己的见解，从而进行相互学习、共同提高的教学方法。讨论可以在课堂上，也可以在课下，还可以在机房里（邻座之间）进行。

讨论是一种辅助性教学方式，它能集思广益，互相启发，实现信息与思想的交换，以求得问题的解决和认识的深入，能充分暴露学生的认识状况，使教师获得及时的信息反馈。这种方法信息交换频繁，有助于学生加深对知识的理解；有利于教师掌握学生的认识状况，能充分调动学生的积极性，启发学生独立思考，锻炼其归纳、分析和表达的能力；有利于培养学生敢想敢说，探求真理、坚持真理的优良品质。

但讨论法有时不易控制，所以教师事先要做好充分准备，拟好讨论题，提出具体要求。讨论中既要让学生自由发言，又要引导他们围绕中心，及时启发和点拨，重点指导，最后简要作出总结。讨论的缺点是不利于学生从整体上把握知识，使知识体系的逻辑性降低；时间较长；对教师能力要求较高；适合于能力较强并能积极发言的学生，适用于易产生分歧和混淆的内容或有多种实现方法的问题。此法常与自学、实习等方法相结合。

（八）程序教学法

程序教学法又称"机器教学""自动教学"，是根据程序编制者对学习过程的设想，把教材分解成许多小项目，并按一定的顺序排列起来，制成卡片或编成信息技术程序，学生按此程序进行自学，独立获取知识的一种教学方法。现在作为教学辅助手段的 CAI 软件，大多也是按程序教学的思想设计的。

程序教学的模式主要有直线式和分支式两大类。直线式程序，是把学习材料由浅入深地直线式编排，在呈现每个步子时，学生回答正确了再进行下一步，不能跳越任何步子。分支式程序，步子相对大一些。学生在掌握一个单元后，进入新单元，若没有掌握，便引向一个分支，补充一些知识，然后回到先前的单元再学习几遍，这样更适应个别差异的需要。

程序教学的优点是能发挥学生的主动性，养成自学习惯；小步子练习很细致，能防止遗漏知识，避免粗枝大叶，强化及时；有利于因材施教，学生自定步调；学生按程序教材进行学习新知识、练习、纠错、复习等环节，只在出现疑问和困难时由教师辅导，减轻了教师负担。同其他教学方法一样，程序教学去也有很大的局限性：一是学生主要与教材打交道，与教师、同学联系较少，难以进行思想教育和体现集体主义精神，容易忽视教师的主导作用；二是小步子使程序教学走向烦琐，反馈的过程机械呆板，束缚学生的思维，影响学生的创造性。但目前的CAI 软件引进了许多先进的教学思想及多媒体等新技术，已大大不同于早期的程序教学。

除以上几种教学方法外，在信息技术教学中也可用到其他教学方法，如以培养学生探索能力为主要目的的发现法，教学中普遍采用的游戏法、观察法、从做中学等，这里不再一一介绍。

二、信息技术课程教学的常用手段

教学手段是伴随着教育而产生，并随着科学技术的发展而不断变革的。从教学手段的产生时间和所采用的技术来看，教学手段可分为传统教学手段和现代化的教学手段。

传统的教学手段是教育产生以来，特别是实行班级授课制以来，在教学中所采用的一般教学信息媒体和辅助用具，包括最早使用的语言及逐步采用的板书、教材、教具、挂图、教学仪器等。

现代化（电化）教学手段是在教学中采用的以电为动力的幻灯机、投影仪、电影放映机、录音机、电视机、程序教学机、电子信息技术等硬件，以及承载着教学信息的幻灯片、投影片、录音带、录像带、教学程序等软件。这些教学手段可以高效率地传递教学信息，弥补传统教学手段的不足，提高对教学活动实施控制的有效程度。在教学活动中采用这些视听手段是电化教育的主要标志。现代化的教学手段正逐步走入课堂，是教学手段改革的方向。在这一方面，信息技术教学由于其得天独厚的条件，将走在其他学科前列。

本节我们将分别介绍目前信息技术教学中常用教学手段的作用及使用要求，以便更好地使用它们。

（一）语言

语言是人类交流思想、传递信息的工具。在教学过程中，教师向学生传授知识、培养学生的能力、对学生进行思想教育都无法离开语言。其他教学手段多数需要语言的配合。教师的语言是影响课堂教学效果的重要因素之一，是教学的一项基本功。

教学语言应该满足以下要求。

1. 目的性和启发性

教学语言要有目的性，不可随心所欲，信口开河，教学语言还要有启发性，创设问题情境，引人入胜，激励思维，使学生处于情绪高昂、积极思考的境地。

例如，循环语句节的教学，如果讲课开始说，"今天我们学习什么内容呢？"学生必然疑惑不解，不知所措。如果一开始就板书课题，又显得太平淡乏味。但是，如果我们通过复习提问，或者通过分析、讲解实例（如计算 $1+2+3+\cdots+100$），启发性地引入课题，那么效果就大不一样。因为这样调动了学生的思维，一定程度上引起了学习的兴趣，集中了学生的注意力，使学生明确了目的性，同时在新旧知识之间建立了一定的联系。

2. 科学性

教学语言要符合客观实际，符合科学原理，符合认识规律，具有科学性。教学语言的科学性还表现为语言必须精练、准确、严谨，对概念、原理、语法、规则的叙述必须严密完整、准确无误，不能随意编造和简化。

教学语言的科学性还体现在思路清晰、符合逻辑、措辞恰当、避免绝对化上。讲述概念、规定时尽量按教材的说法，有利于学生记忆。课堂上不讲废话，避免出现歧义。

3. 通俗易懂

教学语言要从学生的年龄特征和学生的认识水平出发，通俗易懂，深入浅出，语言要生动形象，富有感染力。可使用浅显生动的比喻帮助学生理解，如把内存单元比作旅馆中的房间、把目录比作放文件的抽屉等。教师不能按自己的理解水平讲课，不要引用学生不熟悉或难以理解的术语和表达方法。

4. 感染力

教师的语言除了在内容上注意以上几点以外，在形式上也要注意艺术性，增加感染力。要充满感情，辅以手势和表情，眼观学生，语态亲切，举止大方，对每个学生都满腔热情。对低年级的学生，更应注意这一点。教学语言清晰、有条理，要说普通话，努力做到口齿清楚，语言简练，音量大小合适、音速快慢得当，音调有轻重缓急，抑扬顿挫。对关键性的词语，语调要加重，速度要放慢并适当重复。

总之，教师要下功夫练好这项基本功，使自己的语言像演说家那样铿锵有力，像演员那样声情并茂，像播音员那样标准流利。

（二）板书

板书（包括文字和图形）是教学的书面语言，是口头语言不可缺少的补充，也是信息技术课堂教学的重要手段。板书对于调动学生的视觉、听觉，感知新教材，了解一节课的逻辑系统，掌握重点内容有很大作用。

信息技术教师运用板书要注意以下四点。

1. 计划性

板书是学生记笔记的主要依据，为了有条理地在课堂上进行板书，使板书整体布局合理、脉络清楚、重点突出，教师在课前必须对板书的使用进行整体、局部和技术设计，包括：整个板面分成几块使用，每一具体板块供哪一部分内容使用，各个板块之间的关系等，如正文与临时性的板书就要分开写；每个板块内，具体写些什么，哪些内容必须写，哪些内容详细写，哪些内容概括写等；每个板块内的内容怎么写，是用自然语言、信息技术语言，还是用图形进行说明等。还要考虑到教学顺序，板书的先后承接等问题。例如，一堂课后面要用到前面的内容，则要板书在合适的位置，擦黑板时有意保留下来。设计时还要考虑尽可能少用黑板擦。

从整个教学过程看，理想的板书设计应该是整体布局、主次分明、重点突出、详略得当、板书工整而清晰的，而且尽可能不使用黑板擦，尽可能富有启发性和概括性。

2. 直观性

板书的字体要端正、工整，大小紧密得当，使板书横成行、竖成列，使全体学生都能看得清楚、明白。板书必须条理清楚，条目分明，标号体系要前后一致。画流程图时，框内文字要清楚，分左右两栏时，各流程线的衔接要标明。有些内容用图表形式板书，会更直观一些。使用彩笔应注意，不要乱用，以免学生无法分清主次，不要使用过多的颜色，以免分散学生的注意力。板书应该详略得当，不要片面追求板书的计划性、完整性。

3. 示范性

一般板书既要提纲挈领地表现主要教学内容，又要具有良好的示范效果。必须注意概念、规则、算法及程序的完整性和规范性，最好与书上的写法一致，给学生唯一的样板。其中程序算法的书写格式以及流程图的画法更要注意完整、规范，可以省略的地方要有所交代。流程图各种框的画法要规范，以便学生养成严谨学风。这也是教师的一项基本功。

4. 启发性

板书要富有启发性，体现出由特殊到一般、由已知到未知的认识规律，把易混的概念命令语句加以对比，将有联系的知识串联起来，提醒学生思考，从中发现问题或进行归纳，为学生的发现创造条件，也有利于学生的理解和记忆。

板书要边讲边写，与讲授要有机结合，不能因板书而使讲授不连贯或写完再讲，使学生处于等待状态。当然有时由于内容和教学技巧的需要，故意静止片刻再进行板书，引起学生注意、好奇或思考，也会取得较好的效果。

在机房边讲边练时，也应把主要内容或要求学生熟记的内容书于黑板，加深印象。教师进行演示操作时，若学生看不清，要将使用的命令在黑板上写出，加强命令及输出信息间的因果联系。

（三）教材

教材是根据教学大纲的要求编写的教学专用书籍，是教师进行教学的依据，是学生学习学科知识的主要材料，也是必要的教学手段。不论怎样改进教学手段，教学手段如何现代化，都不能忽视教材的作用。

信息技术的教材主要由课文（包括例题）、实习、习题（练习）三部分构成，有的教材还配合课文，选了一些阅读材料以介绍相关的知识。其中课文是教材的基本部分，一般情况下也是教材的中心。实习和习题紧密配合课文，形成一个有机整体。这是与其他学科的教材相类似的。

由于信息技术教学强调上机实习，特别是有关信息技术操作训练的教学更是如此。因此，信息技术教材的部分内容可以实习为中心。例如，信息技术教材中键盘指法训练部分，实习占了很大的篇幅，可以此为中心开展教学。教研中心组编的教材直接就把实习内容作为正课内容。有些实习中关于操作方面的说明、介绍，也是信息技术基础知识的一部分。

教师在教学过程中，必须认真钻研大纲和教材，领会编写意图，掌握教学要求和教材特点；上课时要紧扣教材，但也不能照本宣科，要围绕基本内容，针对学生存在的问题，适当增加一些例子和习题。要教会学生阅读教材，了解信息技术教材的特点，掌握阅读方法，抓住重点，领会教材，培养学生的自学能力。

另外，由于信息技术教学在各地开展的情况不同，教师应根据学校的设备配置、教学计划和学生的特点，自己编写补充教材，或加深统编教材的内容，或介绍流行软件的使用，或配合教学方法的改变。也可根据相关教育大纲的要求，编写符合本地实际的教材，实现一纲多本。

（四）教具、挂图、小黑板

为弥补语言、板书的不足，增加直观性和真实感，节省课堂时间，信息技术教学可以采用教具、挂图等手段进行辅助。

教具包括实物、模型、图片等。例如，讲到软磁盘的结构时，若学生手中没有软盘，教师可将软盘实物带到课堂，对照讲解，比图示更具直观性。信息技术和其他部件也可作为实物教具。而有些设备，如鼠标、打印机、扫描仪等，学校里可能没有实物或不便带到教室，可借助图片（如照片）增加感性认识。但教具也不是越多越好，要看学生的思维发展水平，一般在抽象概念形成以前多用一些。

挂图可以标明机器、设备器件的外貌和内部结构，可以描述设备装置、结构原理、信息处理过程、程序流程等。在中小学信息技术教学中，经常会遇到需要制作挂图的情况。某些过小的实物（如CPU）、不便于全班学生观察；某些内部结构复杂的实物（如硬件系统）无法从外部或某一个侧面看清楚；某些设备部件无法参观或参观时无法一目了然（如硬盘的结构）；某些难理解的原理性内容（如CPU各部件关系，汉字在存储介质上存储等），都可以制成挂图，增加直观性。典型算法的流程图、大一点的程序、单元总结的内容等，若用板书太费时或难以写下，也可制成挂图。制作挂图可以节省课堂时间，以后各届学生还可以继续使用。

课堂上也常使用小黑板这种手段，事先写好一些例题、习题或一些难画的图、一些总结性的内容等来辅助板书，减少擦黑板的次数，节省时间。

（五）幻灯、投影、录像

信息技术教学经常要绘制流程图、板书程序，有时一些软件的操作也须在课堂上讲，这样往往会占用许多时间。若能在上课前制成幻灯片或投影片，上课时在幻灯机或投影仪上放映，不仅能节省时间，而且由于其亮度高、色彩鲜明，书写整洁、完整，更能吸引学生，有利于教师引导学生集中注意力，获得较深刻的印象。

投影仪用的透明胶片还可以边写边放、重叠放映、动态放映等，使用方便，表现力强。另外，有时机房为避免粉尘，不设黑板，也需使用投影设备写下操作要求和上机题目。

电视录像具有声、形、色并茂的特点，取材广泛，能够吸引学生的注意力，激发学生的兴趣；可以直接表现信息技术世界中各种现象及动态过程；可以使用各种特技手段，如放大、缩小、加快、减慢、动画等，使教学中要表现的对象变得更突出、更生动，便于学生更好地理解知识。

例如，有关信息技术的发展、应用等一般知识，如果仅是讲授，只能是泛泛而谈，学生印象不深，而若制成教学录像片，一堂课便能容纳更多的信息量和更形象生动的材料。再如，一些操作等，如果使用演示法有时因屏幕太小或结果转瞬即逝，学生看不清，有时因条件不易控制，较难出现预期效果，若用录像片便可轻松解决这些问题。当然录像片的制作需要一定的技术支持和比较多的时间精力，可根据条件逐步开展这方面工作或选用现成节目（如从电视节目中选录）。

另外，在信息技术教学中，使用演示法时需放大信息技术屏幕的显示信息，可加装一块视频转换卡，以便在大屏幕电视上输出，也可使用投影的方法。

（六）多媒体计算机、网络

在教学过程中引入计算机，无论在节省教学时间、变换教学时空、提高教学效率，还是扩大教育规模以及实现教学活动个体化方面都发挥了巨大作用，是教育改革的一个重要方面，有着广阔的发展前景。

计算机在教学中的应用主要有两方面：计算机辅助教学（CAI）和计算机管理教学（CAM）。前者是指利用计算机向学生提供所要学习的教学材料，通过频繁的人机交互作用完成各种教学功能，如讲授、练习、问答、模拟、游戏、问题求解等；后者是指教师利用信息技术来管理和指导教学的过程，包括课堂教学信息的采集与处理、教学的管理与监督、作业与试卷的生成和评分等。

在现代化教学手段中，多媒体计算机是最理想、最先进的一种，它的最大优点是适于个别化教学，能因材施教，在某种程度上它可以代替教师完成教学的各个环节，并且在某些方面会比以教师讲授为主的教学方式取得更好的效果。当然，教师并不会被机器取代，而应该更好地发挥主观能动性，研制适用的教学软件；从宏观上控制和管理教学过程，把主要精力放在学生感到困难的内容的教学上；完成机器难以做到且需要机动灵活和富有人性化的工作。作为信息技术课的教师，掌握信息技术方面的系统知识和技术，在这方面需做出双倍的努力，除了充分利用信息技术搞好信息技术学科教学之外，还要协助其他学科的教师使用信息技术进行辅助教学。

实际上，信息技术课教学中使用信息技术主要有三种用途：一是作为演示工具；二是用于学生学习和检索、传递信息资料；三是用 CAI 的形式学习信息技术知识。前两种用途我们已在前文中谈到，作为现代化教学手段而使用的信息技术主要指第三种用途。目前，学校用信息技术辅助其他学科学习的软件和课件较多，在信息技术课的教学中也选用了一些适用的 CAI 软件，如讲解信息技术基础知识的、训练指法的等，效果较好。针对低年级的学生也选用了部分益智游戏，寓教于乐。

信息技术教师应根据教学的实际情况，结合自己的教学经验，自行或合作开发适合学生使用的课件，促进教学手段的现代化进程，并注意研究解决随之而来的理论和技术问题。信息技术教师还应积极使用信息技术这个现代化工具对教学进行管理和指导，如逐步建立试题库、对教学中的各种数据（包括考试成绩）进行统计、分析等，充分发挥自身的技术优势和信息技术的巨大作用。

近几年来，计算机技术与多媒体技术和网络技术无缝结合，用于教学中，更突出了极大的优越性。多种媒体的使用，拓宽了教学信息的传播渠道，加大了学生的感知力度；网络教室的使用，加强了师生的交流；广域网的使用，使各种信息的获取更加方便，教学模式更加灵活。信息技术、多媒体与网络的结合，将会冲击传统的教学模式、教学方法和教学内容等，从而引发一场新的教学革命。

发达国家已使用网络进行分散教学。目前我国中小学用于教学的网络系统一般有两类：一类是成熟的信息技术局域网络系统，另一类是各公司开发的专用的信息技术辅助教学网络系统（也称多媒体电子教室、多媒体网络教室）。前者完善可靠，有众多厂商支持，使用扩充方便，成本较低，但它并不是针对教学环境的，用于信息技术辅助教学有许多不便之处，通常只是为了充分利用低档机和便于管理而配备的，目前我国有大量学校采用这种类型。后者具备教学网络的基本功能,如监听监视、教师机屏幕投影、学生机控制、对话、电子举手、电子白板、学生基本信息管理和课件制作等。现在一些有条件的学校已开始引入这种教学环境,并通过逐步与社会公众网络相连,实现教学的社会化。

由以上介绍可见,现代化教学手段有很大的优越性,但全面使用也有一定困难,如硬件造价比较昂贵,操作与管理一般比较复杂,软件制作工作量大且需要专门的技术。尤其是 CAI 软件要做得理想需较高的素质和大量的时间,而各个软件公司开发的教学软件良莠不齐,有的不符合教育规律,有的只是教材的电子化或题库,有的只有个花架子等,而且大多数价格也比较高。不过,教育部已制定了一系列法规和规划,我国的教育教学软件有望逐步走向规范化,将会涌现出众多适用、好用的软件,加快传统教学手段向现代化教学手段的过渡。但不管怎样,传统教学手段,尤其是教师的言传身教不能完全抛弃,它具有任何现代化手段都不能替代的功能。在目前阶段,传统教学手段在教学中仍居于重要地位。随着经济、技术的发展和中小学教育改革的推进,现代化教学手段必然会更好地用于教学当中。

三、教学方法与手段的选择

"教学有法,教无定法,贵在得法。"正因为不可能找到一切情况均可套用的教学方法,才产生了今天如此繁多的教学方法和手段。我们研究和选择教学方法的目的是更好地完成教学任务,最大限度地发挥学生的智慧,提高教学效率。

从前面的分析可知,每种教学方法和手段都各有其特点和适合运用的时机,并且功能比较单一。在教学实践中,常常是根据不同阶段的具体任务和要求,针对所解决问题的矛盾特殊性,选择几种有效的教学方法和手段加以组合以取得最佳效果。这种组合中可以一种方法为主,其他方法为辅。因此,我们必须深刻而全面地认识每种教学方法和手段的性能,了解教学方法的发展趋势和评价指标,才能在实际教学中选择出最优的教学方法结合方案,满足时代的需求,提高教学质量。

(一)教学方法改革的趋势

随着时代的发展,科学技术日新月异,知识迅速更新,信息技术科学更是如此。学生在学校里学习相对稳定的知识,与社会的发展变化日益拉开了距离。因此,只掌握现成的知识和技能并通过练习以至能准确地再现它们,已经远远不够。还必须使学生通过掌握知识的过程,发展他们的独立性和创造性,以便能够解决未来工作中不断出现的新问题。即要求学生不仅"学会",而且"会学""会用"。传统的教学方法主要是通过传授知识来引导启迪学生的智慧,而现代教学方法特别重视能力的培养,以启迪学生智慧来引导传授知识。近年来,国内外在教学方法改革方面进行了卓有成效的实验,涌现出许多具有良好效果的新教学方法,在信息技术教学中,也有一些有益的探索。这些教学法大都是前面我们介绍的各种单一教学方法的有机结合或再加工、再创造。

综观教学方法的改革趋势,现代的教学方法都呈现出以下五个特点。

(1) 以发展学生的智能为出发点。它们都超出了传统的"双基"要求,越来越注重学生智力的开发和能力的培养,特别是创造性思维能力的培养。

(2) 实现信息的多向传递。它们都力图把教师的主导作用与学生的主体作用结合起来,在教学活动中,学生在教师的指导下积极主动地获取知识,并通过质疑、释疑、讨论加强学生之间、师生之间的思想交流,使学生真正成为教学活动中的主体。同时重视反馈信息,以调控教学过程。

(3) 注重对学生学习方法的研究。它们都有学习心理学的依据。许多新教学法是在良好的学习方法的基础上创立的。在教学中既有教的要求,也有学的要求,强调教会学生学习,培养学生独立获取知识的能力。

(4) 重视学生的情绪生活。积极的情感体验可以增强教学效果,这是以生理学、心理学为依据的。现代教学方法强调情感在教学中的作用,它们注意激发学生的兴趣,产生学习动力,让学生学得轻松愉快,从而使思维活跃、记忆牢固。这是与"头悬梁,锥刺股"之类的学习方法大不相同的。

(5) 对传统教学方法适当保留并加以改造。传统教学方法虽受到批评,但并未被完全抛弃,而是针对其问题加以改造。例如,有人认为,讲授法仍不失为传授知识最经济而有效的方法,可经过改革使之成为积极的、能动的、有意义的教学方法;程序教学中克服机械呆板,增加人性化因素和趣味性;练习法中改变机械重复和"题海战术"等。可以说,现代教学方法就是在传统教学方法中更多地要求启发性、学生活动的独立性和发展学生的各种能力。

(二) 选择教学方法的依据

虽说"教无定法",但是"教有定规",也就是说教学方法不能随心所欲。其确立和选择都有自身的规律。首先,要依据全部教学原则为培养目标服务。其次,要用系统的观点来选择教学方法,要充分考虑教学得以进行的条件,防止选择过程中的片面性。在具体进行信息技术教学时,应考虑下面五个因素,对教学方法进行优选。

(1) 教学目的和任务:不同的教学任务需要选择不同的教学方法。例如,为了传授理性知识,发展抽象思维能力,就要用讲授法;为了培养实际技能技巧,增强理论联系实际能力,就要用操作实习法;为了培养学生创造性和独立学习精神,就要用问题探索法。

(2) 教学内容:知识内容不同,需要选择不同的教学方法。即使是同一单元的内容,也可能需要不同的方法。例如,讲操作系统的常用命令,有的利用演绎法比较好,即先讲一般格式,再举例说明;而有的则运用归纳法更易使学生接受,如复制,即先讲具体例子,再总结一般用法。又如,讲浏览器的使用时可以用探索法;而介绍计算机工作原理的教学,使用探索法则可能行不通。

(3) 学生的实际情况:学生的年龄不同,心理发展水平不一样,选用的教学方法也不同。对低年级学生,应灵活多变,多给学生表现的机会;而对高年级学生,则要多引导他们独立地钻研问题。对同一年级的不同班,由于学生心理发展的差异,在选择方法时也要区别对待。例如,在一个班级选用讨论的教学方法是成功的,在另一个班则可能由于学生知识上和心理上不具备某些条件而导致失败。

(4) 教学条件:教学条件包括教师本身的情况,如教师的理论修养、教学经验、业务能力和组织能力,运用某种教学方法和手段的能力以及个性品质等;还包括学校的教学设备、规章制度、管理思想以及教学计划等。例如,没有网络设备或教师不能熟练操作就不能使用网络教学法。

(5) 课型:如果是复习课,就可以选用复现法、归纳法、谈话法等;如果是新授课,就可以选用讲授法、自学法等；如果是训练技能课，就可以用上机实习法等。当然，有些方法可以用于不同的课型。

总之，选择教学方法要依据教学规律和实际情况，不能单纯追求时髦，或把教学搞成眼花缭乱的万花筒，而应使之产生实实在在的良好效果。

（三）教学方法的设计与评价

教学实践中所采用的教学方法可以来自两条途径。一是选用现成的教学方法，并结合自己的经验、特长进行再创造；二是自行设计教学方法，实际也主要由基本教学方法改造、组合而成。因此，不论是采用哪种方法，都有一个加工、设计的过程，即使是同一种教学方法，在具体的一堂课中也可以有不同的设计。教学方法既有科学性，又有艺术性，它必须符合学生的认识规律和心理特点，遵循教学规律。教学又是一种复杂、细致、创造性的劳动，需要比较高的教学技巧。教师只有深入研究，博采众长，才能设计出具有自己风格的好的教学方法。只有不断提高自己教学艺术水平，才能很好地完成教学任务。

教学方法的设计可以从宏观和微观两个方面来考虑。宏观设计是指一堂课或一个知识单元的教学总体设计，其主要任务是根据前面讲的几条依据，选取最合适的教学方法的基本元素，进行最优的结合。信息技术教学方法的宏观设计大致可按下面的顺序进行。

(1) 分析教学内容有哪些特点，确定教学目的。
(2) 能否在机房通过上机来学习？上机前要做哪些准备？
(3) 能否采用教师辅导自学的方法？在哪些方面必须予以辅导？
(4) 能否采用学生探索、讨论的方法？教师应在哪些方面予以引导？
(5) 是否采用讲授法？
(6) 是否应把几种方式结合起来使用？选用哪些方式和手段？如何结合？

就目前信息技术教学实际来说，讲授法和实习法为主要的教学方法，可适当辅以其他方法进行综合运用。针对不同的情况，常用的模式有讲授—练习—实习、演示—讲授—实习、自学—问答—实习、探索—讨论—讲授、实习—讲授—实习、讲授—实习—讲授等。在实际运用中，各种基本方法之间也不是截然分开的，常常是互相渗透，有机结合的。

微观设计是指对教学过程中各个环节（或各种教学方式、手段）具体进行细节的设计。它的内容十分广泛，包括语言的表达、问题的提出、新旧知识的联系与衔接、巧妙的引导、问题情境的创设、练习题的精选与安排、解题方法的选择等许多方面。正是这种微观设计体现了教学的艺术性和教师的教学风格。

不论是现成的方法，还是自己设计的方法，怎样的方法才是好的教学方法呢？总的来说，最优的教学方法应在规定的时间内达到最好的教学效果。具体地说，好的教学方法应达到以下五个要求。

(1) 有利于"双基"的掌握，形成良好的认知结构。
(2) 重视学生能力的培养，特别是独立获取知识的能力、运用知识分析解决问题的能力、创造性能力的培养。
(3) 能充分调动学生的主动性、积极性，发挥学生的主体作用，培养学生的学习兴趣。
(4) 能因材施教，把统一要求与分类指导结合起来。
(5) 要在教学计划规定的时间内达到以上要求，不能加重教师和学生的负担。

（四）教学手段与其他要素间的关系

现代教学论认为，在教学过程中，教师、学生、教学内容、教学媒体（方法和手段）四个要素通过两两间的相互利用，构成了一个联系密切的教学系统。因此，选用教学手段应注意处理好它与其他要素间的关系。

1. 教师与教学手段的关系

教师要恰当地运用教学手段，首先必须掌握每种手段的使用方法，然后教师要根据教学的实际需要来确定使用什么教学手段，以及教学中如何使用这些手段。在上课前，应认真做好准备，操作、演示要多试几次，考虑到各种情况确定好使用时间和步骤；在课上运用教学手段的过程中，教师应处于熟练地驾驭教学手段的地位，让其服务于教学。无论使用那种教学手段，在运用过程中，教师都要用语言去启发、讲解、概括，把感性认识上升到理性认识。

一般来说，教学手段有三方面的作用：呈现刺激、要求反应和控制教学环境，各种手段的三种作用的方式各不相同，教师要从具体的教学目的出发，恰当地选用教学手段，用后要善于总结，积累经验。

2. 各种教学手段之间的关系

各种教学手段之间不是对立的。一般来说，综合地运用几种手段比单纯使用一种手段的效果会好些，可以调动学生的多种感官参与学习，吸引注意力。但也不是越多越好，过多地变换花样可能会事与愿违。

不论是传统教学手段，还是现代化教学手段，都各有其特点，在一定条件下各有其特殊功能。现代化教学手段固然有很多优点，传统教学手段也具有很多现代化教学手段所不具备的功能。比如，教师在讲课中对学生思想、情感上的感染和熏陶，对课堂临时情况的及时调整和机智处理，都是以传统手段进行教学的优势。另外，由于教学软件并不十全十美，因此过度使用机器教学容易使学生思维机械化甚至影响个性和智力发展，眼睛也容易疲劳。

为了提高教育教学质量，在教学过程中我们必须同时发挥传统教学手段和现代教学手段的作用，从教学实际和学校现有设备条件出发，选择适用于教学内容的教学手段，并使各种教学手段密切配合，相辅相成。

3. 教师与学生之间的关系

教师在青少年成长过程中起着相当重要的作用，培养学生毕竟不能像工厂生产产品那样完全自动化，教师与学生面对面的教学方式是必不可少的。我们在教学中使用各种教学手段，是为了更好地完成教学任务。因此，无论运用何种教学手段，都必须考虑到如何创造尽可能多的师生共同活动的机会。使用现代化教学手段，如 CAI 时，学生与教学手段（信息技术）之间的联系占用了较多的时间，这时教师要发挥其主导作用，引导学生正确使用学习手段，对学生的学习提出要求，对时间作出适当的限制，及时发现问题，以使教学顺利进行。

4. 教学方法与教学手段的关系

运用某种教学手段，必须使用与之相适应的教学方法。在教学过程中，教师要根据教材的内容、学校的设备情况、学生的实际情况及教师本人的特点灵活地选择教学方法，灵活地运用相应的教学手段，最大限度地提升教学效果。

第十二章 现代教学媒体与教学环境

第一节 现代教学媒体

教学媒体是指以存储和传递教育教学信息为目的，载有教育教学信息，在教与学的过程中所采用的媒体。它是连接教育者和学习者双方的中介物。例如，专门用于课堂教学的计算机软件，由于具有明确的教学目的、教学内容和教学对象，因此也成为一种教学媒体。

通常把过去传统教学中使用的教学媒体，如语言、文字、黑板、挂图、模型、实物以及教师的体态表情等，称为传统教学媒体。相对传统教学媒体而言，把科技发展的新成果引入教学领域而产生的电子传播媒体称为现代教学媒体。由于现代教学媒体都与"电"有密切的联系，因此在我国也称为电化教育媒体。

现代教学媒体包括能传递和再现教育教学信息的现代化设备（硬件）以及记录、存储教育教学信息的载体（软件），如幻灯机和教学幻灯片、投影仪和教学投影片、录音机和教学录音带、录像机和教学录像带、计算机和CAI课件等；同时还包括由软、硬件组合而成的交互式的教学应用系统，如语言实验室、多媒体综合教室、计算机网络教室、电子阅览室、广播电视远程教育系统、校园闭路电视系统、校园计算机网络等。

现代教学媒体主要以图像和声音的形式传递信息，可以逼真、系统地呈现事物的动态发展过程，且不受时间、空间的限制，大到宇宙空间，小到生物细胞都可以再现。其具体生动形象的特点也能够更有效地激发学习者的学习兴趣和提高学习者的学习积极性。利用现代教学媒体进行教学，以声画结合的方式传递信息，使学习者的多种感官协同参与，大大提高了接受知识的效率，并对所接受的知识有较好的记忆效果。

现代教学媒体按照作用于人的感觉器官来分类，可以分为视觉媒体、听觉媒体、视听觉媒体和交互式媒体。

一、视觉媒体

常用的视觉媒体设备包括幻灯机、光学投影仪、视频展示台、投影机等。

（一）幻灯机和光学投影仪

1. 幻灯机

幻灯机是将幻灯片上的影像，通过光学系统放大投射到银幕上的一种教学设备。它在现代教学中曾发挥过非常重要的作用，现已逐渐被电子幻灯取代。但由于价格和环境等因素，在某些条件下幻灯机依然是一种重要的教学媒体。

第十二章 现代教学媒体与教学环境

幻灯机大致原理：幻灯机光源发出的光，经过反光镜反射和聚光镜汇聚，均匀照射幻灯片，透过幻灯片的光线再经过放映镜头的放大作用，使幻灯片上的影像在银幕上形成一个放大的、倒立的图像。

使用幻灯机时，通过调焦旋钮可使放映镜头沿光轴方向前后移动来调节焦距，以获得清晰的图像；为在银幕上获得幻灯片的正像，投射式幻灯机放映时，幻灯片应倒向放置，且正面朝向光源。如果幻灯机的亮度不高，白天在教室放映时应做遮光处理。

2. 光学投影仪

光学投影仪简称投影仪，是在幻灯机基础上发展起来的，在它的投影台面上可放置教学投影片，也可直接将书写结果投影到屏幕上去，功能强大的投影仪甚至可以进行实物投影。光学投影仪与幻灯机一样在教学中曾经是被广泛使用的一种教学媒体，现已逐渐被投影机所取代，但考虑到经济因素，它在我国很多地方的教育中仍然能发挥重要的作用。

光学投影仪由光学系统、电路部分和机械部分组成，大致原理：光学投影仪光源发出的光经光学系统处理后均匀照射在放置于载物玻璃台表面的投影片上，投影光束汇聚在放映镜头并通过其放大，再经过平面反光镜反射到银幕上形成放大实像。

使用时，调节调焦旋钮，使放映镜头和平面反光镜一起上升下降，直至获得清晰的图像。平面反光镜可绕水平轴转动，以适应银幕高度的不同，同时还可以和放映镜头一起绕垂直轴转动一圈，以改变投影的方向。当亮度不够时，可打开加亮开关以增加亮度。

（二）视频展示台和投影机

1. 视频展示台

视频展示台又称实物展示台，可以展示各种透明胶片（正、负片幻灯片，投影片等），也可展示印刷材料、图片、实物等，已逐渐取代传统的光学投影仪和幻灯机。但是视频展示台只是一种图像采集设备，需要与外部显示设备（如电视机和液晶投影机）连接才能将图像显示出来。

目前，主流视频展示台的分辨率可达上百万像素，清晰度较高。视频展示台还具有正/负片反转、黑白/彩色转换、镜像、冻结、图像放大/缩小、自动聚焦、多辅助光源等功能。视频展示台可将外部录像机、VCD、DVD 的视/音频信号输入，也可将视/音频信号输出到电视机、投影机、液晶显示器等设备。

2. 投影机

投影机是显示设备，可以将视频展示台、录像机、摄像机、VCD、DVD 输出的视频图像信号和计算机输出的信号投影输出到大屏幕上。根据成像器件和技术的不同，又有阴极射线管（CRT）投影机、液晶显示（LCD）投影机、数字光处理（DLP）投影机。

二、听觉媒体

常用的听觉媒体设备有录音机、激光唱机等。

（一）录音机

录音机是记录和重放声音的音响设备，可分为两大类：盘式录音机和盒式录音机。由于盒式录音机操作使用简单、便于携带、价格便宜，因此在教学中得到广泛应用。

磁带录音机利用"电磁变换"的原理，对声音信号进行声—电—磁的变换，并以磁的形式记录和重放。记录时，将声音信号变换为电信号，然后以磁的形式记录在磁带上；重放时，将记录在磁带上的磁信号变换为电信号，最后推动扬声器发出声音。

录音机中用来进行记录和存储声音信息的介质是磁带。磁带质量的优劣，对录音效果和磁头的使用寿命有重要影响。磁带由带基和磁性层两部分组成。根据磁性层使用材料的不同，磁带有多种类型：普通磁带，中、低频特性好，价格较低，适用于一般的语言或音乐节目的录制；二氧化铬带，高频特性好，频率动态范围宽，适合录制交响乐等器乐曲；铁铬带，高、中、低频特性都较好，适合录制各种音乐节目；金属带，输出电平很高、动态范围大，用于现场录制音乐节目，真实感强，是专业录音用的磁带。

（二）激光唱机

激光唱机，又称为 CD（Compact Disc）唱机，是一种用微处理器控制的数字化高保真立体声音响设备。它利用激光技术、数码技术、微电子技术、精密机械与自动控制技术，将声音记录在激光唱片（也称 CD 唱片）上。激光唱机具有操作简便、选曲快速、放音时间长（60～70 分钟）等优点；同时由于采用数字记录，因此增加了抗干扰能力，加上误码纠错功能，所以其音响质量极高。

激光唱机中用来记录和存储信号的介质是 CD 唱片。使用激光唱片时，应注意以下问题：（1）应当避免在高温、潮湿环境中使用，不能在阳光下曝晒和放在热源旁边，以免盘片受热变形；（2）要保持盘面清洁，避免落上灰尘，取盘时要手持边缘部分，轻拿轻放，防止跌落受损和指印污渍玷污盘面，影响重播效果；（3）盘片表面虽然有铝质反射涂层，且表面又有塑料保护层，但在实际使用中应避免硬物划伤盘片，影响重播效果；（4）如盘面有污迹时，可用柔软的绒布沾水湿润，由盘片中心沿半径方向直接向外轻轻揩擦，不能使用酒精，要用普通唱片清洗液体或化学溶剂擦拭；（5）盘片从温度较低的地方移至温度较高的地方使用时，表面会凝结水汽。播放前，应先用柔软干布将水汽拭去，否则会严重影响重放质量。

三、视听觉媒体

常用的视听觉媒体设备有电视机、摄像机、录像机、激光影碟机（VCD/DVD）等。

（一）电视系统

1. 电视系统的基础知识

电视，是根据人的视觉特性，利用光—电/电—光转换和电子扫描，通过通信线路将现场或记录的景物的图像和声音信号传输到一定距离之外，并进行接收还原的技术。因此，完整的电视系统应包括从景物信息的摄取到再现的全过程,主要包括电视信号的产生、记录、发送、传输、接收等环节。

在电视系统的发送端,利用摄像机将景物随时间和空间变化的光像转换为电信号,实现光电转换,再经放大、编码,形成视频全电视信号。发送端的信号源除了摄像机,还可以是磁带录像机、激光视盘机、电视实况转播车、卫星电视信号、城市间或国际间的微波中继线路、测试信号发生器等。信号源产生的视频全电视信号(包括伴音信号)必须经过高频调制,形成射频全电视信号,才能进行发射和传输。电视信号的传输主要有三种方式:地面广播电视系统、有线电视系统、卫星电视广播系统。

在接收端,电视机将微弱的高频的射频信号接收下来,经过高频头中的选频、放大、混频得到图像中频信号和伴音中频信号;再经过公共通道中的中频放大和解调得到视频信号和第二伴音调频信号;接下来视频信号进入解码器还原得到 R、G、B 三个基色信号,送至显像器件,利用电—光转换,还原出图像画面;而第二伴音调频信号则进入伴音通道,经过解调、低频放大等处理后,送至扬声器还原出声音。

2. 电视制式

根据色度学的三基色原理,任何彩色光都可通过红、绿、蓝(R、G、B)三种基色光混合得到。同时对于彩色光,也可由亮度、色调和色彩饱和度三个物理量来表示,色调和色彩饱和度统称为色度。在彩色电视技术中,发送端需将三基色信号编码为亮度信号和色度信号,接收端则相反,将亮度信号和色度信号解码得到三基色信号。根据发送端编码方式的不同,目前世界上有 NTSC、PAL、SECAM 三种彩色电视制式同时使用。美国、日本、加拿大等国使用 NTSC 制式,欧洲东部的国家普遍使用 SECAM 制式,我国与德国、英国等采用 PAL 制式。

具体来说,我国使用 PAL—D 制式:彩色图像采用 PAL 制式编码方式,每秒传送 25 帧图像,每帧图像又分为奇数场和偶数场,帧频为 25 Hz,场频为 50 Hz,扫描行数为 625 行/帧,行频为 15 625 Hz;伴音信号采用调频调制,伴音载频频率比图像载频频率高 6.5 MHz。

3. 电视接收机

电视接收机,简称电视机,其任务是将天线接收到的高频电视信号进行信号处理,并在显示器件上还原显示黑白或彩色图像信号,同时还原得到声音信号。电视接收机在经历了黑白电视、彩色电视的发展阶段后,现在正处在向高清晰度电视过渡的阶段;从另一个角度看,电视接收机也正从模拟电视向数字电视过渡。此外根据显示器件的不同,又有阴极射线显像管电视机、液晶显示电视机、等离子显示电视机。

电视机除了可以接收射频(RF)电视信号和其他视音频播放/摄录设备(如录像机、摄像机、VCD、DVD 等)送来的视频信号(Video)和音频信号(Audio)外,还可实现自动选台、信道切换、电视/视频(TV/AV)切换、对比度调节、亮度调节、色度调节、音量调节、开关机及定时控制、静音等基本功能。随着数字信号处理技术(如环绕立体声系统、丽音电路、数字遥控系统、画中画、图文电视等)的使用,电视接收机的功能将不断丰富和完善。

目前我国以模拟电视接收机为主,虽然采用了一些数字处理技术,但仍然属于模拟电视接收机,接收数字电视节目必须使用数字电视机顶盒。而液晶平面电视、等离子体平面电视和高清晰度背投电视将数字信号解码器直接集成在电视机内,成为名副其实的数字电视接收机,但由于其价格昂贵，尚未普遍使用。

（二）摄像机

摄像机是利用摄像器件进行光电转换、将景物的光像转换为视频电视信号的设备，它是电视系统中最重要的信号源。目前，绝大多数摄像机都是摄录一体机，在摄像机中设置了磁记录重放系统（一个小型的盒式录像机），将摄像机拍摄的景物的彩色全电视信号记录在磁带上，同时可以重放，通过寻像器或 LCD 显示屏监视，搜索画面或检查画质。

摄像机有多种分类方法，按摄像机的性能指标，可分为广播级、专业级和家用级摄像机。其中以广播级摄像机各项技术指标最高，图像质量最好；专业级摄像机则为中等，但价格适中；家用级的最差，但使用携带方便、价格低廉。

按摄像机记录信号的方式可分为模拟摄像机和数码摄像机。随着数字技术的快速发展，数码摄像机已逐渐普及，特别是 DV（Digital Video）机，因其丰富的功能、专业级的图像质量、接近 CD 的音质以及可与计算机连接进行编辑的特点而得到广泛应用。

被摄景物的彩色光经过摄像机的光学系统，分解为 R、G、B 三路基色光，分别进入各自的摄像器件（目前使用最多的是 CCD）成像，完成光电转换，R、G、B 三个电信号经过各自通道的放大、校正等处理后送至编码器，编码形成彩色电视信号，并利用磁记录/重放系统将信号记录在录像带上。如果是数码摄像机，则在将光信号转换为电信号后，还要经过模/数（A/D）转换，以数字格式将信号记录存储在 6.35 mm 宽的金属 DV 带上。

（三）录像机

录像机是视听觉媒体中的重要设备，是一种可以将景物的图像和声音信号同时记录在磁带上，也可以将磁带上的图像和声音信号重放的设备，将它和摄像机、监视器、电子编辑控制器、特技信号发生器等设备组合使用，可很方便地对各种电视节目进行编辑组合、记录重放等操作。

录像机有多种分类方法：按用途和录放质量分类，可分为广播级、专业级和家用级；按视频处理格式分类，主要有 Betacam、Betacam－SP、U－matic、VHS 和 SVHS 等；按录像机记录信号的方式分，可分为模拟信号和数字信号录像机。其中 Betacam 和 Betacam－SP 为高档机，其磁带带宽为 13 mm，常用于广播电视；U－matic 为专业级，其磁带带宽为 19 mm；VHS 和 SVHS 为家用级，其磁带带宽为 12.7 mm。此外，还有摄录一体的磁带宽度为 8 mm 的录像机。目前，数码摄像机（DV 机）使用的是磁带宽度为 6.35 mm 的金属 DV 带。

（四）激光影碟机

激光影碟机是利用激光技术播放激光影碟上图像和声音信号的设备，按其对视音频信号的处理格式可分为 LD、VCD、DVD 三种。

四、交互式综合媒体

(一) 多媒体计算机系统

多媒体计算机系统是指能对文字、声音、图像、动画、视频等多种媒体进行处理的计算机系统,即具有多媒体功能的计算机系统,其中使用最为广泛的是多媒体个人计算机(Multimedia Personal Computer,MPC)。

多媒体计算机系统与常规计算机系统相比,在硬件上增加了处理多媒体信号的设备,并通过软件来对多媒体信息进行数字化处理。

多媒体计算机软件系统包括系统软件、多媒体信息处理工具和多媒体应用软件。

系统软件主要有多媒体操作系统、多媒体设备的驱动程序、驱动器接口程序。

多媒体信息处理工具则主要是将外部设备采集的多媒体信息(包括文字、图像、声音动画、视频等)用软件进行加工、编辑、合成、存储,最终形成多媒体产品。

多媒体应用软件是利用多媒体加工和集成工具制作的,运行于多媒体计算机上的具有特定具体功能的软件,如辅助教学软件、游戏软件、电子工具书、电子百科全书等。

(二) 计算机网络

计算机网络是计算机技术和通信技术相结合的产物。早期的系统是将地理上分散的多个终端通过通信线路连接到一台中心计算机上,形成一主机多终端计算机系统。后来,又出现了将多个主机通过通信线路互联起来的系统,具体的代表是美国的 ARPAnet。随后,局域网得到了迅猛的发展和广泛的应用,一方面局域网技术逐渐成熟,另一方面 TCP/IP 已成为实际的网络协议的工业标准。与此同时又出现了光纤及高速网络技术、多媒体网络技术等,最杰出的代表就是 Internet,又称为因特网或国际互联网。

目前人们给计算机网络下的定义是:计算机网络是在网络协议控制下,通过通信设备和线路来实现地理位置不同且具有独立功能的多个计算机系统之间的连接,并通过网络操作系统等网络软件来实现资源共享的系统。计算机网络可以实现数据通信、资源共享、分布式处理等多种功能,并可提高计算机的可靠性。

计算机网络的类型多种多样,且有不同的分类方法。按网络的覆盖范围可分为局域网、城域网、广域网、因特网;按拓扑结构可分为总线形、环形、星形、网形;按交换与传输机制可分为分组交换网、ATM 网、帧中继网。

计算机网络是由网络硬件、网络软件和网络信息资源组成。

第二节 现代教学环境

常用的现代教学环境有校园网络系统、多媒体综合教室、计算机网络教室、语言实验室、电子阅览室、校园闭路教育电视系统等。针对我国农村中小学的教育发展现状,教育部的"农村中小学现代远程教育工程示范试点项目"推广使用卫星教学收视系统和计算机网络教室系统，以在广大农村推动现代教育技术应用。

一、卫星教学收视系统

（一）卫星广播电视系统

1. 卫星广播电视系统的原理

由于卫星传输具有覆盖面积大、传输距离远、传送电视信号质量高、传送节目套数多、信息容量大，不受地理环境因素影响，在同等容量和同等距离条件下建设成本更低等优点，因此被广泛应用在电视广播、语言广播、电话、传真、数据传输以及陆海空移动目标通信等方面。

我国是一个地域辽阔、地形复杂、人口众多的国家，教育的需求非常大，而教育资源却相对短缺，卫星广播电视技术对现代远程教育的发展起了极大的推动作用。随着卫星广播技术的发展，数字卫星广播正在迅速地取代模拟卫星广播。数字卫星广播可实现双向交互式的数字信号的传输，并可与我国教育科研网和其他地面通信网连接，提供实时和非实时的教学手段以及丰富优质的教学资源，为扩大教育规模、提高教育效率、发挥优质教学资源的效益作出贡献。

卫星广播电视系统利用位于赤道上空的静止轨道同步卫星作为转播站，将地面中心站送来的广播电视信号转发给地面的各个接收站。

为保证卫星和地球之间的同步，卫星必须处于离地面高度为 35 786 km 的赤道上空的圆形轨道上。同时为使赤道上的卫星不相互干扰，国际电信联盟（International Telecommunication Union，ITU）规定赤道上的卫星彼此间应有 3°的间距。如果卫星发射的波束与赤道相切，可以推算出卫星发射电波的张角为 17.34°，此时卫星辐射的赤道周长最大可达到 18 100 km，能覆盖地球表面积的 1/3。因此，只要在赤道上空等距离（120°间隔）配置 3 颗同步卫星，就基本上能覆盖整个地球表面（地球两极附近地区除外），从而实现全球的卫星电视广播。

2. K_U 波段卫星 IP 数字广播系统

我国教育卫星电视广播原采用 C 波段（3.7～4.2 GHz）技术。C 波段原属于通信频段，用于地面微波通信和卫星通信，因此卫星电视广播易受到 C 波段地面通信的干扰。为避免干扰，要求电视广播卫星的转发器功率不能太大，再加上频率较低，因此地面接收天线口径需在 3～4.5 m。随着高频技术的成熟，K_U 波段成为卫星电视广播的优选波段。K_U 波段（我国为 11.7～12.2 GHz）卫星单转发器功率较大，多采用"赋形波束"天线，加之 K_U 波段卫星接收天线效率比 C 波段卫星接收天线效率高，因此 K_U 波段卫星接收天线口径远小于 C 波段，从而降低了接收成本。同时，采用 K_U 波段避免了 C 波段地面通信的干扰，降低了对接收环境的要求。

卫星 IP 数字广播采用了数字压缩技术和 IP 数据广播技术。

数字压缩技术主要有两种：一种是欧洲国家提出的数字视频广播系统（Digital Video Broadcasting，DVB），其中的 DVB-S 标准是专门为各种数字卫星电视广播制定的标准；另一种是美国提出的 DigiCipher，两种方式互不兼容。DVB-S 标准采用 MPEG-2 视频压缩标准和 MUSICAM 音频压缩标准，已在很多地区得到广泛应用，并得到了 ITU 的支持。我国将 DVB-S 作为数字卫星广播的标准，目前省级数字压缩节目都采用该标准。

IP 数据广播是一种基于网际协议的数据广播。它通过卫星将大量的多媒体课件和计算机文件发送到用户的计算机中。用户可以不受时间的限制进行学习或浏览相关信息。卫星 IP 数据广播提供数据传输和多媒体功能及加扰和授权的能力，且有极高的传输质量，同时传送的视音频数据量很低，同一转发器可传送的节目更多。

K_U 波段卫星数字广播结合 IP 数字广播技术，非常适合广大分散的偏远地区的学校，便于小口径天线的安装和卫星教学收视系统的应用。

（二）中国远程教育卫星宽带网（CEBsat）

为构建我国教育卫星宽带多媒体传输平台，教育部组织实施了"卫星电视教育网络改造项目"。该项目应用卫星通信技术、数字电视压缩技术、计算机和网络技术、信息安全技术等新技术，其改造目标是：

（1）将模拟电视传送方式改为数字压缩传送方式；

（2）采用 K_U 波段进行传输，增加空间频率资源，加大卫星转发器传送信号的强度，减小地面接收天线的口径，以利于推广应用；

（3）与 CERnet（中国教育和科研计算机网）及其他地面通信网结合，提供实时和非实时的交互式教学；

（4）为教育资源中心的多媒体课件及各种教育资源提供高速下载通道。

中国远程教育卫星宽带网开始实播后，正式启动现代远程教育卫星宽带多媒体传输平台。该网采用鑫诺一号卫星 K_U 波段传送，主要接收参数为：轨道位置为东经 110.5 度，下行频率为 12.620 GHz，符号率为 32 552 MB/S，极化方式为垂直。CEBsat 具备播出 6 套电视节目、6 套语音节目、20 套以上多路数据广播的能力，还能开展卫星因特网接入服务实验，提供双向远程教育服务。

（三）卫星教学收视系统

卫星教学收视系统由室外单元和室内单元组成：室外单元包括卫星地面接收天线、高频头、同轴电缆，室内单元包括功分器、数字卫星接收机、电视机、卫星 IP 数据接收卡、计算机、网络互联设备等。

由卫星地面接收天线收集从卫星下行的卫星信号，并聚焦于馈源上。高频头将馈源送来的卫星信号进行高频放大和下变频处理。然后经过功分器分成两路，一路由同轴电缆送至室内的数字卫星接收机，解调出视频和伴音频信号，送至电视机还原图像和声音；另一路由卫星 IP 数据接收卡转换为数字信号存储在计算机中。在条件允许的情况下，可将卫星数据接收计算机连入计算机网络和校园网。

（四）卫星教学收视系统的教学应用

1. 课堂直播，同步教学

利用直播课堂和流媒体技术收看空中课堂节目，学生可以收看远程课堂中优秀教师的课堂教学,从而实现同步教学。

2. 计算机辅助教学

将卫星教学收视系统接收到的多媒体数字化的素材、课件、教学设计方案以及其他教育资源存储在计算机中,也可以将存有教育资源的计算机连入多媒体教室、网络教室和互联网。教师可以利用接收的教学资源,进行选择、整合,应用于教学备课、课堂教学和用来创设学习情境,还可以利用通过卫星接收的教师培训课程开展教师培训。学生也可以利用接收的丰富的资源,进行自主学习或浏览信息。

二、校园网

校园网通常是指在网络通信协议控制下,利用网络设备和通信介质将校园内不同位置的计算机和各种终端设备有机地集成在一起,并通过防火墙与外部的 Internet 连接,为教育教学和学校管理服务,并建立可实现资源共享、远程教育、远程信息交流等功能的局域网。

(一)校园网的网络结构

校园网采用"主干+分支"的结构,利用高速网络技术构建整个校园主干网,其中包含一个或多个出口连接外部 Internet,学校各部门的局域网或其他网络终端设备作为分支通过交换机或集线器连接到学校的主干网上。

随着进入校园网用户的增加,进入主干网的数据量也逐渐增大,因此为保证网络传输的畅通,主干网需有充足的网络带宽。

校园网整体接入 Internet 时需要配备路由器等设备。

(二)网络设备

常用的网络设备有服务器、工作站、传输介质、网络适配器、网络互联设备等。

1. 服务器

服务器是网络中为客户端计算机提供某种服务的计算机。服务器是网络系统的核心部分,要选用可靠性好、稳定性强、性能优良的计算机。按服务器可提供的服务功能,可分为文件服务器、数据库服务器、视频服务器、Web 服务器、IP 服务器、网关服务器等多种类型。

2. 工作站

工作站是一台客户机,即网络服务的一个用户,通过网络适配器与网络连接。工作时,工作站向服务器提出服务的请求,服务器则响应请求,提供响应的服务,最后工作站接收服务器传回的数据。工作站有时也作为特殊应用服务器使用,如作为打印机的专用工作站。

3. 传输介质

在校园网中,常用的传输介质有双绞线和光纤。

4. 网络适配器

又称网卡，是一种可以插入计算机主板插槽的电路板，用来提供网络主机的接口电路，并提供网络电缆插入的连接头。

5. 网络互联设备

常用的网络互联设备有中继器、集线器、交换机、路由器、网关、防火墙等。

（三）校园网的基本功能

校园网应为学校的教学科研、教育管理、国际交流等各方面提供支持和服务，它具备以下基本功能。

1. 通信服务系统

校园网不仅实现了校内的教育教学资源的共享和传输，还实现了与因特网的互联以及资源共享和通信。

校园网网页是学校对外宣传的窗口，主要内容应该有：学校历史和现状、机构设置、招生信息、教学和科研信息等。同时，校园网主页应该能够及时发布校园重大新闻事件、会议通知、各种文件和表格等。

校园网还应该提供其他各种 Internet 服务，如电子邮件、电子公告板、文件传输、聊天、视频会议等。

2. 教育管理系统

利用校园网的教育管理系统可以实现学校的各项管理工作。

（1）行政事务管理。包括行政党务管理（会议、文件、资料等）、档案管理（人事、科研成果、固定资产等）、各处室和院系的行政管理等。

（2）教学教务管理。包括课程信息管理、图书资料管理、实验室管理、学生选课管理、学生成绩与学籍管理、德育教育管理等。

（3）科研管理。包括科研人员管理、科研项目管理、科研经费管理、科研成果管理等。

（4）总务后勤管理。包括财务管理（工资、经费、拨款等）和资产管理（设备、房产等）。

（5）信息查询。可实现按用户权限进行数据浏览、查询、统计、打印等功能。例如，成绩管理，可进行成绩信息的录入、修改、浏览、查询、统计（如最高分、最低分、优秀率、及格率等）、排序等操作。

（6）校园一卡通系统。可实现师生校内就餐、购物、洗浴、交费和图书过期罚款等 IC 卡记账和结算；用 IC 卡代替借书证，作为借书的身份识别；可将师生彩色照片以特定格式显示在 IC 卡上，作为工作证和学生证使用；特殊地点的门禁识别等功能。

3. 教学应用系统

校园网的主要功能就是教学应用，应具备支持教师网络备课和授课、网上课程学习与练习、在线考试、网络教学评价、作业提交与批改、课程辅导与答疑、师生交流与互动等功能。

（1）网络备课系统。包括图片素材采集、音视频素材采集、多媒体素材的集成和课件制作系统等。

（2）教学演示系统。包括资料检索、多媒体演示、视频点播、视频广播等功能。

（3）学生学习系统。利用该系统，学生可以实现网上选课、网络课程学习、作业提交、小组协商讨论、资料查阅等功能。

（4）题库管理系统。包括题库维护、组卷等功能。

（5）考试与评价系统。包括网络在线考试与测试、测试评价、试卷分析等功能。

（6）远程教育系统。可实现通过Web方式、视频点播方式或视频会议方式进行实时或非实时的学习，教师可以提问、在线辅导、答疑和批改作业，学生则可提出疑问、提交作业，师生之间也可就某一主题或问题进行交流讨论。

（7）数字化图书馆。用户可以通过校园网访问图书馆的联机数据库，方便地对图书馆的图书、文献资料进行检索、查询、借阅。

4. 教学信息资源库

教学信息资源库是校园网建设和应用的核心，各种教学信息特别是多媒体教学信息被放置在校园网上。教学信息资源库通常包括多媒体素材库、教案库、多媒体网络课件库、试题库、学科资料库等。用户在各自被允许的权限内，使用Web方式浏览各种教学信息和资源；系统还应提供分类目录检索和关键字检索方式，方便用户查找所需信息和资料。此外，资源库还应具备压缩打包、上传下载等功能。

三、多媒体综合教室

多媒体综合教室是根据现代教育教学的需要，将多种现代教学媒体集中在一个教室中，以利于开展多媒体组合的教学活动。多媒体综合教室是目前使用非常普遍的由现代教学媒体组合而成的应用系统。

（一）多媒体综合教室的构成

目前，多媒体综合教室都是以多媒体计算机为核心，由投影机、大屏幕、视频展示台、录像机、激光影碟机（VCD或DVD）、录音机、音箱等多种现代教学媒体组成，同时为方便对教室内多种设备的操控，将全部媒体设备集中由中央控制系统管理。

多媒体计算机是多媒体综合教室的核心，在系统中作为网络连接设备，可以和校园网或因特网连接；同时作为计算机教学媒体，其图像信号经过视频分配后，一路送到显示器，另一路直接输入投影机，并在大屏幕上显示高清晰度的图像。录像机、视频展示台、激光影碟机等输出的视频信号经过视频切换也可以输入投影机，而且系统可以和校园闭路电视系统连接。音响系统将来自计算机、录像机、激光影碟机、话筒、录音机的音频信号输入功率放大器，通过音箱还原高保真的声音。

通过中央控制系统的按键控制面板或遥控器或计算机控制软件对录像机、激光影碟机、视频展示台、多媒体计算机、投影机等设备进行电源和基本操作的集成控制，还可以控制教室内的环境设施，如电动屏幕的升降、电动窗帘的开关等。

（二）多媒体综合教室的教学功能

1. 多媒体综合教室的基本功能

（1）利用多媒体计算机连接校园网和互联网，使教师能方便地调用校园网和互联网上丰富的教学信息资源，利用多媒体计算机演示多媒体课件、网络课件，开展计算机辅助教学。

（2）连接校园闭路电视系统，播放电视教学片或进行视频点播，充分发挥电视媒体在教学中的作用；还能够播放录像、VCD、DVD 等视频教学节目；利用视频展示台形成实物模型、图片、照片、文字等资料的视频信号；利用投影机将计算机信号和各种视频信号高清地显示在银幕上。

（3）能用音响系统高质量地播放各种设备的声音信号。

2. 多媒体综合教室的高级功能

（1）在多媒体综合教室，教师可以利用多种媒体辅助其教学活动，通过多种媒体的组合使用和网络信息资源的获取，使教学过程得以优化，突出教学中的重点、难点，提高教学质量和效率。

（2）利用多媒体综合教室作示范教学、多媒体学术报告和专题讲座等活动，有利于观摩示范教学和扩大教学规模。

四、多媒体计算机网络教室

多媒体计算机网络教室目前是国内各类学校中使用较为普遍的一种网络教学系统。它是在一间教室内将若干台多媒体计算机利用网络互联设备和通信介质互联成为一个小型的具有教学功能的局域网，同时可以通过校园网和因特网连接。

（一）基本构成

多媒体计算机网络教室通常包括计算机网络和网络教学系统两部分。

1. 计算机网络

多媒体计算机网络教室是一个小型的局域网，并可与校园网及因特网连接。

系统硬件组成主要有：服务器、多媒体学生用和教师用计算机（均附带耳机/话筒）、集线器或交换机、网卡，并通过双绞线连接。如果条件允许，加上录像机、激光影碟机、摄像机、投影机、大银幕、音响系统等设备，可形成功能齐全的视听型多媒体计算机网络教室。

系统软件包括教师机、学生机、服务器的操作系统。服务器上还存放有教学资源，并提供因特网的电子邮件等常见应用服务。此外，教师机和学生机上安装有各种应用软件以及教学管理软件。

2. 网络教学系统

网络教学系统是在计算机网络的基础上为开展网络多媒体教学所需的控制系统，包括多媒体控制和教学管理两部分。多媒体控制部分是在计算机网络的基础上,通过在教师机和学生机上增加相应的硬件和软件,实现音频、视频和控制信号的传输。教学管理部分则直接支持多媒体计算机网络教室的网络教学,一般通过专门的教学管理软件实现。

(二)教学功能

多媒体计算机网络教室适应信息化时代教学和学习的要求,一方面能够充分满足学生个别化学习、分组讨论和集体学习的需要,为学生营造一个优良的信息化学习环境,并且学生可以利用校园网和因特网上丰富的学习资源,进行自主的探索式的学习。另一方面教师可以利用多媒体,开展多种形式的教学活动,同时利用网络教学系统,教师能够有效地控制、管理整个教和学的过程,并实现对学生学习的监督和指导。

多媒体计算机网络教室应具备以下教学功能。

1. 资源共享

所有学生和教师都可共享校园网服务器上的学习资源(如多媒体素材、多媒体网络课件、网络课程、试题库等),同时也能够连入因特网共享更为丰富的资源,还能够进行软件下载、信息浏览、视频点播、邮件收发等活动。

2. 广播教学

广播教学功能可以将教师机的屏幕画面同步传输给全部学生或某组学生、某个学生,从而使学生看到教师的操作过程;同时,教师还可以将某个学生的屏幕画面同步转播,用学生的操作做示范。

3. 监控功能

利用监控功能,教师可以在自己的计算机屏幕上监视全部或部分、某个学生的屏幕信息;必要时可以通过语音或键盘方式对学生进行辅导,甚至锁定学生的键盘和鼠标,从而实现对教学过程的有效监控。

4. 分组功能

利用分组功能,教师在教师机上可以任意指定若干人为一组,分成多组,让各小组成员进行在线讨论和合作学习。

5. 控制功能

利用控制功能,教师可以实现对学生机的控制,对全部或部分、某个学生进行锁定/解锁键盘、锁定/解锁鼠标、黑屏、开关机等操作。

6. 文件传输

利用文件传输功能,网络上的用户可以将文件或目录发送到其他用户的指定目录中去,也可从其他用户接收文件或目录,并存放在指定目录中。例如,将学生需提交的作业发送到教师机上的指定目录中。

7. 电子举手

利用举手功能,学生在学习过程中如有问题提出时,可进行电子举手向教师求助,教师对求助的学生给予及时的指导。

8. 联机讨论

教师和学生、学生和学生之间,可以通过联机讨论,互相交流信息。在讨论过程中,屏幕上会出现讨论的窗口,显示发送给对方的信息以及接收到的对方发来的信息。

9. 视频传输

在教师机上播放视频文件,并广播给全部或部分、某个学生。

10. 语音传输

利用语音传输功能,教师可以将自己的语音传送给教学网络上的全部或部分、某个学生;同时教师也可以允许将某个学生的语音传送给自己,从而实现双方之间的语音交流。

五、视频点播系统

视频点播(Video On Demand,VOD)技术综合利用了计算机技术、网络通信技术、多媒体技术、电视技术和数字压缩技术等现代技术。用户根据自己的兴趣和需要,在自己选择的时间和地点,采用交互方式在电脑或电视上收看自己选择的内容,并完全控制播放的进度。

按 VOD 系统交互性的程度可分为真视频点播(TVOD)和准视频点播(NVOD)。TVOD 系统具有双向对称的传输容量,在收视过程中可进行快进、快退、暂停等操作。NVOD 是一种非对称的双工传输系统,用户对节目没有控制权。

按视频点播系统的传输方式,可分为基于有线电视(CATV)的视频点播系统和基于计算机网络(Internet/Intranet)的视频点播系统。

(一)视频点播系统的组成

基于计算机网络的视频点播系统,主要由三部分组成:服务器、通信网络和客户端。

VOD 服务器中的视频点播资源是事先由专门的处理系统制作的,即由 VOD 制作系统来完成视频信号的采集、数字化、压缩等处理工作,生成视频文件,并保存到 VOD 服务器中。VOD 服务器用来存储压缩的数字化视、音频文件,向用户发送连续的视、音频数据流和对用户进行认证、计费等。通信网络用来进行 VOD 数据的双向传输。客户端设备安装在用户家中,完成数据的接收解压缩和回放任务。目前,能够完成客户端任务的设备有多媒体计算机以及机顶盒和电缆调制解调器。

(二)视频点播系统的教学功能

视频点播系统可以利用校园网和有线电视网开展现代远程教育,主要有以下教学功能。

1. 课堂教学

将传统的教学录像节目转换为压缩数字信号后存放到 VOD 服务器，教师可以在与校园网和因特网连通的多媒体综合教室或多媒体计算机网络教室中，通过客户端统一的点播界面，任意点播这些视音频文件。当然也可以购买、自制或下载视频教学节目，存放到 VOD 服务器上，作为教学节目源。

2. 广播教学

通过摄像机和话筒，将教师的图像和声音信息采集到视频广播服务器中，利用视频广播系统实时广播课堂教学实况，凡是和校园网互联的计算机终端都可进行收看教学。

3. 远程教学

视、音频节目通过广域网，可以实现远程教学。远程教学点既可以先将 VOD 服务器上的节目下载到本地服务器，然后在本地局域网范围内点播；也可以通过因特网，利用网页浏览器（如 IE 或 Netscape 浏览器），点播远程 VOD 服务器中的教学节目或收看实时广播的课堂教学内容。

4. 自主学习

任何学生可以在任何时间、任何与校园网或因特网互联的计算机上点播 VOD 服务器上的适合自己学习需要的教学节目内容，为学生的自主学习提供条件。

5. 电子图书馆

视频点播系统中配置光盘塔、光盘库或虚拟光碟，就可以成为网络电子阅览室，师生可以在网上任意点播教学或娱乐光盘节目，这可以满足全体师生的教学和文化娱乐需求。

第十三章　多媒体信息技术

随着计算机软硬件技术、通信技术、网络技术等的不断进步和相互交融，以及多媒体各种标准的制定、升级和应用，现代教学中的多媒体信息技术已经从一个婴儿成长为一个青年，并不断向高分辨率、高交互、智能化和虚拟现实等方向发展，在新时代的教学中占有越来越重要的地位。多媒体信息技术涉及的内容非常广泛，一般可分为图形与图像技术、音频技术、数字视频技术。

第一节　图形与图像技术——Adobe Photoshop 软件的应用

一、图形图像技术概述

图形、图像是多媒体中非常重要的信息表现形式，属于视觉媒体，人类获取的信息的70%来自视觉系统。因此，对图形、图像进行获取、处理与数字化是多媒体技术的重要内容。一般而言，计算机绘制的图有两种：矢量图形和位图图像。

（一）图形

图形（Graphics）是计算机绘制的图，它是由外部轮廓线条构成的矢量图（Vector Graphics，VG），即由计算机绘制的直线、圆、矩形、曲线、图表等。图形是用一组指令集合来描述图形的内容，描述构成该图的各种图元位置、维数、形状和颜色等。例如，直线线段可以用始点坐标和终点坐标及线段颜色来表示；圆可以用圆心、半径和颜色来表示。在图形文件里只保存生成图的算法和图上的某些特征点，不需要对图形上的每一个点进行量化保存，所以，图形文件比图像文件的数据量要小得多。

图形的显著特点是：主要由线条所组成。矢量图一般用来表示比较小的图像，移动、缩放、旋转、复制、改变属性都很容易，一般用来做成一个图库，如很多软件里都有矢量图库，把它拖出来随便画多大都行，图形不会失真。

（二）图像

图像（Image）是由照相机、摄像机和扫描仪等输入设备记录下的实际场景画面，或是通过绘图软件制作的图画。可以把一幅图像看成一个矩阵，矩阵中的任一元素对应于图像的一个点，而相应的值对应于该点的灰度等级。图像的最小元素称为像素（Pixel），存放于显示缓冲区中，与显示器上的显示像素一一对应，所以图像可称为位图图像，也称像素图像、点阵图像或位图。位图中的位（bit）也就是一个二进制位，用来定义图中每个像素点的颜色和亮度。

对于黑白线条图常用1位（0、1两个等级）值表示，灰度图像常用4位（16种灰度等级）或8位（256种灰度等级）表示该点由白到黑的亮度；彩色图像的像素通常是由红、绿、蓝（R、G、B）3种颜色搭配而成的，称为RGB模式。例如，采用24位表示一个彩色像素，在这里24位分为3组，每组8位，分别表示红、绿、蓝3种颜色的色度，每种颜色的分量可有256种等级，于是就得到了1 677万种色彩，称为百万种色彩的"真彩色"图像。若红、绿、蓝全部设置为0，则为黑色；全部设置为255，则为白色。

1. 图像的分辨率

分辨率是指单位长度中的像素数，是决定图像质量的最基本的参数之一。与图像有关的分辨率主要包括：图像分辨率、显示器分辨率、打印分辨率等。

图像分辨率是指组成一幅图像的像素数目，一般以水平像素点×垂直像素点来表示，即每英寸所包含的像素数目（Pixel per Inch，ppi）；图像分辨率的另一种度量方法是用每英寸多少点（Dot per Inch，dpi）来表示的，即通过一幅图像的像素密度来度量图像的分辨率。一般情况下，dpi表示方法在图像的扫描中使用得比较多。当然，这两种度量方法都是度量值越大，所包含的像素点越多，图像的质量越高，文件也越大。

2. 图像的大小

图像的尺寸由图像的高度和宽度的像素数量来确定，如450×300像素。图像的数据量也称图像的容量，即图像在存储器中所占的空间，单位是字节。图像的数据量与很多因素有关，如色彩的数量、画面的大小、图像的格式等。图像的画面越大、色彩数量越多，图像的质量就越好，文件的容量也就越大，反之则越小。一幅图像数据量的大小与图像的分辨率和图像的深度成正比。一幅未经压缩的图像，其数据量大小的计算公式为：

$$图像数据量大小 = (高度 \times 宽度 \times 颜色深度) / 8$$

其中，颜色深度即颜色位数，取值如8位、16位、24位等。除以8表示计算出的是字节数（每字节由8位二进制位组成）。

例如，一幅16位的图像，其图像分辨率为800×600，那么它的数据量大小就是：

$$800 \times 600 \times 16 / 8 字节 = 960\ 000 字节$$

计算机图像的大小是多媒体应用设计时必须考虑的问题。特别是在网络上，图像的大小关系着下载的速度，图像越大，下载越慢。这时就要在不损失图像质量的前提下尽可能地减小图像容量，在保证质量和下载速度之间寻找一个较好的平衡点。

二、图形、图像进行获取与处理

图形、图像都是多媒体应用中的基本素材，获取图形、图像素材的方法很多。例如，从网络上下载、利用绘图软件制作、从图像素材光盘中复制、用数码照相机拍摄、从屏幕上抓取、用扫描仪将照片或书刊中的图片扫描到计算机中等。

图形、图像的处理方法如下。

（1）色调调整：修正由于拍摄光线不足、照相机自身结构等原因而产生的偏色现象。

（2）增加锐度：扫描形成的图片通常锐度不够，适当增加固片的锐度，可提高清晰度。

(3) 修版：去掉图片中的斑点、瑕疵和修补缺损等。

(4) 分辨率转换：根据不同的使用场合，转换成相应的分辨率。

(5) 彩色深度转换：在大多数情况下，通常进行高比特颜色深度到低比特颜色深度的转换。例如，某图像在扫描时选择的是 24bit 颜色深度（16 777 216 色），如果用于显示，则要转换成 8bit 颜色深度（256 色）。

(6) 颜色模式转换：图像有若干种颜色模式，最常用的是 RGB 彩色模式和 CMYK 彩色模式。如果 RGB 模式图像用于印刷，则要转换成 CMYK 彩色模式。

图像的处理须通过图像处理软件完成，图像处理软件可对图像进行常规处理，如图像尺寸的放大与缩小、翻转、旋转、亮度调整、对比度调整、去除斑点、修补、修饰图像的残损等；如果采用稍微复杂的特殊算法，还可以生成很多特殊的图像效果，如水纹涟漪效果、油画效果、扭曲效果等。目前使用最广泛的是专业图像处理软件 Photoshop。

三、Adobe Photoshop 软件的应用

Photoshop 是 Adobe 公司推出的、功能强大的图像处理软件，它具有界面简洁友好、可操作性强、可以和绝大多数的软件进行完美的整合等特点，因此被广泛地应用于图像处理、绘画、多媒体界面设计、网页设计等领域。

（一）工作界面

启动 Adobe Photoshop，打开文档后进入其工作界面。最上方是标题栏，下边依次为菜单栏和属性栏，左侧为工具箱，右侧有各种功能面板，中间为文档窗口。

1. 菜单栏

菜单栏中的命令包括了 Photoshop 大部分操作命令，分为文件菜单、编辑菜单、图像菜单、图层菜单、选择菜单、滤镜菜单、视图菜单、窗口菜单和帮助菜单。直接使用鼠标单击菜单栏，在打开的菜单中选择菜单命令即可。

2. 文档窗口

图像的创建、编辑和处理都是在文档窗口中进行的。

3. 工具箱

工具箱中放有可以编辑图像的各种工具。有些工具按钮的右下角有个小三角，表明这是一个工具组，包含其他几种工具。单击这个小三角就能显示其他的工具，可根据需要进行相应的选择。

4. 属性栏

属性栏提供了有关使用工具的选项，可以设置工具箱中工具的各种属性。它会根据当前所选工具的不同而发生变化。

5. 功能面板

功能面板主要用来检视和修改图像。所有的功能面板都可以在"窗口"菜单中根据需要进行选择。Photoshop 中最常用的功能面板有以下五个。

(1) 图层面板：可以让用户轻松地完成改变图像的顺序、透明度等操作。
(2) 通道面板：可以保持图像的颜色数据，并且可以在通道中保存蒙版。
(3) 历史记录面板：用于编辑图像过程中的还原和重做操作。
(4) 导航器面板：可以让用户方便、快捷地查看图像。
(5) 颜色面板：用于调配需要使用的色彩。

（二）基本概念

1. 色彩模式

Photoshop 的色彩模式是以描述和重现色彩模式为基础的，可以执行"图像"菜单→"模式"命令来选择需要的色彩模式。色彩模式除确定图像中能显示的颜色数之外，还影响图像的通道数和文件大小。

Photoshop 支持的色彩模式有多种，每种模式的图像描述和重现色彩的原理以及所能显示的颜色数量是不同的。

RGB 模式：由 Red（红）、Green（绿）、Blue（蓝）三种颜色为基色进行叠加而模拟出大自然色彩的组合模式。

CMYK 模式：C、M、Y、K 分别代表的是 Cyan（青）、Mageata（洋红）、Yellow（黄）、Black（黑）。CMYK 是通过反射光来呈现色彩的，而 RGB 是通过自身发光来呈现色彩的。

Lab 模式：由 3 个通道组成，L 表示亮度，取值范围是 0～100；a 表示由绿色到红色的光谱变化，取值范围是 －120～120；b 表示由蓝色到黄色的光谱变化，取值范围是 －120～120。Lab 模式所包含的颜色范围最广，能够包含所有的 RGB 和 CMYK 模式中的颜色。

位图（Bitmap）模式：又称黑白位模式，由于它使用黑、白两种颜色来描述图像，故位图模式的图像也叫黑白图像。因为位图模式图像中的每一个像素点只包含一位数据，所以占用的空间最少。

灰度（Grayscale）模式：可以使用多达 256 级灰度来表现图像，使图像的过渡更平滑、细腻，灰度图像的每个像素的亮度取值范围为 0（黑色）～255（白色）。亮度是唯一能够影响灰度图像的因素，0％代表黑色，100％代表白色。

2. 通道

每个 Photoshop 图像都具有一个或多个通道，每个通道都存放着图像中颜色的信息。图像中默认的颜色通道数取决于其色彩模式，如 CMYK 图像至少有 4 个通道，分别代表青、洋红、黄和黑色信息。除了这些默认颜色通道外，也可将额外的通道添加到图像中，如 Alpha 通道，以便将选区作为蒙版存放和编辑。此外还可添加专色通道，有时一个图像的通道可多达 24 个。在默认情况下，位图模式、灰度模式、双色调模式和索引色模式图像中只有 1 个通道；RGB 和 Lab 模式图像有 3 个通道；CMYK 图像有 4 个通道。

（三）文档的建立与保存

Photoshop 支持的文件格式有很多种，常见的文件格式包括 PSD、BMP、PDF、JPG、GIF、TGA、TIFF 等。Photoshop 软件自身的格式是 PSD 格式，此格式可以保存各种图层、通道、蒙版等信息，且不容易导致数据丢失。目前，只有少数的应用程序支持 PSD 格式。

1. 新建文档

执行"文件"菜单→"新建"命令或按 Ctrl+N 快捷键，弹出"新建"对话框，在该对话框中可进行画布大小、分辨率、颜色模式、背景颜色及高级选项等设置。设置完成后，单击"确定"按钮，即可创建一个新文档。

2. 打开图像文件

执行"文件"菜单→"打开"命令或按 Ctrl+O 快捷键，在弹出的"打开"对话框中选择所需的图像文件，然后单击"打开"按钮即可。

3. 文档的保存

执行"文件"菜单→"存储"命令或按 Ctrl+S 快捷键，可保存图像文件。执行"文件"菜单→"储存为"命令或按 Shift+Ctrl+S 快捷键，可将图像保存为其他格式，如 GIF、JPEG、PDF、TIFF、PNG 等格式。

（四）基本操作

1. 创建图像

使用工具箱中的工具，如刷子工具组、选取工具组、套索工具组等，可以创建、选择和编辑位图图像，并可对其进行修饰；使用椭圆工具组等能快速绘制出各种各样的图形；使用钢笔工具组、自由变形工具组可绘制自由形状的矢量路径。

2. 选区操作

选区可以实现对图像局部的编辑和修改。选区一般分为两种：一种是通过色彩选取选区；另一种是对编辑对象外形轮廓的选择。

选区的选取：在 Photoshop 中可以使用魔棒工具、套索工具、钢笔工具等进行选区的选取操作。

羽化选区：羽化选区的作用是柔化选区的边缘。

更改选区：在 Photoshop 中，经常需要修改已有选区来达到修改图像的目的。

存储和载入选区：可将选区中的内容保存在通道面板中或调用选区。

3. 图层的操作

图层是 Photoshop 中一个十分重要的概念，利用图层可以方便地修改图像，同时也可制作出一些特殊效果。

4. 文本的操作

在 Photoshop 中，单击工具箱中的文字工具组，其中有四种选项：横排、直排、横排文字蒙版和直排文字蒙版。在画布中添加文字，同时在图层面板中会自动新增一个文字图层。可以通过文字工具的属性栏、字符面板、段落面板来对文字的一些基本参数进行设置。文字工具的属性栏提供了许多有关输入文字和文字外形的选项；字符面板可以对文本格式进行控制；段落面板可以对整段文字进行操作。

在对文字进行填涂或使用滤镜效果时，需要先将其进行栅格化，执行"图层"菜单→"栅格化"→"文字"命令即可。

5. 应用滤镜

滤镜作为 Photoshop 的重要组成部分，是功能最强大、效果最丰富的工具之一。使用它不仅可以改善图像效果、掩盖缺陷，还可以在原有图像的基础上产生多种特殊炫目的效果。Photoshop 除了自身拥有的众多滤镜以外，还支持很多的外挂滤镜插件。

滤镜只能应用于当前可视图层，并且可以反复、连续应用，但是一次只能应用于一个图层上。滤镜不能应用于位图模式及索引颜色的图像，某些滤镜只对 RGB 模式的图像起作用，如画笔描边滤镜、素描滤镜、纹理滤镜等就不能在 CMYK 模式下使用。另外，滤镜只能应用于图层的有色区域，对完全透明的区域没有效果。

滤镜是通过选择"滤镜"菜单中的命令来实现的，在"滤镜"菜单选项的顶部显示的是上次使用的滤镜，可以通过执行此命令对图像再次应用上次使用过的滤镜效果。

有些滤镜很复杂或是要应用滤镜的图像尺寸很大，因此执行时需要很长时间，可以按 Esc 键结束正在生成的滤镜效果。

第二节　音频技术——Adobe Audition 软件的应用

一、音频技术概述

音频（Audio）指人能听到的声音，包括语音、音乐和其他声音（声响、环境声、音效声、自然声）。

（一）声音的基本概念

声音是一种纵向压力波，其客观物理属性主要有振幅和频率，而其主观感知特性则有响度、音高和音色等，对于音乐还有风格、节奏、旋律等特征。

声波振幅的大小是人对音量大小的感觉。

声波振动频率反映声音的音调。频率在 20Hz～20kHz 的波称为音频波，是人耳能听见的声波；频率小于 20Hz 的波称为次声波；频率大于 20kHz 的波则称为超声波。在日常生活中，音调实际上就是对声音频率的描述。当频率快时，也就是频率高时，声音就尖锐；反之则显得低沉。

从应用的角度看,多媒体计算机中处理的声音主要是人耳可听到的声音,大概有三类:第一类是人的说话声音,即话音或语音;第二类是音乐,是由各种乐器产生的;第三类是效果声音和人工产生的声音,如风雨声、雷声、爆炸声等。

(二)声音的数字化

声音信息的数字化,即研究如何将随时间连续变化的声音波形信号进行量化。从技术上说,就是将连续的模拟声音信息通过模数(A/D)转换器,转换为计算机可以处理并识别的用"0""1"表示的数字信号。声音的数字化涉及采样、量化及编码等多种技术,而影响数字声音质量的主要因素有三个:采样频率、量化位数以及声道数。把模拟声音信号转变成数字声音信号的过程称为声音的数字化。

在声音的数字化中起重要作用的硬件是音频卡。多媒体计算机中的音频卡用于处理音频信息,它可以把话筒、录音机、电子乐器等输入的声音信息进行模数转换(A/D)、压缩等处理,也可以把经过计算机处理的数字化的声音信号通过还原(解压缩)、数模转换(D/A)后用音箱播放出来,或者用录音设备记录下来。

(三)数字音频文件格式

数字音频数据以文件的形式保存在计算机中,所以数字音频文件格式专指存放音频数据的文件格式。数字音频文件的格式与音频文件的编码不同,通常音频文件仅支持一种音频编码,但也有的音频文件格式可以支持多种编码,如 AVI 文件格式。当前主要的音频文件格式可以划分为无损格式和有损格式两种,其中无损格式主要有 WAVE、FLAC、APE、CD 等,有损格式主要有 MP3、WMA、RA 等。专业数字音乐工作者一般都使用非压缩的 WAVE 格式进行操作,而普通用户更乐于接受压缩率高、文件容量相对较小的 MP3 或 WMA 格式。

1. 无损数字音频格式

(1) WAVE 格式

这是 Microsoft 和 IBM 共同开发的 PC 标准声音格式。由于没有采用压缩算法,因此无论进行多少次修改和剪辑都不会失真,而且处理速度也相对较快。这类文件最典型的代表就是 PC 上的 Windows PCM 格式文件,它是 Windows 操作系统专用的数字音频文件格式,扩展名为 wav,即波形文件。

对波形文件的支持是迄今为止最为广泛的,几乎所有的播放器都能播放 WAVE 格式的音频文件,而电子幻灯片、多媒体工具软件都能直接使用。但是,波形文件的数据量比较大,其数据量的大小直接与采样频率、量化位数和声道数成正比。

(2) FLAC 格式

FLAC(Free Lossless Audio Codec,无损音频压缩编码)是一套著名的免费音频压缩编码,其最大的特点是无损压缩。FLAC 采用专门针对音频的特点设计的压缩方式,在保证音频文件完整性的同时为用户提供更大的压缩比率。同时,FLAC 是免费的并且支持大多数的操作系统,包括 Windows、UNIX 和 Linux 等。

（3）APE 格式

APE 是一种无损压缩音频格式，它以更精练的记录方式来缩减体积。通常，APE 的文件大小为 WAVE 的一半，但还原后数据与 WAVE 文件一样，从而保证了文件的完整性。相比同类文件格式 FLAC，APE 有查错能力但不提供纠错功能，以保证文件的无损和纯正；其另一个特色是压缩率约为 55%，比 FLAC 高，体积大概为原 CD 的一半，便于存储。

（4）CD 格式

CD 是当今音质较好的音频格式，其文件扩展名为"*.cda"。标准 CD 格式也就是 44.1 kHz 的采样频率，速率 88.2 KB/s，16 位量化位数。因为 CD 音轨可以说是近似无损的，所以它的声音基本上是忠于原声的。*.cda 文件只是一个索引信息，并不是真正的包含声音信息。因此，不论 CD 音乐的长短，在计算机上看到的 *.cda 文件都是 44 字节长。

2. 有损数字音频格式

（1）MP3 格式

MP3（MPEG Audio Layer3）文件是按 MPEG 标准的音频压缩技术制作的数字音频文件，是一种有损压缩文件。MP3 是利用人耳对高频声音信号不敏感的特性，将时域波形信号转换成频域信号，并划分成多个频段，对不同的频段使用不同的压缩率，对高频加大压缩比（甚至忽略信号），对低频信号使用小压缩比，保证信号不失真，从而将声音用 1∶10 甚至 1∶12 的压缩率压缩。由于这种压缩方式的全称为 MPEG Audio Layer3，所以人们把它简称为 MP3。

（2）WMA 格式

WMA 文件是 Windows Media 格式中的一个子集，而 Windows Media 格式是由 Microsoft Windows Media 技术使用的格式，包括音频、视频或脚本数据文件，可用于创作、存储、编辑，以及分发、流式处理或播放基于时间线的内容。WMA 是 Windows Media Audio 的缩写，表示 Windows Media 音频格式。WMA 文件可以保证只有 MP3 文件一半大小的前提下，保持相同的音质。现在的大多数 MP3 播放器都支持 WMA 文件。

（3）RA 格式

RA 格式是 Real Audio 的简称，是 Real Network 推出的一种音频压缩格式，其压缩比可达 96∶1，因此在网上比较流行。其最大特点是可以采用流媒体的方式实现网上实时播放。

3. MIDI 格式

严格地说，MIDI 与上面提到的声音格式不是同一类，因为它不是真正的数字化声音，而是一种计算机数字音乐接口生成的数字描述音频文件，扩展名为 mid。该格式文件本身并不记载声音的波形数据，而是将声音的特征用数字形式记录下来，是一系列指令。MIDI 音频文件主要用于计算机声音的重放和处理，其特点是数据量小。

二、Adobe Audition 软件的应用

Adobe Audition 是 Adobe 公司最新推出的一款优秀的音频编辑软件（以下简称 Audition），是目前世界上最优秀的音频编辑软件之一。

Audition 工作界面提供了完善的音频与视频编辑功能，用户利用它可以全面控制音频的

制作过程，还可以为采集的音频添加各种滤镜效果等。使用 Audition 的图形化界面，可以清晰而快速地完成音频编辑工作。Audition 工作界面主要包括标题栏、菜单栏、工具栏、浮动面板以及编辑器等。

（一）标题栏

位于整个窗口的顶端，显示了当前应用程序的名称，以及用于控制文件窗口显示大小的最小化按钮、最大化按钮和关闭按钮。

（二）菜单栏

菜单栏位于标题栏的下方，由"文件""编辑""多轨""剪辑""效果""收藏夹""视图""窗口"和"帮助"菜单组成。

在菜单栏，各菜单的主要作用如下。

"文件"菜单：在该菜单中可以进行新建、打开和关闭文件等操作。

"编辑"菜单：在该菜单中主要包含了撤销、重做、重复、剪切和复制等编辑命令。

"多轨"菜单：在该菜单中可以进行添加轨道、插入文件、设置节拍器等操作。

"剪辑"菜单：在该菜单中可以进行拆分、重命名、静音、分组、伸缩、淡入淡出等操作。

"效果"菜单：在该菜单中可以进行振幅与压限、延迟与回声、诊断、滤波与均衡、调制以及混响等操作。

"收藏夹"菜单：在该菜单中可以进行删除收藏、开始记录、停止记录等操作。

"视图"菜单：在该菜单中可以进行放大、缩小、缩放重设、全部缩小、时间显示、视频显示等操作。

"窗口"菜单：在该菜单中可以进行工作区的新建与删除操作，以及显示与隐藏"编辑器""文件""历史记录"等面板的操作。

"帮助"菜单：在该菜单中可以使用 Audition 的帮助信息、支持中心、用户论坛以及产品改进计划等。

（三）工具栏

工具栏位于菜单栏的下方，主要用于对音乐文件进行简单的编辑操作，它提供了控制音乐文件的相关工具。

在工具栏中，各工具和按钮的主要作用如下。

"波形"按钮：单击该按钮，可以在"波形"状态下编辑单轨中的音频波形。

"多轨"按钮：单击该按钮，可以在"多轨"状态下编辑多轨中的音频对象。

"频谱频率显示器"工具：单击该按钮，可以显示音频素材的频谱频率。

"显示频谱音调显示器"工具：单击该按钮，可以显示音频素材的频谱音调。

"移动"工具：单击该按钮，可以对音频素材进行移动操作。

"切割选中素材"工具：单击该按钮，可以对音频素材进行分割操作。

"滑动"工具：单击该按钮，可以对音频素材进行滑动操作。

"时间选区"工具：单击该按钮，可以对音频素材进行部分选择操作。

"框选"工具：单击该按钮，可以对音频素材进行框选操作。

"套索选择"工具：单击该按钮，可以使用套索的方式对音频素材进行选择操作。

"笔刷选择"工具：单击该按钮，可以使用笔刷的方式对音频素材进行选择。

"污点修复刷"工具：单击该按钮，可以对素材进行污点修复操作。

（四）浮动面板

浮动面板位于工作界面的左侧和下方，它主要用于对当前的音频文件进行相应设置，选择菜单栏中的"窗口"菜单，在弹出的菜单列表中执行相应的命令，即可显示相应的浮动面板，主要有"文件"面板、"媒体浏览器"面板、"效果夹"面板、"标记"面板、"属性"面板、"历史"面板、"视频"面板。

（1）文件面板用于显示单轨界面和多轨界面中打开的声音文件和项目文件，同时文件面板具有管理相关编辑文件的功能，如新建、打开、导入、删除和关闭等操作。

单击"导入文件"或者"打开文件"按钮，或在空白处双击，即可打开导入或打开文件对话框，选择文件导入。导入后的文件显示在列表中，选择相应的文件，单击"关闭文件"按钮，即可关闭文件。

（2）"媒体浏览器"面板用于查找和监听磁盘中的音频文件，找到文件，可以双击文件，或者把文件拖到音轨上，即可在单轨界面打开文件。

（3）"效果夹"面板用于在单轨或者多轨界面中为音频文件、素材或者轨道添加相应的效果。单轨界面的效果夹和多轨界面的略有不同。执行"窗口"→"效果夹"命令，打开效果夹面板，里面有很多效果。

（4）"标记"面板用于对波形进行添加、删除和合并等操作。

（5）"属性"面板用于显示声音文件或者项目文件的信息。

（6）"历史"面板用于记录用户的操作步骤，可以通过选择列表框中的步骤名称恢复到该步骤。

（7）"视频"面板用于监视多轨界面中插入的视频文件，主要用于配音中的画面监视。

（8）"时间显示区"可以显示插入游标的当前位置、选择区域的起点位置或者播放线的位置。在主群组面板中的音频波形中单击插入游标，在时间面板上即可显示当前游标的位置。单击并拖动，可以选择区域内波形。

（9）"走带控制"按钮，用来控制声音的播放与录制。从左到右的按钮依次是停止、播放、暂停、移动时间指示器到前一个、倒放、快进、移动时间指示器到下一个、录制、循环播放、跳过选区。

"播放"：Audition 打开一个音频文件后，单击该按钮，可以从时间指示器位置播放音频，直到音频结束为止。

"暂停"：在播放音频的状态下，该按钮即可激活，单击可以暂停音频的播放。再次单击该按钮或"播放"按钮，就可以继续播放。

"停止"：在播放音频的状态下，该按钮即可激活，单击可以停止音频的播放。

"移动时间指示器到前一个"：单击该按钮可以将时间指示器移动到上一个标记的位置，如果在没有标记的情况下单击该按钮，时间指示器将移动到音频的起点位置。

"移动时间指示器到下一个"：单击该按钮可以将时间指示器移动到下一个标记的位置，如果在没有标记的情况下单击该按钮,时间指示器将移动到音频的结束位置。

"倒放":单击该按钮,音频将向后倒放。右键单击该按钮,在弹出的快捷菜单中可以选择倒放的速度。

"快进":单击该按钮,音频将快速地向前播放。右键单击该按钮,在弹出的快捷菜单中可以选择快进的速度。

"录制":单击该按钮即可开始录制音频,如果用户在新建的音频文件中单击该按钮,将直接开始创建麦克风捕捉的音频信号,如果用户在已经具有音频的文件中单击该按钮,则原来的音频文件将会被麦克风捕捉的音频覆盖。

"循环播放":单击该按钮并播放音频时,播放到音频结束位置后,音频不会停止,而是再次播放。如果用户在音频中创建了选区,将反复播放选区内的音频。

"跳过选区":如果用户在音频中创建了选区并单击激活了该按钮,播放音频时,Audition不会播放选中的区域。

(10)"波形缩放按钮":可以对波形进行垂直和水平的缩放,以便更好地观察和编辑波形。

(11)"选区/视图"面板可以对音频或音轨的开始点、结束点和长度进行设置,进行精确的选择或查看。

(五)编辑器

Audition 中的所有功能都可以在"编辑器"窗口中实现。打开或导入音乐文件后,音乐文件的音即可显示在"编辑器"窗口中,此时所有操作将只针对该"编辑器"窗口;若想对其他音乐文件进行编辑,只需切换至其他音乐的"编辑器"窗口即可。

在 Audition 中,编辑器也分为两种类型,第一种为"波形"状态下的"编辑器"窗口;第二种为"多轨"状态下的"编辑器"窗口。两种"编辑器"窗口的显示和功能是不一样的。

工具栏中,单击"波形"按钮后,即可查看"波形"状态下的"编辑器"窗口,单击"多轨"按钮后,即可查看"多轨"状态下的"编辑器"窗口。

第三节 数字视频技术——会声会影软件的应用

一、数字视频技术概述

视频主要指不断变化的电视图像,即动态图像,或称活动图像、运动图像,研究对象以彩色为主。最初是指电视中相对于音频(Audio)而言的视频信号,原本是一个模拟信号的概念。但随着数字电视的发展,数字视频的主要技术内容和难点与数字视觉已经相互交叠。

狭义的数字视频技术,或者计算机视频技术研究,涉及的内容有如下几方面:视频信号的描述、采集、数字化、编码、压缩、传输、存储、显示等。基本上是对视频数据自身的加工处理,它不包括太多对信息内容的理解。

发展中的视频图像处理技术领域不断扩大,包括对视频流中预期目标的实时检测,对数字视频录像带中特定感兴趣特征的检索,将场景视频流中的自然人与人工制作的猫、太空人合成,以及视频数据库管理中的摘要生成——将视频流分割成有代表性的镜头等。

视频技术的一个传统核心领域是压缩编码。国际上已经制定了静态/动态图像的压缩标准，包括 JPEG、H.26X、MPEG 等系列。以压缩解压缩为核心，视频研究的内容还包括：图像格式、彩色基与彩色编码、特征提取、图像分割、光流（Optical Flow）与运动估计、传送、存储、显示等技术。

这些主要的视频技术与图像处理、数字视觉中普遍采用的技术可以共享。视频是视觉的基础和对象，视频技术与视觉技术是相通的，所以统称为视觉视频处理技术更为合适。将视频技术与视觉技术打通研究，有助于实现新的突破。

近年来，许多从事数字视觉视频、视觉生理心理学、模式识别与人工智能、计算机图形学等方面研究的学者开始合作探索视频处理与压缩方案。比较活跃的有：整数 DCT 变换编码、小波变换编码、分形图像编码、模型基图像编码等。目前，许多涉及视觉视频技术相互融合的问题还有待继续探索。例如，对日渐庞大的视频数据库如何管理，包括摘要编写、内容修改和目标检索技术；对于场景的剧烈变化，包括相机和物体各自高速运动或者场景迅速切换时的有效编码技术；对非刚性运动的估计和补偿问题等。

数字视频技术主要是研究视频信号信息处理技术，这是本小节内容的主体。此外，高级的数字视频技术涉及以下七个方面。

（1）边缘检测、滤波等低层预处理。低层视觉还包括边界提取、区域生成等。D. Marr 的视觉计算理论研究亦是自此开始的。

（2）狭义中间层处理，包括线、圆、多边形、角点等形状检测。

（3）纹理和彩色分析处理。例如，该技术在地毯生产线中的成功应用。

（4）立体视觉、距离分析。

（5）运动检测、测量估计、预测跟踪、参数提取、运动合成（包括刚性、非刚性、人体运动等）、自主导航。

（6）三维形状信息的模型表示、理解、提取，包括消失点（Vanishing Point，VP）理论等。

上述（3）～（6）是视频处理技术中关于场景分析求解类的基本内容。

（7）高层处理——场景匹配、识别与推理。其中包括图像图形知识数据库、结构与编程、数据融合、算法机器学习、基于几何和概率的逻辑推理等技术，这些内容属于人工智能与数字高层视觉的公共部分，接下来的会声会影视频处理实践操作中不会涉及。

二、会声会影软件的应用

会声会影（Corel Video Studio）是一款半专业非线性剪辑软件，由科立尔公司开发，用户可以利用截取、编辑、特效、覆叠、标题、音频与输出等七大功能，把视频、图片、声音等素材结合成视频文件。

（一）工作界面

使用会声会影编辑器的图形化界面，可以清晰而快速地完成影片的编辑工作，其界面主要包括菜单栏、步骤面板、素材库、选项面板、预览窗口、导览面板和时间轴。

1. 菜单栏

会声会影中的菜单栏位于工作界面的左上方,包括"文件""编辑""工具""设置"和"帮助"5个菜单。

"文件"菜单:在该菜单中可进行一些项目的操作,如新建、打开和保存等。

"编辑"菜单:在该菜单中包含一些编辑命令,如撤销、重做、复制和粘贴等。

"工具"菜单:在该菜单中可以对视频进行多样的编辑,如使用会声会影的 DV 转 DVD 向导功能,可以对视频文件进行编辑并刻录成光盘等。

"设置"菜单:在该菜单中,可以设置项目文件的基本属性、查看项目文件的属性、启用宽银幕以及使用章节点管理器等。

"帮助"菜单:"帮助"是会声会影最全面的信息来源。"帮助"系统提供两种查找信息的方式。用户可以从"目录"页面选择主题,或使用"搜索"页面搜索特定单词和词组,还可以打印"帮助"中的主题。

2. 步骤面板

会声会影将视频的编辑过程简化为"捕获""编辑"和"分享"3个步骤。单击步骤面板上相应的标签,可以在不同的步骤之间进行切换。

"捕获"步骤面板:在该面板中可以直接将视频源中的影片素材捕获到电脑中。录像带中的素材可以被捕获成单独的文件或自动分割成多个文件,还可以单独捕获视频。

"编辑"步骤面板:该面板是会声会影的核心,在这个面板中可以对视频素材进行整理、编辑或修改,还可以将视频滤镜、转场、字幕或音频应用到视频素材上。

"分享"步骤面板:影片编辑完成后,在"分享"面板中可以创建视频文件,将影片输出到 DVD、移动设备或网络上。

3. 素材库

素材库用于保存和管理各种多媒体素材,素材库中的素材种类主要包括视频、照片、音乐、即时项目、转场、字幕、滤镜、Flash 动画及边框效果等。

4. 选项面板

单击"选项"按钮,可打开选项面板。在选项面板中可对项目时间轴中选取的素材进行参数设置,根据选中素材的类型和轨道,选项面板中会显示出对应的参数,该面板中的内容将根据步骤面板的不同而有所不同。

"照片区间"数值框:该数值框用于调整照片素材播放时间的长度,显示了当前播放所选照片素材所需的时间,时间码上的数字代表"小时:分钟:秒:帧",单击其右侧的微调按钮,可以调整数值的大小,也可以单击时间码上的数字,待数字处于闪烁状态时,输入新的数字后按"Enter"键确认,即可改变原来照片素材的播放时间长度。

"色彩校正"按钮:单击该按钮,在打开的相应选项面板中拖曳滑块,即可对视频原色调、饱和度、亮度和对比度等进行设置。

"保持宽高比"选项:单击该选项右侧的三角按钮,在弹出的下拉列表框中选择相应的选项，可以调整预览窗口中素材的大小和样式。

"摇动和缩放"单选按钮：选中该单选按钮，可以设置照片素材的摇动和缩放效果，其中提供了多种预设样式，用户可根据需要进行相应的选择。

"自定义"按钮：选中"摇动和缩放"单选按钮后，单击"自定义"按钮，在弹出的对话框中可以对选择的摇动和缩放样式进行相应的编辑与设置。

"速度/时间流逝"按钮：单击该按钮，在弹出的对话框中可以设置视频素材的回放速度和流逝时间。

"变频调速"按钮：单击该按钮，可以调整视频的速度，或快或慢。

"反转视频"按钮：选中该复选框，可以对视频素材进行反转操作。

"分割音频"按钮：在视频轨中选择相应的视频素材后，单击该按钮，可以将视频中的音频分割出来。

"按场景分割"按钮：在视频轨中选择相应的视频素材后，单击该按钮，在弹出的对话框中，用户可以将视频文件按场景分割为多段单独的视频文件。

"多重修整视频"按钮：单击该按钮，弹出"多重修整视频"对话框，在其中用户可以对视频文件进行多重修整操作，也可以将视频按照指定的区间长度进行分割和修剪。

5. 预览窗口

预览窗口位于操作界面的左上角。在预览窗口中，用户可以查看正在编辑的项目或者预览视频、转场、滤镜以及字幕等素材的效果。

6. 导览面板

在预览窗口下方的导览面板上有一排播放控制按钮和功能按钮，用于预览和编辑项目中使用的素材。通过选择导览面板中不同的播放模式可播放所选的项目或素材。使用修整栏和滑轨可以对素材进行编辑，将鼠标移至按钮或对象上方时会出现提示信息，显示该按钮的名称。

"播放"按钮：单击该按钮，播放会声会影的项目、视频或音频素材。按住"Shift"键的同时单击该按钮，可以仅播放在修整栏上选取的区间（在开始标记和结束标记之间）。在回放时，单击该按钮，可以停止播放视频。

"起始"按钮：单击该按钮，可以将时间线移至视频的起始位置，方便用户重新观看视频。

"上一帧"按钮：单击该按钮，可以将时间线移至视频的上一帧位置，在预览窗口中显示上一帧视频的画面特效。

"下一帧"按钮：单击该按钮，可以将时间线移至视频的下一帧位置，在预览窗口中显示下一帧视频的画面特效。

"结束"按钮：单击该按钮，可以将时间线移至视频的结束位置，在预览窗口中显示相应的结束帧画面效果。

"重复"按钮：单击该按钮，可以使视频重复地进行播放。

"系统音量"按钮：单击该按钮，或拖动弹出的滑动条，可以调整素材的音频音量，同时也会调整扬声器的音量。

"开始标记"按钮：单击该按钮，可以标记素材的起始点。

"结束标记"按钮：单击该按钮，可以标记素材的结束点。

"按照飞梭栏的位置分割素材"按钮：将鼠标定位到需要分割的位置，单击该按钮，即可将所选的素材剪切为两段。

"滑轨"：单击并拖动该按钮，可以浏览素材，该停顿的位置显示在当前预览窗口的内容中。

"修整标记"按钮：单击该按钮，可以修整、编辑和剪辑视频素材。

"扩大"按钮：单击该按钮，可以在较大的窗口中预览项目或素材。

"时间码"数值框：通过指定确切的时间，可以直接调到项目或所选素材的特定位置。

7. 时间轴

时间轴位于整个操作界面的最下方，用于显示项目中包含的所有素材、标题和效果，它是整个项目编辑的关键窗口。

"故事板视图"按钮：单击该按钮，可以切换至"故事板视图"。

"时间轴视图"按钮：单击该按钮，可以切换至"时间轴视图"。

"撤销"按钮：单击该按钮，可以撤销前一步的操作。

"重复"按钮：单击该按钮，可以重复前一步的操作。

"录制/捕获选项"按钮：单击该按钮，弹出"录制/捕获选项"对话框，可以进行定格动画、屏幕捕获以及快照等操作。

"混音器"按钮：单击该按钮，可以进入混音器视图。

"自动音乐"按钮：单击该按钮，可以打开"自动音乐"选项面板，在面板中可以设置相应选项以播放自动音乐。

"放大/缩小"滑块：向左拖动滑块，可以缩小项目显示；向右拖动滑块，可以放大项目显示。

"将项目调到时间轴窗口大小"按钮：单击该按钮，可以将项目调整到时间轴窗口大小。

"项目区间"显示框：该显示框中的数值显示了当前项目的区间大小。

视频轨：在视频轨中可以插入视频素材与图像素材，还可以对视频素材与图像素材进行相应的编辑、修剪以及管理等操作。

覆叠轨：在覆叠轨中可以制作相应的覆叠特效。覆叠功能是会声会影提供的一种视频编辑技巧。简单地说，"覆叠"就是画面的叠加，在屏幕上同时显示多个画面效果。

标题轨：在标题轨中可以创建多个标题字幕效果与单个标题字幕效果。字幕是以各种字体、样式、动画等形式出现在屏幕上的中外文字的总称，字幕设计与书写是视频编辑的艺术手段之一。

声音轨：在声音轨中，可以插入相应的背景声音素材，并添加相应的声音特效，在编辑影片的过程中，除了画面以外，声音效果是影片的另一个非常重要的因素。

音乐轨：在音乐轨中也可以插入相应的音乐素材，音乐轨是除声音轨以外，另一个添加音乐素材的轨道。

（二）项目的新建、打开与保存

在启动会声会影时，它会自动打开一个新项目供用户开始制作影片。如果在启动会声会影后重新新建一个项目，可选择"文件"→"新建项目"，或直接按"Ctrl+N"键，即可新建一个项目。

打开项目可选择"文件"→"打开项目",或直接按"Ctrl+O"键,然后在打开的窗口中选择要打开的项目文件,再单击"打开"按钮。

保存项目可选"文件"→"保存"(或按"Ctrl+S"键)保存已命名的项目文件,选"文件"→"另存为",可将项目换名保存,会声会影项目文件的扩展名为"VSP"。

(三) 导入媒体文件

导入媒体文件,可单击素材库面板上的"导入媒体文件"按钮,打开"浏览媒体文件"对话框,然后找到素材文件,单击该文件,再单击"打开"按钮,这时素材库窗口上就出现素材文件的图标,单击该文件图标,就可在预览窗口中预览导入的媒体。导入媒体文件也可选择"文件"→"将媒体文件插入到素材库",再在其下级菜单中选择要插入的媒体类型,选择插入的媒体文件后,再单击"打开"按钮。

(四) 将媒体添加到时间轴

将媒体添加到时间轴,第一个方法是直接把媒体素材从库中拖到会声会影的时间轴上。第二个方法是在时间轴上点右键,在弹出的快捷菜单中选择插入媒体的类型(如插入视频、插入照片等),然后选择插入的媒体,再单击"打开"按钮。第三个方法是选择"文件""将媒体文件插入到时间轴",再在其下级菜单中选择要插入的媒体类型,选择插入的媒体文件后,再单击"打开"按钮。

(五) 添加字幕

在时间轴上要加入的地方点击一下,再单击预览窗口右边的"标题"按钮,在预览窗口上就会出现"双击这里可以添加标题",这时在预览窗口上双击,会出现编辑框,便可输入文字。在右边打开的选项面板上有字号、字体、颜色等选项设置,可以挑选。还可以在选中字幕的状态下,点击选项面板中的"属性"选项卡,再单击"动画"按钮,可设置字幕的进出及活动方式。也可以将标题库里的标题直接拖到标题轨上,再在预览窗口上双击它,输入自己的文字。

(六) 剪裁和合并视频

将视频直接导入视频轨中。将"滑轨"调至开始剪辑的地方,点击预览窗口中的"根据滑轨位置分割素材"按钮。在结束的地方,再点击"根据滑轨位置分割素材"按钮,视频就被剪辑出来了。分割视频素材也可将"滑轨"调至要分割处,右击视频素材,在弹出的快捷菜单中选择"分割素材",或选择"编辑"→"分割素材"。

单击要删除的视频片段,选择"编辑"→"删除",就可删除该视频片段,也可右击该视频片段,在弹出的快捷菜单中选择"删除"。在视频轨中,当前面的视频片段被删除后,后面的视频片段会自动前移,但在覆叠轨中的视频则不会。

对于经过剪辑的视频,单击步骤面板中的"共享",打开"共享"步骤面板,在"文件名"后的文本框中输入文件名,在"文件位置"后的文本框中输入文件位置,然后单击"开始"按钮,就可将剪辑好的视频输出到视频文件中。

（七）添加转场效果

点击预览窗口右边的"转场"图标，从窗口中将选中的"转场"用鼠标按住并拖到两分割的视频片段之间，这样就在两视频片段之间添加了转场效果。也可以点击右上窗口的"对视频轨应用随机效果"图标，这样是自动加入的软件。还可点击右上窗口的"对视频轨应用当前效果"图标，这时自动加入的是用户选择的转场。

就多媒体信息技术的发展趋势来看，其研究热点主要集中在以下六个方面。

（1）多媒体通信网络环境的研究和建立将使多媒体从单机、单点向分布、协同多媒体环境发展，在世界范围内建立一个可全球自由交互的通信网。

（2）对网络及其设备的研究和网上分布应用与信息服务的研究将是热点。

（3）利用图像理解、语音识别、全文检索等技术，研究多媒体基于内容的处理、开发能进行基于内容的处理系统是多媒体信息管理的重要方向。

（4）多媒体标准仍是研究的重点：各类标准的研究将有利于产品规范化，应用更方便，这是实现多媒体信息交换和大规模产业化的关键所在。

（5）多媒体技术与相邻技术相结合，提供了完善的人机交互环境。多媒体仿真和智能多媒体等新技术层出不穷，扩大了原有技术领域的内涵，并创造新的概念。

（6）多媒体技术与外围技术构造的虚拟现实研究仍在继续发展。多媒体虚拟现实与可视化技术需要相互补充，并与语音、图像识别、智能接口等技术相结合，建立高层次虚拟现实系统。

第十四章 数字化教学资源

教学资源包括表示教学内容的信息、描述师生特性的信息、反映教学过程动态的信息等。具体教学过程中所说的数字化教学资源开发,主要是指表示教学内容的信息的加工与处理,即在信息数字化的基础上,以服务于教学为目的,用计算机对可以表现教学内容的文字、图形、图像、声音等信息进行收集、整理、加工等操作。

第一节 数字化教学资源概述

教学资源在教育领域是一个高频词汇,关于它的设计、开发、应用、管理、评价等都在不断地发展,其已经成为教育技术学研究关注的一个热点。教学资源的有效管理和均衡发展是提高教学质量的先决条件,也是实现教育公平的重要保障。

信息技术的迅速崛起,带来了全球信息资源不可逆转的多媒体化、网络化发展趋势,教育开始步入了信息时代,数字化教学的浪潮迅速到来。随之而来的数字化教学资源的设计、开发、应用、管理、评价成为整个教育领域研究关注的热点。

一、数字化教学资源概述

(一)数字化教学资源的定义

数字化教学资源一词是近几年随着信息技术的飞速发展、教育信息化的全面推进而被广泛应用和热议的词汇,但对于它却没有统一的解析。

被业界称为数字化教父的尼古拉·尼葛洛庞帝在《数字化生存》一书中提出,信息技术革命将把受制于键盘和显示器的计算机解救出来,使之成为我们能够与之交谈,与之一道旅行,能够抚摩甚至穿戴的对象。这些发展将改变我们的学习方式、工作方式、娱乐方式,一句话,将改变我们的生活方式。后来,在清华大学举办的"21世纪数字化学习高峰论坛"上,他又向人们描绘了因特网的未来:"10年后,全球不可阻挡地进入数字化学习时代,我们的学习将以完全不同于过去的方式进行,并带来颠覆性革命。"

当学习进入数字化时代,支持教师的"教"与学生的"学"的教学材料、教学环境以及教学支持系统都向数字化变迁。李克东教授提出,数字化学习是指学习者在数字化的学习环境中,利用数字化学习资源,以数字化方式进行学习的过程,它包含三个基本要素,即数字化学习环境、数字化学习资源和数字化学习方式。

查阅相关文献发现,国内很多学者将数字化教学资源范畴解析为文字、图像、语音、影像等内容,运用数字化技术手段和信息技术进行处理,能够以数字信号形式在因特网上进行传输的多媒体教学信息资源,主要包括教学软件(主要是多媒体课件)、网络教学资源(网上教学资源、专题学习网站或者学科网站、网络课程等）、教学资源库三大类型。此外，也不能忽略数字化教学环境和数字化教学支持系统中的设施与人员。

数字化教学资源与以往教学资源相比，就内涵而言应该还是支持教师的"教"与支持学生的"学"的教学材料、教学环境以及教学支持系统，但从资源的量到质都发生了深刻变革，它是以多媒体计算机技术为基础设计、开发、存储与传播，基于信息化、网络化环境传递的教学资源。不仅大大扩展了人们相互交流和获取知识的渠道，也为人们转变教育观念，增添新的教学形式提供了技术支持。因此，我们可以这样认为，数字化教学资源是支持数字化教学过程中可被教学或学习者利用的一切人力与非人力资源。人力资源包括教师、网络助教、学生、学习小组、家长、网友等；非人力资源包括各类数字化、网络化教学材料（教学软件、网络教学资源、教学资源库等）、数字化教学辅助设施和环境、数字化教学支持系统等。

数字化教学资源凭借着其信息多样性、存储网络性、获取的便捷性、共享性、互动性、无限性、信息加工的统一性等优势将在教育教学过程中发挥越来越重要的作用。在这种以数字化教学资源为核心内容的信息化教学模式中可以充分发挥学生的主动性、积极性、创造性，使学生能够真正积极主动地探索知识，成为学习的主宰者。

（二）数字化教学资源的分类

祝智庭教授将教学资源分为学习材料与教学环境两类。

学习材料包括教学软件（音像教材、投影资料、多媒体课件）和教育信息资源（电子百科、教育音像资料、网上教育信息资源）。

教学环境又可分为教学资源环境和教学授递环境。其中，教学资源环境包括学习资源中心、电子阅览室、数字化图书馆，以及因特网；教学授递环境包括多媒体教室、语言实验室、微格教室、网络教室，以及卫星电视、有线电视、图文电视、因特网。

上述分类并不冲突，因为有些资源可同时属于多个分类。例如，集成的交互学习系统、学校内联网、因特网、虚拟教育系统，既属于学习材料，又属于教学环境。

李克东教授在《数字化学习》一文中指出，数字化的学习环境是经过数字化信息处理，具有信息显示多媒体化、信息传输网络化、信息处理智能化和教学环境虚拟化的特征。他将数字化教学资源细分为五类。

（1）设施。例如，多媒体计算机、多媒体教室网络、校园网络、因特网等。

（2）资源。为学习者提供经数字化处理的多样化、可全球共享的学习材料和学习对象。

（3）平台。向学习者展现学习界面，实现网上教与学活动的软件系统。

（4）通信。实现远程协商讨论的保障。

（5）工具。学习者进行知识构建、创造实践、解决问题的学习工具。

数字化学习材料是指经过数字化处理，可以在多媒体计算机上或网络环境下运行的多媒体材料。它能够激发学生通过自主、合作、创造的方式来寻找和处理信息，从而使数字化学习成为可能。数字化学习材料包括数字视音频、多媒体教学软件、网站、电子邮件、在线学习管理系统、计算机模拟、在线讨论、数据文件、数据库等。

综上所述，对于数字化教学资源的分类可按两种方式来划分，一是按数字化教学资源的来源可将资源分为设计的资源、利用的资源和集成的资源；二是从数字化教学资源的表现形态可将资源分为数字化硬件资源、数字化软件资源、数字化系统集成环境和人力资源。

数字化硬件资源指有形的、具体的，可用于数字化教学资源设计、开发、获取、加工、应用、管理、评价等各类仪器和设备（如多媒体计算机、网络设备、数字化存储设备等）。数字化硬件资源在教学活动中本身并不会改变学习者的认知结构，但却能促进教学活动的发生，可以加快学习者认知结构的改变，是教育信息化的物质基础。

数字化软件资源指以多媒体计算机技术为基础设计、开发、存储与传播，符合一定教学目标和教学要求，经筛选的可用于教学、促进学习的一切信息及其组织。例如，媒体素材、文献资料、教学案例试题、教学软件、网络课程、专题网站等。数字化软件资源在教学活动中，能直接使学习者的认知结构（认知领域、情感领域、动作技能领域）发生变化。

数字化系统集成环境在一定程度上综合了数字化软硬件资源的特点，是指由各种数字传播媒体及配套运作软件组成的数字化教学环境。数字化系统集成环境也分设计的与利用的，设计的环境如多媒体教室、数字语言实验室、网络机房、数字微格实验室等，利用的环境大多是借用了大众传播网络系统的功能来为教学服务，如因特网等。

人力资源包括教师、网络助教、教学支持人员、学生、学习小组、家长、网友等。由于人力资源涉及面广、内容多，因此本书探讨的数字化教学资源仅涉及可被教学或学习者利用的非人力资源。

二、数字化教学资源、教师、学生三者的关系

师生关系是指教师和学生在教育、教学活动中形成的相互关系，包括彼此所处的地位、作用和相互对待的态度。总的来说，师生之间在教育内容上是授受关系，在人格上是平等关系，在道德上是相互促进关系。良好的师生关系是学习活动取得成功的有力保证。现代倡导的新型师生关系是相互尊重、相互学习、相互促进的关系。教师是知识的传递者，更是智慧的激励者；是社会经验的提供者，更是多元价值的分享者；是人生道路的指引者，更是奋斗目标的助跑者。数字化学习环境打破了"师道尊严"的传统，教师不再是知识的传授者和灌输者，而是学生意义建构的帮助者、促进者和引导者，学生是信息加工的主体，是意义的主动建构者。因此，在数字学习过程中，要想取得教学的成功，学习者依据自己原有的知识经验，对外部信息进行主动选择、加工和处理，从而获得个人的意义是前提。这就更强调要树立新型师生关系，更强调学生的主体地位，强调以"学"为中心，以学生为轴心，这是数字化学习环境实现教学相长的最可靠保障。

（一）数字化教学资源与学生

在数字化教学资源中，学生既是数字化教学资源的最终服务对象，又是数字化教学资源质量的最终检验者。学生作为数字化教学资源的最终服务对象，不管是资源开发企业开发的数字化学习资源，还是教师根据具体的教学情景设计、开发的数字化教学资源，都必须最终满足学生的需求，满足大多数学生提高学习效率的需要。学生是数字化教学资源质量的试金石与最终检验者。数字化教学资源必须有利于学生的身心成长，必须有利于学生良好学习习惯的养成，必须有利于帮助和促进学生学习效率的提高。数字化教学资源的设计、开发、管理、利用和评价必须始终坚持"以学生为中心"，离开学生三个"有利于"，离开学生的发展需要，数字化教学资源将会成为一堆数字垃圾。数字化教学资源的设计、开发、利用和管理及评价出发点和最

终落脚点必须以学生为中心。

数字化学习环境更强调学生的主体地位，坚持以"学"为中心，以学生为轴心，数字资源是辅助学生完成"意义建构"的重要工具。由于学习并非由教师把知识简单地传递给学生，而是学生自己建构知识的过程，是别人无法替代的，学生可以利用师生之间、学生之间的协作活动，交流、评价数字化学习资源，形成基于资源的"学习共同体"。这种"学习共同体"保留了学生宝贵的个体差异，这种差异在数字化教学资源引导下能够及时激活学生已有的学习经验和知识，从而促进个人完成"意义建构"。因此，数字化教学资源对学生来说，既是已有的知识、经验、背景激活的媒介，也是其"意义建构"的有效辅助工具。

（二）数字化教学资源与教师

数字化教学资源是数字化学习环境的重要组成部分，也是教学过程的有效辅助工具和具体教学策略实施的有效手段。在数字化学习环境中，教师既是数字化教学资源的设计者和开发者，又是数字化教学资源的管理者和利用者。教师既可以对已有数字化教学资源进行加工、整合，也可以根据具体的教学目标、教学对象、教学条件，设计和开发相应的数字化教学资源。同时，教师还可以根据管理者的要求，充当数字化教学资源的管理者或辅助管理者。教师利用已有或自创的数字化教学资源构建良好的数字化学习环境，帮助或促进学生主动学习。从传统的教学观念看，课堂教学应该以教师为中心，教师是教学过程的主导者、传授者，教师可以利用学习资源传授知识，主导整个教学过程，数字化教学资源在教师心目中只是教学辅助手段。从建构主义观点看，教师是学生学习过程的帮助者、促进者和引导者，利用数字化教学资源，积极"旁观"，引导、帮助和促进学生通过自主观察、实验或讨论，或经历各种学习体验、形成经验，实现有意义的建构学习，并让这些体验、经验转化为知识和能力。从这个角度看，数字化教学资源仍只是教师教学和学生学习的辅助工具或手段。

从教师的专业发展来看，通过数字化教学资源可以实现优质教师资源共享。教师通过研究、利用、管理和评价数字化教学资源，能够帮助教师提高信息技术与课程整合的能力，有助于教师提高信息技术素养，并能通过数字化教学资源这条有效途径实现有意义的研修、反思。与此同时，教师经过研究、消化已有资源，通过设计、开发个人的数字化教学资源，增加了教师对备学生、备教材、备媒体、备环境等多方面的教学设计经验，提高了个人资源开发和课程设计能力。

（三）数字化教学资源与教师、学生的关系

建构主义学习观认为，学习是学习者在一定的情境（社会文化背景）下，借助其他人（包括教师和学习伙伴）的帮助，利用必要的学习资料，通过"意义建构"的方式获得。在数字化学习环境中，学习资料主要指数字化学习资源。教师是数字化教学资源的开发者、设计者、利用者、管理者和评价者，也是利用数字化教学资源实现教学最优化、提高学生心智能力的帮助者和促进者。学生是数字化教学资源的最终评判者、检验者。数字化教学资源可以帮助教师和学生优化教学过程和学习过程，但同时也可以阻碍教学过程和学习过程。教师可以利用数字化教学资源对学生的学习起穿针引线和画龙点睛的作用，学生可以在教师的引导帮助下利用数字化学习资源完成"意义建构"。因此，从建构主义观点来看，数字化教学资源与教师和学生之间是相互制约、相辅相成的关系。

根据一些专家学者的理论，教育信息化应该是一个以学生为中心，包括教师、数字资源、硬件资源、信息化学习环境多个组件的系统。在教育信息化系统中，无论是环境、数字资源还是硬件资源和教师，均是围绕数字资源最终服务对象——用户展开的，学生处于这个系统的主导地位，但学生在这个系统中其效能易受到大量因素的影响，并受到种种限制，因而其他系统组件必须谨慎地适应人，不能对学生造成太大压力而最终导致整个系统的崩溃。例如，数字化教学资源必须在教师的指导下，根据具体的教学情景适当使用，不可因滥用数字化教学资源而导致学生出现认知负荷的现象。教师在利用数字化教学资源时，必须充分考虑学生的认知水平和学生已有的知识储备，帮助学生利用资源促进学习。因此，数字化教学资源与学生和教师的关系是一个相互制约、相辅相成的关系。

从教学交互观点看，数字化学习资源与教师和学生的交互形式多样、层次不一。有学者提出了远程教育中的三种重要的交互形式：师生交互、生生交互和学生与学习资源交互。后来的研究人员又增加三种类型：教师与教师之间的交互、教师与学习资源的交互、学习资源与学习资源之间的交互。前三者被普遍认为是核心交互活动，甚至认为这三种交互活动只要其中之一能有效进行，学习效果就能得到保证。在数字化学习中，三种核心交互对教学质量有直接的影响。学生与学习资源的交互是其他两种交互活动的基础，从某种意义上反映了学生的自主学习能力。试验表明，要促使学生与学习资源有效交互，首先必须为他们搭建一个良好的学习环境，科学合理地配置学习资源，其次是提供必要的学习指导，最后是检查学生与学习资源交互的情况，提供必要的反馈。因此，首先必须做好"教师与学习资源的交互"，即制作编撰设计与课程学习相适应的学习资源和学习活动练习并监控学生的学习情况，随时对相关内容进行必要的更新或修改。其次要注意资源的针对性，要紧紧围绕课程的学习目标组织学习资源，适度扩展。最后，要注意引导和指导学生掌握相应的学习方法、学习策略，促进学生主动建构知识。同时，要采取灵活多样的形式检查交互情况并及时提供相应的反馈。三者交互活动互为联系、互为促进，但学生与学习资源的交互是基础。与此同时，除了要做好"教师与学习资源的交互"以外，还要注意发挥其他两种交互活动对提高教学质量的潜在作用，即教师与教师之间的交互和学习资源与学习资源之间的交互。

三、数字化教学资源评价

为保证数字化教学资源评价的科学性、规范性，明确评价的基本原则是对数字化教学资源进行评价的基本前提。针对数字化教学资源评价自身的一些特点，这些原则主要有：科学性、客观性、全面性、可行性、导向性等。数字化教学资源评价过程中的评价方案的设计、评价指标的制定、评价方法的选择、评价数据的处理等，都是在这些原则指导下进行的。

（1）科学性原则。数字化教学资源评价必须建立在科学的基础上，评价结果才可能准确、可靠、可信。科学性包括评价指标体系建立要有科学依据，制订评价方案的设计要科学合理，评价方法选择科学、正确，评价数据的处理要准确。数字化教学资源的评价还应当充分参考国家和部委颁发的相关标准，这些标准是建立评价指标体系的基础。

（2）客观性原则。数字化教学资源评价是根据一定的评价目标对数字化教学资源设计、开发和使用的效果进行科学的判定。因此，评价必须忠于评价目标，遵循教学的客观规律，实事求是,做到客观、公正,这样判定才能推动数字化教学资源的发展。在构建指标体系时,应站在客观的立场上,尽可能避免人为因素,尽可能量化指标,指标数据最好有现实的或能够计算的数值作为基础,定性指标能用程度差来体现。

(3) 全面性原则。数字化教学资源涉及的范围广泛、种类繁多,因此在制定评价标准时,要考虑各种因素的相互关系,在评价过程中,要全面收集、分析信息,避免片面性,使评价能全面反映评价对象的真实情况。

(4) 可行性原则。数字化教学资源评价的核心是依据评价指标体系对评价对象的各项功能、品质和属性等进行等级的判断。因此,首先在评价指标体系建立、方案的设计、方法的选择上必须考虑可行性。要在科学、全面、客观的前提下,尽量使指标体系简便、易测。其次是评价标准的等级划分不宜过多、过细。评定标准必须具体,便于掌握。

(5) 导向性原则。数字化教学资源评价的目的不在于评价本身,而是通过评价了解资源建设与管理存在的问题和差距,提高数字化教学资源建设与管理水平,把数字化教学资源应用导向效益之路。以评促建、以评促改、以评促管、以评促效益,以评促发展。

(一) 数字化教学资源评价的指标体系

评价指标体系是指由表征评价对象各方面特性、价值及其相互联系的多个指标所构成的具有内在结构的有机整体。系统科学理论指出,可以把评价对象根据某种特定的目标分解为若干层次,每个层次又可分解出若干组成要素,依据每个要素和每一结构层次所起的作用和功能形成评价指标体系。因此,指标实际上是目标在一个方面的规定,它是具体的、可测的、行为化和操作化了的目标。一个评价指标体系主要由三部分组成:评价要素,它反映被评价对象特征的各个成分;评价标准,它是衡量事物特征各个成分的比较基准;指标加权,它是指各个成分在整体中所具有的重要程度的标志。指标体系是评价工作的工具,通过它有目的地进行资料的收集、整理、分析;同时,它又是评价判断的依据,依据它作出价值性的判断。

1. 评价要素

评价要素是指评价时应测评的目标,它反映被评价对象特征的各个成分。我们可以将评价目标分为若干层次,每个层次又分解出若干组成要素(单项指标),即可得出评价要素。常见的目标层次可分为总体指标(零级指标)、结构指标(一级指标)、单项指标(二级指标)三部分。

2. 评价标准

标准就是衡量事物的准则。标准的描述有三种常见的方式,即描述式标准、期望评语量表式标准以及客观可数等级式标准。在实际进行评价研究时,往往是同时使用几种标准形式,很少单独使用一种形式。

描述式标准就是运用文字描述每个不同要素的等级,并给每个等级分值。

期望评语量表式标准是根据目标要求,写出期望达到的评语或要求,同时把该项指标分为若干等级,每个等级赋以分值,评判者根据达到期望评语或要求的程度逐级打分。

客观可数等级式指标是指对于某些条件指标,可以采用客观、可数的定量数值作为标准,并分成不同的等级,凡达到一定的数值者就可以归属到某一等级之中。

3. 指标加权

指标加权：在数学上，为了显示若干数在总量中的重要程度，分别给予不同的比例系数，这就是加权。在评价研究中，根据不同的测评目的、测评对象、测评时间和测评角度，将对不同的指标，指派不同的比例系数，这就是评价的指标加权。加权是使评价指标体系取得可比性和客观性的基本保证。加权的指派系数就是权重。

（1）权数分类包括自重权数和加重权数

所谓自重权数就是以权数作为指标的分值（或分数），或者以权数直接作为等级的分值。加重权数就是指在各指标的已知分值（自重权数）前面设立的权数。

（2）权数的获得通常有经验加权和统计加权两种方式

①经验加权

经验加权通常是由富有经验的专家和有关研究人员商定，把人们长期的工作经验和丰富的学识作为指派权数的依据。这种方法简便易行，但它实质上是使主观判断数量化，带有主观成分，因而会影响计量的准确性和合理性，必须谨慎使用。

②统计加权

统计加权是设计一项重要程度意见表，让一部分有关人员对各项指标的重要程度进行投票，把投票结果按统计公式进行计算，以确定权数值。例如，对于多媒体教学软件综合评判共有教育性（有利于创新能力培养等）、科学性（科学知识表述等）、技术性（交互性的体现等）、艺术性（界面简洁美观等）四项结构指标。

4. 常见的数字化教学资源评价标准

由于评价主体、资源类型和应用对象的不同，因此人们对于数字化教学资源的评价标准也不尽一致。一般来说，对于数字化软件教学资源，科学性、教育性、技术性、艺术性已经成为目前公认的数字化软件教学资源评价的基本要素。

（1）科学性。包括概念的科学性、问题表述的准确性、引用资料的正确性等。

（2）教育性。包括充分体现教学规律、认知逻辑合理性、直观、形象、剖析功能的应用、情景创设、启发性、交互性、针对性、思想方法创新等。

（3）技术性。主要包括恰当运用多媒体（制作和使用上是否运用多媒体——视频、动画、声音、文本）、运行可靠性（在调试、运行过程中不应出现故障）、易操作性（操作应简单易行、并能使初学者尽快掌握操作要领）、具有网络功能（应能在网络上进行教学使用）、交互设计合理、智能性好等。

（4）艺术性。主要包括语言文字（所展示的语言文字应规范、简洁、明了）、画面艺术（画面制作应具有较高艺术性）、声音效果等。

要注意，网络课程是具有教育特性和软件产品特性的双重事物。因此，影响网络课程质量的因素是非常复杂的。遵循科学性、全面性、定性与定量相结合、可操作性等原则，运用文献研究方法、系统分析法、实验研究法、小型专家讨论会等方法，分析影响网络课件的各种质量因素，并按照一定结构将其组织起来，最终形成全面的网络课件认证标准体系。例如，北京师范大学网络教育实验室通过对新世纪网络课程的104门课程进行试验性认证，初步形成了网络课程质量认证标准，该标准已被教育部正式认可。

此外，对于数字化硬件教学资源的评价标准，则由设备、设施的管理、利用、技术开发、社会服务等基本要素组成。

（二）数字化教学资源评价的流程

在对数字化教学资源评价中必须有一个明确的过程，这也就是数字化教学资源评价的流程。一般来说，我们可以把这一过程划分成准备阶段、实施阶段、形成阶段和反馈阶段等。

1. 评价前的准备阶段

准备阶段主要可以从确定评价目标、选择评价对象、建立评价指标体系、设计问卷、设计试卷、设计调查量表等多方面着手。

（1）确定评价目标

确定评价目标就是要明确所要评价的目标是什么，包括条件水平、品质水平、管理水平、效果水平、综合水平。

（2）选择评价对象

由于对数字化教学资源评价来说其对象是多方面的，因此在选择评价对象的时候可以选择其中的一个或者几个来进行评价。评价的对象主要包括单位团体（管理水平）、数字化教学资源的品质（多媒体课件、网络课程、素材库等评价）、收视状态（数字视音频收视状态）、数字化教学过程（网络教学评价）、仪器设备（效益水平）。

（3）建立评价指标体系

依据数字化教学资源评价的基本原则，制定所评价资源的评价指标体系。

（4）设计问卷、设计试卷、设计调查量表

设计问卷、设计试卷、设计调查量表可以归为一类，是因为其目的的一致性。设计问卷、设计试卷、设计调查量表的目的都是对于所要评价的对象设计一系列的问题，来衡量评价的对象。

2. 评价的实施阶段

评价的实施阶段主要环节是获取所需信息和记录的过程，通过发放问卷、试卷、调查量表等进行调查，其目的是对所要评价的对象设计一系列的问题，来衡量评价的对象。

3. 评价的形成阶段

从用户评价的时间上看，分为使用前评价和使用后评价两种。使用前评价是根据事先制定的数字化教学资源评价指标体系，为不同用户编写不同的问卷来获取评价信息；使用后评价则主要依据发布该资源后被引用情况的统计信息（如被点击次数、被下载次数、被引用次数等）以及用户使用该资源后在网上的评论信息，并将二者结合起来综合评分。将使用前评价和使用后评价两种得分加以综合可得出用户评价总得分。

4. 评价的反馈阶段

数字化教学资源评价中，反馈评价结果是又一重要的环节，为了充分发挥数字化教学资源，不断改进薄弱环节，要将各种测量和反馈的结果及时反馈，反馈的方式有很多种，可在大范围内进行交流，便于同行借鉴。不管使用什么方法反馈，都要以改进和提高教学质量为根本目的。

以上是数字化教学资源评价可遵循的基本流程。但在开展具体的评价活动时可做适当的调整。

第二节　多媒体课件

多媒体课件已经成为重要的数字化教学资源，设计、开发优秀课件是信息时代教师应具备的基本教学能力和职业素质。

一、多媒体课件的概念与特点

课件是对一个或几个知识点实施相对完整教学的用于教育、教学的软件，根据运行平台不同，可分为网络版的课件和单机运行的课件，网络版的课件要能在标准浏览器中运行，并且能通过网络教学环境被大家共享。单机运行的课件可通过网络下载后在本地计算机上运行。多媒体课件具有以下三个特点。

（一）教学性

多媒体课件区别于一般计算机软件的特殊之处在于它的教学性，即它有着特定的教学目标、教学内容和教学对象。在编制过程中，要针对不同的课程内容、教学目标和使用对象来进行设计，同时还必须符合特定的学科教学规律和学生认知规律。

（二）多媒体性

相对于文字教材，多媒体课件的主要优势就是能将文本、图形、图像、动画、声音、视频等多种媒体信息集成在一起，增强了教学信息的表达力和感染力，使学生能更积极主动地投入学习中去，取得更好的学习效果。

（三）交互性

多媒体课件与一般的电视、电影等单向信息传播手段的主要区别在于它的交互性，使用者可以与之进行信息的交互。在编制过程中，要注意人机交互界面的友好性和易学易用性。友好性是要求课件让人看起来很舒服，有整体上的一致感。对于有同样功能的操作对象，在形象和格式上要力求一致；易学易用性是课件的各种操作要直观、简单，使学习者很容易学会如何使用它。

二、多媒体课件的类型

根据多媒体课件性质和用途的不同，多媒体课件分为六种类型，分别为演示型、练习测验型、指导型、资源型、模拟型、教学游戏型。

（一）演示型

演示型课件一般由学科老师自行编制，主要作用是辅助教师课堂演示。演示型课件具有图、文、声、像等多种媒体元素，通过精心的设计，将不容易用传统方式传递和讲解的知识，以形象、生动的手段呈现给学生。该类课件适于演示各学科的内容提要、数据图表、简单的动态现象及模拟示意，可用来配合讲授、讨论、示范等教学活动。

（二）练习测验型

练习测验型课件主要是针对某个知识点，以问题的形式提供给学生反复练习的机会，并根据学生回答的情况予以相应的反馈，以促进学生掌握这种知识、技巧或提高某种能力。它可以在教学活动进行到一个阶段后用于评价学生的学习成果，以决定下一阶段学习如何进行。与书面练习相比，使用课件具有即时反馈、激发动机和节省教师工作时间的优点。

（三）指导型

这类教学课件用于向学生系统地传授关于某一课题的内容，体现了以教师指导为主的教学策略。指导型课件的目的是呈现知识或示范技能，并教会学生初步地应用知识或技能，通常有练习部分，一些课件还有教学管理的功能，可以记录学生的学习进度和成绩。此类课件能够用于从语言信息、操作技能到复杂规则应用以及问题解决策略等多种学习结果的学习。好的指导型课件需要复杂的设计和编程技术，开发费用和人力消耗很大。

（四）资源型

资源型课件是指根据教学目标选择和组织的信息资源软件，该课件不提供具体的教学内容和教学过程，而注重提供大量信息间的检索机制并对信息的应用给予引导，可以用于学生对专题或案例的自主研究、课外资料的查阅等。资源型多媒体课件是超文本和超媒体技术的具体应用，可以用资源网站作为载体。

（五）模拟型

模拟型多媒体课件是借助计算机多媒体技术或仿真技术再现真实的或虚拟的系统，用于教授系统如何运作。一些模拟课件能让学习者在限定的环境内自由操作，供学生进行模拟实验或探究发现学习。随着计算机技术的提高和网络环境的提升，模拟课件在教学中的使用越来越普遍。模拟型课件根据具体用途又可分为以下三种。

1. 演示模拟

用图像、图形、动画等直接向学生演示各种现实情况不允许或者不容易实现的现象，如地震、原子弹爆炸等。

2. 操作模拟

学生通过计算机进行操作模拟，以熟练掌握某些操作技能和技巧。往往用于培训学生或工作人员的实际操作能力,使他们在进行一些可能存在危险的实际操作之前受到一定程度的训练,以避免和减少不必要的伤害和损失。例如,飞行员训练、危险实验等。

3. 情景模拟

给学习者提供假设的情境,要求学习者做出反应。这类模拟的主要目的是培养个人或群体在不同情景中的行为和态度以及判断和决策能力,而不是仅仅以掌握知识为目的。例如,海关报关过程训练、消防员应急事件处置等。

(六) 教学游戏型

教学游戏型多媒体课件是将课程的知识内容通过游戏的形式呈现出来,为学生提供一种富有趣味性和竞争性的学习环境,激发学生的学习动机,使学生在富有教学意义而且教学目标明确的游戏过程中得到训练或掌握知识、提高能力,是一种寓教于乐的多媒体课件。

三、多媒体课件的制作流程

多媒体课件的开发过程包括课件设计和课件制作两个阶段。

(一) 课件设计

1. 选择课题

在开发多媒体课件前,必须要思考的问题是选择什么题材,即选择课题。选题的一个基本原则就是要选择能充分发挥多媒体技术优势的,切实能优化学与教过程的题材,通常选择如下课题。

(1) 在传统教学中难以用语言或单一媒体表现清楚的教学重、难点,且宜用多媒体形式表现的内容。

(2) 需要提供个别化、自主式的学习内容,需要学生更多参与交互并得到及时反馈的学习。

(3) 以模拟训练、实验、操作体验为特征的学习内容,以降低训练的成本和风险。

2. 教学系统设计

多媒体课件开发的成功关键是教学应用效果,不取决于技术的先进性和复杂程度,而教学效果要靠教学系统设计来保证。教学系统设计是应用系统方法分析教学对象和教学内容,确定教学目标,建立教学内容知识结构,选择和设计恰当的策略和媒体,设计形成练习和学习评价的过程。教学系统设计的结果是要形成完整的教学实施方案,以这个方案为依据设计课件要表现的内容、课件的类型、课件的结构和显示顺序等具体的课件内容。

3. 编写设计文档

完成对教学内容、教学目标、教学策略等项目的系统分析后,就要根据教学和学习者的实际需求开始课件的具体设计工作。这包括选择和收集资源、确定课件要表现的内容、确定课件的类型、设计课件的结构和显示顺序、设计课件交互控制的方式、设计界面布局和显示、设计课件的整体呈现风格,这些设计最终确定了教学课件的总体印象,并编写为设计文档以方便课件故事板的制作。因此,设计文档的编写是课件设计的核心环节,下面就从七个方面详细叙述编写设计文档所需要做的工作。

(1) 选择和收集资源

根据教学系统设计的需求,选择和收集与课题相关的内容信息材料,如教材、参考材料、实物、视频、音频、动画素材等,并根据现有的资源考虑课件可能设计的样式。

(2) 确定课件要表现的内容

课件内容是依据教学计划的内容范围,以有助于学习的顺序和形式表现的内容。课件设计需要在教学系统设计的基础上进一步筛选出课件中要表现的学习内容,主要从学习者的特点、学习所需要的时间或课件需要制作的总长度、教师制作课件的技术能力等多个方面去考虑。一般课件主要呈现的是课程整体的内容纲要、与目标联系最紧密的内容、课程的重点和难点。

(3) 确定课件的类型

根据教学系统设计中确定的教学目标和要表现的内容确定哪类课件最合适,或者哪几种课件类型的组合更能帮助学习者达到教学目标。通常,演示型课件主要用于言语信息、规则和概念的学习,练习测验型课件适用于言语信息和智慧技能,模拟型课件有助于技能和态度学习,教学游戏型课件适合增强学习动机,多种课件类型的结合能有效地提高教学效果。课件类型实际上决定了课件内容表现的方式,一般重点和难点内容会使用更丰富的表现方式来吸引学习者的关注。

(4) 设计课件的结构和显示顺序

各类课件都有它的一般结构,在确定课件要表现的内容后,要把一般结构和具体内容结合,形成对特定内容的显示顺序。课件结构可以表现课程的学习流程,要通过设计合理的课件结构增强学科内容的组织和表达。

演示型课件一般结构是直线式的,可以按照课程内容的学习顺序线性地显示各个页面。在实际使用中也可以根据需要在直线式结构的基础上设置简单的跳转和链接。

练习测验型课件、指导型课件、模拟型课件、教学游戏型课件除了通常课件具有的标题页、导入部分、结束页外,还有学习者控制、判断反应、提供反馈、数据管理等重要环节,其结构往往有多个复杂分支,显示顺序很多由学习者参与决定。资源型课件一般采用超媒体结构,没有固定的显示顺序,所以通常只要设计超链接结构图表示各部分之间的关系即可。这种超媒体结构一般也会出现在模拟型课件、教学游戏型课件中以增强学习者的学习主动性,所以有必要了解一下常用超媒体结构的设计。在实际使用中超媒体结构会更加复杂和灵活,以便于学习者在丰富的资源中快速找到所关注的信息。

(5) 设计课件交互控制的方式

交互控制的设计可以使教学者更容易操控课件,在课件中最常见的交互就是用导航和超链接实现页面之间的跳转。在课件中设计良好的导航菜单是十分必要的,因为不管是什么结构和显示顺序的课件,最重要的是让学习者能清晰地把握自己所学内容的知识结构。课件中的导航菜单一般会单独制作一页,采用按钮或文字超链接实现页面之间的跳转。页面正文中的超链接可以作为对知识点的进一步解释或内容的转换,链接源和链接对象可以是文字、图标、图像、声音、视频等多种媒体格式，一般会把与链接源相关的内容单独放置在一页上作为链接对象，并有返回功能，使学习者的学习路径更加清晰。

而在学习者自主使用的课件中，交互控制的设计则主要体现为学习者使用鼠标、键盘、手触屏等外围设备与计算机进行直接的信息交互，这样学习者有更高的积极性参与到学习中来。即使在课堂中使用的课件也可以设计回答问题、连线、填空等简单的交互方式让学习者参与。

（6）设计界面布局和显示

多媒体课件的界面是学习者接受信息并与学习内容发生关系的重要窗口，因此良好的界面设计会增强学习效果。界面上的各种内容和功能要素如何布局和显示是设计的核心。多媒体课件尤其是演示型课件主要考虑的是标题页和内容呈现页的布局。

当然，页面布局不是固定的，要根据课件制作软件的特点、学习内容、课件的类型和学习对象来确定布局。例如，用 PowerPoint 软件设计课件，界面上就可以不出现"进入""上一页""下一页""退出"等按钮，因为 PowerPoint 自带这些功能按钮。但对同一课件其界面的设计要尽可能地保持统一，即内容区域和各种功能区域的位置都是一致的，这样可以减少学习者的认知负载。

课件内容的显示有多种方式，最基本的是文字，文字的处理要进行组块的处理，即经过编辑和组织后形成段落和列表的方式。对多媒体课件而言，还应该充分利用其软件的多媒体特点，把抽象的文字内容转化为图像、图表、动画、视频等形象、生动的方式。如果为了增加气氛，还可以为文字或图像适当增加声音，如背景音乐或旁白配音等。音乐运用要慎重。在课件中合理地加入一些音乐、音响等声音，可以更好地表达教学内容，同时吸引学生的注意力，增加学习兴趣。一段舒缓的背景音乐，可以调节课堂的紧张气氛，有利于学生思考问题。在使用声音时，要求音乐的节奏要与教学内容相符，背景音乐要舒缓，要设定开关按钮或菜单，便于教师控制，需要就开，不需要就关。

在色彩搭配上，颜色数量要控制在最低要求，避免色彩过多、过杂；同时要注意色彩的含义和使用者的不同文化背景，以及根据不同区域的作用来决定屏幕上不同部分的色彩选用。

另外，图片要清晰、美观，大小适中。对于动画和视频图像，学生可能一次没看清，最好设计重复播放按钮，教师可以根据教学实际重复播放。

（7）设计课件的整体呈现风格

通过上述设计，制作者对课件要表现的内容、结构、交互、布局、显示等要素有了基本的思路，就可以设计课件的整体呈现风格，如课件的主体色调、背景图案、字体、文字颜色、按钮的样式、各种多媒体素材的展现方式等。

4. 制作故事板

为了便于开发，制作者还需要把设计文档的内容转化为故事板，以形象的方式展现课件的具体设计。如果是多人协作开发，最好是对课件的每一页都要编写一页故事板。故事板没有固定的格式，可以根据制作者的需要适当修改，但基本内容是一致的。

故事板可以按照课件的显示顺序安排，设计描述部分根据每一页面实际的需求填写，界面显示部分也可以用软件设计出视觉化的初始样例放置在表格里，使设计者本人或其他合作者可以更形象地看到课件的整体外观。

（二）课件制作

多媒体课件制作主要包括素材处理与制作，课件集成，课件的测试、评价与修改等方面的工作，具体如下。

1. 素材处理与制作

根据设计的需求对收集到的与课题相关的素材进行处理，如图片的修改，声音、视频的编辑等。有时开发者还需要自己制作素材，目的是使素材更符合课件制作的要求。

2. 课件集成

课件集成是指按照故事板的设计，把多媒体素材编入课件程序，实现课件的功能。多媒体课件的编辑与合成方法大体有三种：一是利用高级程序设计语言完成，如 VB、VC 等，这些程序语言具有可实现的功能丰富、形式灵活的特点，非常适合公司或专业人员使用，但大多数教师掌握它有一定困难；二是利用通用的多媒体制作工具，如 PowerPoint、Flash 等，具有易学易用、直观化等特点，开发效率高，适合非计算机专业人员使用；三是专用的工具软件，它们大多是为了改善专业工作效能而开发的，如"几何画板""建模工具""概念图制作软件"等，在教学中可以用来制作一些特殊用途或具体专业领域的课件。

3. 课件的测试、评价与修改

多媒体课件初步制作出来后，首先要进行全面的试用和评价，以发现其中的错误与不足，并及时做出修改和完善，从而进一步提高课件的质量。事实上，课件的评价与修改应该贯穿课件的各个环节。

课件的评价主要包括以下五个方面。

（1）科学性：如课件内容表述是否准确、有无科学性错误等。

（2）教学性：如课件设计与表现是否体现教学功能、是否符合学习者的认知规律等。

（3）技术性：如课件的稳定性、容错能力、兼容性等。

（4）操作性：如课件的操作是否简单、使用是否方便等。

（5）艺术性：如课件界面设计是否简洁、美观，布局是否合理，声音与画面是否相协调等。

通过检测和评价后，就可以对课件打包发行使其成为可以应用的最终产品。所谓打包，就是将制作完成的多媒体作品生成一个可执行文件，使课件可以脱离开发环境独立运行，以实现其在教学实践中的价值及优秀资源的推广共享。

第三节　网络课程

网络课程已经成为重要的数字化教学资源，设计、编写优秀的网络课程是信息时代教师应具备的基本教学能力和职业素质。随着互联网向高速、多媒体化方向迅速发展，以计算机网络为基础的现代教育手段将得到广泛应用，这将对培养新型人才和大规模劳动力培训起到积极的促进作用。目前，互联网在其他领域已得到广泛应用，相比之下，利用互联网进行远程教育仍显落后，究其原因，主要是缺少在先进教学理论、课程理论指导下的高质量的网络课程的设计与开发。因此，开发高质量的网络课程是现代教育技术工作的重要内容。由于基于互联网的网络课程与一般的多媒体教学软件在使用环境、教学功能和教学作用不同，因此探索和研究网络课程的开发理论、构成要素、设计原则以及编写过程与方法具有重要的意义。

一、网络课程概述

网络课程是通过网络表现的某门学科的教学内容及实施的教学活动的总和，它包括两个组成部分：按一定的教学目标、教学策略组织起来的教学内容和网络教学支撑环境。

（一）开发网络课程的意义

当前，大力开发网络课程具有如下三方面的意义。

1. 教育信息化建设的需要

发展现代远程教育，构建终身学习体系是教育信息化的一项重要任务。现代远程教育是随着现代信息技术的发展而产生的一种新型教育方式。现代远程教育工程的实施，可以有效地发挥现有各种教育资源的优势，符合世界教育发展的潮流。而实施现代远程教育工程需要开发大量的网络课程。

2. 课程教学模式改革的需要

当今世界，科学技术突飞猛进。面对新的形势，部分地区的教育观念、教育体制、教育结构、教学内容和教学方法相对滞后，因此必须改革传统的课程教学模式和教学方法，借助多媒体技术和网络通信技术等，探索新型的课程教学模式和教学方法。

3. 创新人才培养的需要

创新人才的培养是实施素质教育的重点，而现代教育技术，尤其是多媒体技术和网络通信技术能够为创新人才的培养提供多方面的支持。互联网上丰富的信息资源和图文音像并茂的、丰富多彩的交互式人机界面，能为学习者提供符合人类联想思维与联想记忆特点的、按超文本结构组织的大规模知识库与信息库，易于激发学习者的学习兴趣，并为学习者实现探索式、发现式学习创造有利条件，特别适合学生进行"自主发现、自主探索"式学习，因而对于培养具有创新能力与合作精神的一代新人有着至关重要的意义。

（二）网络课程设计、开发的理论基础

设计、开发网络课程，离不开各种理论的指导，教学系统设计理论、建构主义学习理论可为网络课程的设计与开发提供理论指导。

1. 教学系统设计理论

教学系统设计是应用系统方法分析和研究教学问题和需求，确定解决它们的教学策略、教

学方法和教学步骤,并对教学结果做出评价的一种计划过程与操作程序。在网络课程开发中,要体现教学系统设计理论的指导,应注意如下四个方面。

(1) 强调教与学的结合。
(2) 重视学习环境的设计,包括情境创设的设计、协作学习的设计、信息资源的设计。
(3) 重视教学过程的动态设计。
(4) 重视可操作性。

2. 建构主义学习理论

建构主义学习理论认为,学习活动是学生通过一定的情境,借助教师与同学的帮助,通过协作和会话的方式,达到对知识的意义建构。在这个过程中,学生是认知活动的主体,教师是学生学习的帮助者、促进者、引导者。建构主义学习理论指导下的网络课程的设计与开发应注重如下四个方面。

(1) 情境的创设。
(2) 体现学生的认知主体地位。
(3) 体现教师的主导作用。
(4) 反映知识的意义建构过程。

二、网络课程的构成

网络课程与一般的多媒体教学软件不同,它是学生利用网络进行远程学习的教材,根据网上教的特点和人才培养的需要,完整的网络课程应由如下八个系统构成。

(1) 教学内容系统:包括课程简介、目标说明、教学计划、知识点内容、典型实例、多媒体素材等。
(2) 虚拟实验系统:包括实验情景、交互操作、结果呈现、数据分析等。
(3) 学生档案系统:包括学生密码、个人账号、个人特征资料、其他相关资料等。
(4) 诊断评价系统:包括形成性练习、达标测验、阅卷批改、成绩显示、结果分析等。
(5) 学习导航系统:包括内容检索、路径指引等。
(6) 学习工具系统:包括字典、词典、资料库、电子笔记本等。
(7) 协商交流系统:包括电子邮件、电子公告牌、聊天室、讨论室、教师信箱、问答天地、疑难解答等。
(8) 开放的教学环境系统:包括相关内容、参考文献、资源、网址的提供等。

三、网络课程的设计原则

在建构主义学习理论的指导下,网络课程在设计上应体现如下的教学策略:突破简单的演示型模式,体现知识的意义建构过程;重视问题与回答方式的设计,提高学生的主体参与程度;加强对学生的引导和帮助,促进学生对知识的意义建构;提供丰富的多媒体资源,创设有意义的学习情境;实现软件的超链接结构,启发学生的联想思维。为实现上述教学策略,考虑网上教学的特点,网络课程的设计应遵循以下原则。

（一）个性化

网络课程要体现学生学习的个性化。学生是学习的认知主体，学习的过程是学生主动探索、发现问题、意义建构的过程，所以要重视学生作为认知主体的作用，体现学生个性化学习的特点，发挥学生在学习中的首创精神，如提供灵活多样的检索方式，实现学习路径的自动记录功能，设计供学生随堂使用的电子笔记本等。

（二）合作化

根据课堂中使用的教学策略和学生之间的关系，一般将学习分为个别学习、竞争学习和合作学习三种类型。研究发现：在合作学习中，学生彼此之间的学习成就呈正相关，也就是说，当其中一个学生达到他的学习目标时，其他的学生也能够达到学习的目标。计算机支持的合作学习更能体现合作学习的优势。在网络课程设计中，要注意设计以下两类合作和协商关系。

1. 学生与学生的合作

这是合作学习的关键，学生的合作互动取决于多个因素的设计：问题（任务）的提出、回报的获得、小组的状态、交互的技巧等。

2. 教师与学生的合作

教师作为学习过程中的主导人物，引导、帮助、促进学生的学习。

（三）多媒体化

互联网的高速发展，使网络课程的多媒体传输成为可能，为提高学生的学习兴趣，应根据需要提供图文声像并茂的教学内容。

（四）交互性

将课程内容以超文本方式呈现，提供良好的导航系统和功能，赋予学生串联知识和网络浏览的自主权。另外，设计灵活多样的学生练习和训练内容，提高网络课程的交互性。

（五）开放性

提高软件结构的开放性，提供相关的参考资料和相应的网址，对于同一知识内容，提供不同角度的解释和描述，让学生通过对多种观点的辨析与思考，提高分析问题和解决问题的能力。

此外，要重视评价反馈的设计，及时了解学生的学习情况，客观评价学生对课程教学目标的达到情况。

四、网络课程的编写过程

根据教学软件的设计与开发过程的一般规律，结合网络课程的特点，可以将网络课程的编写过程归纳为如下八个步骤,将教学设计、系统设计、脚本编写、程序设计、教学试验、评价修改融为一体,更切合实际工作情况。

(1) 分析教学对象,明确教学目标。开发网络课程,首先要分析教学对象的特征和需求,明确网络课程的教学目标。

(2) 突出课程特色,确定教学功能。完整的网络课程,应具有通常所要求的一般模块和栏目。但根据每门网络课程的教学对象和教学目标不同,可以突出网络课程某方面的特点,并在教学功能上有所体现。

(3) 设计教学模块,建立系统结构。确定网络课程的主要教学模块,建立各模块之间的关系,从而形成网络课程的系统结构。

(4) 划分栏目内容,设计屏幕版面。将每一教学模块划分成若干个栏目,并规划好它们在屏幕上的具体位置。

(5) 编写脚本卡片,收集素材资料。根据具体情况,详细说明每一屏幕的呈现方式和链接关系,编写成脚本卡片,并收集有关的素材资料。

(6) 选择编著工具,建立片段模型。选择网络课程的开发语言和编著工具,根据所编写的脚本卡片建立网络课程中具有代表性的一个片段模型。

(7) 开展教学试验,进行评价修改。利用已经完成的片段模型,设计教学应用方案,实施教学活动之后进行评议修改。

(8) 不断充实完善,登记上网发布。不断充实和完善片段模型,并完成整个网络课程的开发,经技术测试后,申请注册,上网发布。

与多媒体教学软件一样,根据实际情况,网络课程也可以设计成"以教为主""以学为主"和"主导—主体"等各种不同的教学系统。

第十五章 信息化教学设计与评价

第一节 信息化教学设计

一、信息化教学设计概述

（一）教学设计

教学是一门科学，而教学设计是建立在教学科学这一坚实基础上的技术，因而教学设计也可以被认为是学科型的技术。教学的目的是使学生获得知识技能，教学设计的目的是创设和开发促进学生掌握这些知识技能的学习经验和学习环境。

教学设计是运用系统方法，将学习理论与教学理论的原理转换成对教学目标、教学内容、教学方法、教学策略和教学评价等环节进行的具体计划，创设教与学的系统过程或程序，而创设教与学系统的根本目的是促进学习者的学习。

（二）信息化教学设计

教育信息化是各国教育发展的重要方针，自信息技术在国际教育中广泛应用以来，国内外广大学者对信息化教学设计展开了深入的研究，但目前尚未对信息化教学设计形成统一的认识。

信息化教学设计是在综合把握现代教育教学理念的基础上，充分利用现代信息技术和信息资源，科学安排教学过程的各个环节和要素，为学习者提供良好的信息化学习条件，实现教学过程最优化的系统方法。

从上述的概念中可以看出，信息化教学设计的概念主要强调三点：信息技术和信息资源的充分利用、以学为中心、对各个教学环节的科学合理安排。与传统教学设计相比，信息化教学设计在教育理论支撑、结构体系、能力内涵和技术影响等方面发生了较大变化。

总之，信息化教学设计是指在教学实践中针对教学活动遇到的有针对性的教学问题，在建构主义等信息化教学设计理论指导下，充分、准确地利用现代信息技术和网络教学资源，合理地设计和梳理教学活动中的各个教学环节与资源，为学生创造优越的信息化学习环境，不断促进以学为核心的学习方式的养成，达到教学效果最佳的系统过程。信息化教学设计能力涉及以下五个方面内容。

（1）在多种教学理念中，信息化教学设计能力的基本教学理念是建构主义教学理念。

（2）信息化教学设计能力在教学过程中能将线性、程序化、非线性和混合等方法有机灵活地运用。

(3) 信息化教学设计能力能在教学的全过程运用信息技术，使信息技术真正成为教学的工具与手段。

(4) 信息化教学设计能力在教学实践中能将教学评价在教学环节中有效运用。

(5) 信息化教学设计能力能对教学效果进行综合性的总体评价。

（三）信息化教学设计的特征

信息化教学设计主要有五个方面的特征：以建构主要学习理论为理论基础，以建立新型的学习方式为宗旨，以发展学生的高级思维能力为核心，以技术作为促进学习的支柱，以投入型学习的设计为关注点。

1. 以建构主义学习理论为理论基础

建构主义理论对客观主义提出了截然不同的观点，认为知识不是通过传授得到的，而是经过意义建构得到的，知识是个体与环境交互的产物，强调情境、会话与协作对意义建构的作用。建构主义学习理论从知识观、学生观、教学观和学习观等方面提出的许多观点，特别适合复杂领域及问题解决的学习，标志着人类对学习本质的认识有了质的飞跃。建构主义作为对教学设计影响最为直接的学习理论，其发展和变化都将促使教学设计随之改变。信息化教学设计以建构主义为理论基础，形成了不同于传统教学设计的理论与方法。

2. 以建立新型的学习方式为宗旨

学习方式是学生在完成学习任务过程中的基本行为及认知取向。在传统的接受式教学中，学生的基本行为是记忆、理解学习内容，实现知识的迁移。学习是个体的行为，其最大弊端在于学生学习了大量的知识，但在遇到实际问题时，却不知道如何解决，课堂学习的知识与现实生活存在脱节现象。信息化教学设计强调学生是学习的主体，并能利用学生已有的经验，在学习环境的支持下通过和学习同伴的协作交流，进行探究发现，通过问题建构知识。信息化教学设计的宗旨是建立凸显自主性、合作性和探究性等特点的学习方式。

3. 以发展学生的高级思维能力为核心

高级思维能力是以高层次认知水平为主的综合性能力，创新能力、问题解决能力、批判性思维能力、团队协作能力、自主学习能力和元认知能力的培养均可促进高级思维能力的发展。高级思维具有多种能力综合、复杂、反思、调控及多元化标准的特点，信息化教学设计以发展学生的高级思维能力为核心，在真实复杂的情境中培养学生解决问题的能力，通过主动学习、协商学习和意义建构促进高级思维能力的发展。

4. 以技术作为促进学习的支柱

技术涉及物化技术和智能技术，前者为解决问题或完成任务时运用的工具和设备，后者则指应用的知识方法、策略和技巧，二者的综合能有效地支持学习。信息化教学设计强调信息技术作为学习工具和认知工具，技术作为学习工具有演示功能、交流功能、探究功能和管理功能等，学习者通过技术学习可提高学习的效率。技术作为学习的支柱，可优化信息化教学方法与信息化教学过程。

5. 以投入型学习的设计为关注点

投入型学习是指学习者对学习负责，能够自我控制，选定学习目标并进行自评；他们对学习充满热情，愿意持续学习以便于解决问题、理解和行动；他们富有策略，知道如何将知识进行转化以创造性地解决实际问题。投入型学习还涉及协作，即学习者有意愿、有能力与他人一起工作。投入型学习是一种主动性学习，学习者具有自主活动决策权和学习策略；学习充满交互，具有开放、建构的特征。信息化教学设计强调学习环境的设计，通过丰富的学习资源和学习工具的支持，学习者可以进行基于真实人物的、情境化的和问题解决的学习，能够主动地制订学习计划、进行决策，这样产生的学习在认知方面采用了深层次加工处理，并且在行为方面和情感方面均有投入。总之，信息化教学设计的关注点是提高学生学习的投入程度。

（四）信息化教学设计的原则

信息化教学设计强调以学为主，引导学生利用信息技术和信息资源参与教学过程，注重培养学生的自学能力，从而提高教学效果。信息化教学设计基本原则如下。

1. 注重情境对意义建构的作用

情境是与特定事件相关的整体背景或环境，它提供了获得知识的真实世界。为了吸引学生的注意力，激发学习动机，教师要设计真实意义的教学情境来提高学生的学习兴趣，使学生从原有认知结构中同化新知识，赋予其某种意义，组织学习活动，引导、监控和评价学习进程，并提供相应的学习资源和技术支持，促使学生进行意义建构。

2. 以多种资源支持学生的学习，注重学习环境的设计

学习环境是学习者利用资源生成意义并且解决问题的场所，信息化教学设计强调通过提供丰富的资源和学习工具，创设学习情境，构建学习共同体等环境因素，为学生有效地获取知识和技能、协调地发展智能个性以及促进高级思维能力的发展提供支持。

学习环境是学生可以在其中进行自主学习和探究发现的场所，各种资源不再是支持教师的教而主要用来支持学生的学。在信息化教学环境中，学生通过资源工具的支持进行学习，不但能得到教师的指导和帮助，而且学生之间也能进行相互协商和交流，学生学习得到促进和支持而非控制与支配，学生有了更多的自主权。由此看来，学习环境为自主学习提供了丰富的给养。

3. 以任务驱动和问题解决为核心，注重学习任务设计

在实际教学情境中明确学习任务，以问题解决为核心，开展任务驱动式的探究学习活动，提供丰富的信息资源和学习工具来促进学生的整个学习过程，促进学生发现问题、分析解决问题和创新能力的发展。

4. 以学生为中心，注重创造能力的培养

信息化教学设计要改变传统教学中学生被动学习、死记硬背和机械训练的学习方式，将教学的重心从教师的"教"转向学生的"学",从关注教师教学行为的设计转向关注学生学习活动的设计。这种设计中心的确定重塑了师生间的关系,教师是学生学习的促进者与帮助者,发挥引导、监控、组织与评价学生学习的作用,学生是学习的主体,发挥主动、自主、探究自我调节的作用,这种设计注重学生在真实环境中运用所学的知识,培养创造能力。

强调以学生为主体要充分发挥学生的主动性和创造性,给学生独立思考、探索和自我开拓的空间,注重信息化学习过程中学生探究能力的培养。以学为中心,注重学习者学习能力的培养。教师作为学习的促进者,要引导监控者、合作者参与到学生的学习进程中。

5. 强调针对学习过程和学习资源的评价

传统教学中以教学目标为核心开展教学,关注教学目标的达成程度,通过考试、测验等方式进行教学评价,检验学习的结果。信息化教学不仅关注教学成果的评价,更加关注学习过程的评价。评价是教学的有机组成部分,评价活动与学习过程共始终,注重对动态、持续和不断呈现的学习过程进行评价。

信息化教学强调知识的建构,学习过程涉及知识的发现和应用、学习的监控与调节等高级思维水平的活动,与传统教学中学生对知识的复制、回忆和再认的表现形式相比,其更加复杂和多样化,为此在评价中要注重采取多元化的评价方法。

6. 注重协作学习对意义建构的作用

协作贯穿于学习过程的始终,学生之间通过协商交流、共享思想观点,可以对问题有更全面而深入的认识和理解,体现了意义建构的关键特征。协作学习中,为了让他人理解自己的想法,需要清晰的思路和恰当的表达,这可以培养学生的语言表达能力;同时也要学会聆听,理解他人的想法,学会相互接纳、欣赏和尊重,从而培养学生的人际交往能力。

信息化教学通常是以小组或其他协作形式展开学习,以小组共同目标的实现保证和促进学习的互助,每个学习者均承担一定的任务,不仅要对自己的学习负责,还要关心和帮助他人的学习,形成积极的依赖关系并共享他人的知识和背景,共同完成小组的学习任务,实现意义的建构。

(五)信息化教学设计的过程

信息化教学设计主要包括教学计划的设计、执行和教学活动的评价、反馈。信息化教学设计没有固定的过程,学习信息化教学设计,除了要了解有关的基本原理和方法外,主要是通过案例学习来模仿、分析、移植和创新,反复实践、反思和总结,逐步掌握信息化教学设计的技能,提高教学质量。下面简要介绍一些普遍使用的信息化教学设计过程。

1. 学习者特征分析

信息化环境下的教学,学生是学习的主体,是意义的主动建构者。对学习者特征进行分析的主要目的是了解学生的学习准备和学习风格,为后续的教学设计环节提供依据。例如,设计适合学生能力与知识水平的学习问题,然后提供合适的帮助和指导,进而设计适合学生个性的情境问题与学习资源。

2. 教学内容和教学目标分析

教学内容是教学目标的知识载体，教学目标要通过一系列的教学内容才能体现出来。信息化教学内容的选择应具有科学性和先进性，符合教学目标的内在逻辑体系和学生的认知规律，并以符合国家相关规范标准的形式呈现。

在信息化教学设计中，一定要重视教学目标的编写，并以明显的形式呈现，使学生明确学习任务和目标。在进行教学目标分析时，首先，要区分学习目标与教学目标，允许不同学习者之间多重目标的存在；其次，分析教学目标还应尊重教学内容本身的内在体系特征。

3. 学习任务设计

学习任务是指对学习者要完成的具体学习活动的目标、内容、形式操作流程和结果的描述。学习任务可以是一个问题、案例、项目或是观点分歧，它们都代表连续性的复杂问题，能够在学习的时间和空间维度上展开，均要求在主动的、建构的和真实的情境下进行学习。对学习任务的设计要遵循以下四个原则。

(1) 难度适中

对任务的难度应设计得当，不仅要有一定难度，还必须是学生通过努力能够完成的，从而有助于通过问题或任务的解决促进学习者能力的发展；或者是能够在教师的引导下解决的，否则就会削弱学习者的积极性。

(2) 目标明确

任务设计要明确，问题要有针对性，教师设计出概括力强、指导性强的任务或问题，充分描述或恰当模拟问题产生的情境，使学习者身临其境，定位自己的角色，这有利于学生进入问题情境、拥有问题意识或增强对任务的主人翁感，并能充分调动学生的积极性。然后，教师提供丰富的信息资源和学习工具，引导学习者主动参与到问题解决的协作探究活动中，引导学生从不同角度来思考问题，用不同方法来解决问题，让学生在潜移默化中掌握解决问题的基本方法，并能触类旁通，尽可能地产生学习迁移。

(3) 可操作性强

任务的解决要具有可操作性，设计要符合学生特点，要注重渗透方法，培养学生能力，要注意个别学习与协作学习的统一。

(4) 有开放性

设计的任务或问题应具有开放性，答案没有统一的标准，鼓励学生积极地思考问题，通过活动的实施把理论知识和应用融合在一起，提高解决实际问题的能力和促进思维能力的发展。

4. 学习情境设计

在信息化教学过程中，教师应创设与当前学习主题相关的、尽可能真实的学习情境，引导学习者带着真实的"任务"进入学习情境，使学生的学习直观而形象，进而实现积极的意义建构。因此，学习情境的创设要充分发挥多媒体计算机综合处理图像、视频，以及声音、文字、符号等多种信息的功能，从声音、色彩、形象、情节和过程等方面，设计出具有某种情境的学习任务，激发学生联想、判断，使学生在这种情境中探索实践，从而加深学生对问题的理解。

5. 学习资源设计

学习资源设计就是为学生提供与解决问题有关的各种信息资源（包括文本、图形、声音、视频等），并教会学生利用各种途径和方法获取不同类型的有关资源。学生自主学习、意义建构是在掌握大量信息的基础上进行的，所以必须在学习情境中嵌入大量的信息资源。学习资源设计的关键问题之一是从大量信息中找寻有用信息，避免信息污染。因此，建立系统的信息资源库，引导学生正确使用搜索引擎，是教师所要做的重要工作。

6. 学习策略设计

信息化教学设计中，学习策略是指为支持和促进学生有效学习而妥善安排学习环境中各个元素的程式和方法，其核心是要发挥学生学习的主动性、积极性，充分体现学生的认知主体作用。学习策略的设计主要考虑主观和客观两方面因素。客观是指知识内容的特征，它决定学习策略的选择。例如，对于复杂的事物和带有多面性的问题，从不同的角度考虑可以得出不同的理解，为使学生对这些问题有较全面的认识，在教学中就要注意对同一教学内容，在不同的时间、不同的情境下依据不同的教学目的，用不同的方式加以呈现。这样，学习者可以通过不同途径、不同方式进入同一教学内容进行学习，从而获得对同一事物或同一问题的多方面的认识与理解。

7. 自主学习设计

基于建构主义的信息化教学设计需要根据不同的教学方法进行不同的设计。如果是支架式教学，则围绕所设计的学习任务建立一个相关的概念框架，框架的建立应遵循维果茨基的"最近发展区"理论，且要因人而异，以便通过概念框架把学生的智力发展从一个水平引导到另一个更高的水平，就像沿着脚手架那样一步步向上攀升；如果是抛锚式教学，则依据所设计的学习任务在相关的实际情境中确定某个真实事件或真实问题（"抛锚"），然后围绕该事件或问题展开进一步的学习，对给定问题进行假设，通过查询各种信息资料和逻辑推理对假设进行论证，根据论证的结果制定解决问题的行动规划，最后实施该规划并根据实施过程中的反馈，补充和完善原有认识；如果是随机进入教学，则需进一步创设能从不同侧面、不同角度表现上述主题的多种情境，以便供学生在自主探索过程中随意进入任何一种情境中学习。总之，不管是用何种教学方法，在自主学习设计中均应充分体现以学生为中心的三个要素：发挥学生的首创精神、将知识外化和实现自我反馈。

8. 协作学习设计

"协作"是建构主义学习的四大要素之一，对于学习者知识的意义建构极其重要。协作主要是通过协商与会话的形式，使学习者与周围环境相互交流，促进此学习群体对当前所学知识进行深刻而全面的理解，从而完成真正的意义建构。协作学习是在个人自主学习的基础上开展小组讨论、协商，以进一步完善和深化对主题的意义建构。

9. 教学评价设计

信息技术环境下的教学设计要改变以往单一评价主体、过分重视总结性评价的教学评价方法，应强调多元评价主体、形成性评价和面向学习过程的评价，由学生本人、同伴和教师对学生在学习过程中的态度、兴趣、参与程度、任务完成情况，以及学习过程中所形成的作品等进行评价。实施评价的办法有课堂调查表、课堂打分表和作品打分表等。

二、信息化教学设计案例研读

本节是以学生自主学习为导向的信息化教学设计案例研读，本案例以计算机网络专业的专业基础课程 Windows 网络操作系统中"Web 服务器的配置和管理"教学单元的信息化设计思路来进行探讨。

（一）学习内容与学习目标

Windows 网络操作系统课程作为一门专业基础课，要求学生学完本课程后，能进行网络操作系统的安装与配置、服务器的配置与管理等操作。Web 服务器是网站的重要组成部分，此教学单元要求学生掌握 Web 服务器的配置和管理，能新建 Web 网站并进行相关设置，进一步提高利用网络平台开展自主学习的能力，以特定任务为载体，按照"配置""测试""管理"的工作过程组织教学过程。本案例的学习重点是架设 Web 服务器、发布网站；学习难点是在一个 IP 地址架设多个 Web 网站。

（二）学习者的特征分析

本门课程的实施主要依托大学城空间进行，学生已经能够熟练利用空间上传作业，与老师进行沟通交流，但学生的自主学习能力有待进一步提高。在专业技能方面，学生已经具备了 DHCP、DNS 服务器的配置与管理能力。虽然课程的实施以分组的形式进行，但部分学生的团队合作能力有所欠缺，学生自我评价不够客观。

（三）学习环境与学习资源的设计

针对学生的学习情况和本教学单元的目标，我们将教学地点放在计算机房，确保局域网和互联网畅通。这样可以在局域网的服务器上搭建 Web 服务器，方便学生测试。同时，可以使用极域教学平台进行课堂控制，也可以通过互联网使用大学城空间。课程教学过程中要充分利用空间课程的各种资源。

（四）教学方法与教学手段设计

以提高学生职业能力、培养学生职业素养为目标，教学过程将多种教学方法与教学手段相融合。本教学单元的实施以分组讨论教学法、任务驱动教学法为主，辅以案例教学法和角色扮演教学法等；在实施的各个环节充分利用真实网络环境、极域教学平台、虚拟机模拟环境和大学城空间课程等教学手段。

（五）学习活动组织设计

学习过程组织设计具体分为教学过程的总体设计与教学环节的设计两部分。

1. 教学过程的总体设计

课前：利用大学城空间创建空间群组，建立学生空间联系表；创建空间课程栏目，将任务书、电子教案、教学视频和案例等教学资源上传至空间课程栏目以便于学生课前预习；在空间首页创建课程学习、教学单元学习导航，使学习者更方便、快捷地使用空间教学资源。

课中：根据学生的能力成长规律，以培养学生实践动手能力为目标，充分利用极域教学平台进行考勤、课堂讨论和提交课堂作业等教学活动，利用真实网络环境和大学城空间引导学生以小组形式进行轻松、快乐的学习。

课后：利用空间微课资源让学生进行在线学习、移动学习；利用在线交流平台与学生进行交流讨论、答疑解惑；学生利用虚拟网络环境完成拓展作业，在空间平台上递交拓展作业。

2. 教学环节的设计

教学环节设计中充分发挥学生的主观能动性，让学生在学中做、做中学，培养学生的职业能力和实践动手操作能力。

（六）学习评价设计

课程测试的形式和工具主要有：空间作业检查；操作过程监控；学习过程中学习态度考查；学习过程中职业素养和团结协作精神考查。设计的考核测试内容主要是学生配置和管理Web网站服务器的能力，以及学习态度、职业素养和团结协作精神。

第二节 信息化教学评价

一、教学评价概述

教学评价是开展教学工作的必要行为，是教学过程的必要阶段，受到教育界的普遍关注。然而，近几年来，单一的评价方式和不合理的评价方法越来越多地被作为竞争与甄别的手段，使得评价的结果不够客观，所以在教育理论和教育技术迅速发展、人们对学校教育标准的认识日趋多元化的今天，开展有效教学评价尤其重要。

（一）教学评价内涵

教学评价是依据教学目标对教学过程及结果进行价值判断并为教学决策服务的活动，是对教学活动现实的或潜在的价值做出判断的过程。它是研究教师的教和学生的学的价值的过程。

教学评价一般包括对教学过程中教师、学生、教学内容、教学方法、教学环境和教学管理等因素的评价，但主要是对学生学习效果的评价和教师教学工作过程的评价。教学评价包括两个核心环节：对教师教学工作（教学设计、组织和实施等）的评价——教师教学评估（课堂、课外）、对学生学习效果的评价（考试与测验）。

教学评价是教学各环节中不可或缺的一部分，也是教学设计中尤为重要的一个组成部分，其根本目的是改善学与教的效果。

(二) 教学评价的功能

现代教育评价理论认为，评价最主要的功能是改进与调控，具体而言，就是教学评价以促进教学质量的不断提高为其首要功能，评价的中心不是放在结果的评价上，而是放在过程的形成上。当然，对于不同的实际需求，评价的某种功能与作用会有所侧重。总的来说，教学评价的功能可以概括为以下六个方面。

1. 诊断功能

对教学效果进行评价，可以了解教学各方面的情况，从而判断它的质量。全面客观的评价工作不仅能估计教师在多大程度上实现了教学目标，而且能解释学生成绩不良的原因，并找出主要原因。可见，教学评价如同身体检查，是对教学进行一次严谨的、科学的诊断。

2. 激励功能

评价对教师和学生具有监督和强化作用，即通过评价反映出教师的教学效果和学生的学习成绩。经验和研究都表明，在一定的限度内，经常进行记录成绩的测验对学生的学习动机具有很大的激发作用，可以有效地推动其课堂学习。

3. 调节功能

评价发出的信息可以使师生知道自己的教和学的情况，教师和学生可以根据反馈信息修订计划、调整教学的行为，从而有效地工作以达到所规定的目标，这就是评价所发挥的调节作用。

4. 导向功能

课堂教学评价具有导向性，通过评价目标的引导，指明教师的教与学生的学的目标和应达到的程度。通过评价过程的反馈，教师可以随时了解学生达到目标的程度，同时也可以发现教师教中所存在的问题，使教师的教不断地调整与改进，学生的学不断地强化与提高。

5. 强化功能

教学评价可以调动教师教学工作的积极性，激发学生学习的兴趣，维持教学过程中师生适度的紧张状态，可以使教师和学生把注意力集中在教学任务的某些重要部分。实验证明，适时地、客观地对教师教学工作做出评价，可使教师明确教学中取得的成就和需要努力的方向，可促使教师进一步地研究教学内容、教学方法，以提高自己的教学水平。对于学生来说，教师的表扬、鼓励和学习成绩测验等，可以提高学习的积极性和学习效果。同时，评价能促进学生根据外部获得的经验，学会独立地评价自己的学习结果，即自我评价。而自我评价有助于学生成绩的提高。

6. 竞争功能

教学评价尽管不一定要求排名次、等级，但其结果的类比性是客观存在的。例如，通过学生的学习成果评价,就能引起任课教师之间、学生之间、班级之间及学科之间的横向比较,从而了解教师、学生、本班及本学科的优势和劣势,看到差距,认识到自己在总体中的相对地位,客观上能起到竞争的作用。

(三) 教学评价的类型

由于教学评价是针对教学某一方面的内容或活动展开的,因此根据教学内容的不同,教学评价有以下三种分类方法。

1. 按照评价基准分类

按照评价基准分类,教学评价可分为相对评价、绝对评价和自身评价。
(1) 相对评价

相对评价是在被评价对象的集合中选取一个或若干个个体为基准,然后把各个评价对象与基准进行比较,确定每个评价对象在集合中所处的相对位置。为相对评价而进行的测验一般称为常模参照测验,它的试题取样范围广泛,测验成绩表明了学生学习的相对等级。由于所谓的常模实际上近似于学生群体的平均水平,因此这种测验的成绩分布符合正态分布规律。利用相对评价来了解学生的总体表现和学生之间的差异或比较不同群体间学习成绩的优劣是相当不错的。它的缺点是基准会随着群体的不同而发生变化,易使评价标准偏离教学目标,不能充分反映教学上的优缺点,从而不能很好地为改进教学提供依据。

(2) 绝对评价

绝对评价是在被评价对象的集合之外确定一个标准,这个标准被称为客观标准。评价时把评价对象与客观标准进行比较,从而判断其优劣。评价标准一般是教学大纲及由此确定的评判细则。为绝对评价而进行的测验一般称为标准参照测验,它的试题取样是预先规定的教学目标,测验成绩主要表明教学目标达到的程度,所以这种测验的成绩分布通常是偏态的:低分多、高分少,为正偏态;低分少、高分多,为负偏态。绝对评价的标准比较客观。如果评价是准确的,那么评价之后每个被评价者都可以明确自己与客观标准的差距,从而可以激励被评价者积极上进。但是绝对评价也有缺点,最主要的缺点是客观标准很难做到客观,容易受评价者的原有经验和主观意愿的影响。

(3) 自身评价

这种评价既不是在被评价群体之内确立基准,也不是在其之外确立基准,而是把被评价个体的过去和现在进行比较,或者是对个体的若干侧面进行比较。例如,某学生上学期的数学成绩是 70 分,这学期是 80 分,说明他的数学进步了;若该生的语文成绩两个学期都在 80 分以上,说明他的语文比数学要好些。自身评价的优点是尊重个性特点,照顾个别差异,通过对个体内部的各个方面进行纵横比较,判断其学习的现状和趋势。但因为被评价者没经过与具有相同条件的其他学生做比较,所以难以判定他的实际水平,激励功能不明显。因此,在实践中常需把自身评价和相对评价结合起来使用。

2. 按照评价功能分类

按照评价功能分类,教学评价可分为诊断性评价、形成性评价和终结性评价三种。

(1) 诊断性评价

这种评价也称教学前评价或前置评价。一般是在某项活动开始之前，为使计划更有效地实施而进行的评价。通过诊断性评价，可以了解学习的准备情况，也可以了解学生学习困难的原因，由此决定对学生适当对待。

(2) 形成性评价

形成性评价是在教学进行过程中，为引导教学前进或使教学更为完善而进行的对学生学习结果的确定。它能及时了解阶段教学的结果和学生学习的进展情况、存在问题等，以便及时反馈、调整和改进教学工作。形成性评价进行得较频繁，如一个单元活动结束时的评估，一个章节后的小测验等。形成性评价一般也是绝对评价，即它着重于判断前期工作达到目标的情况。

(3) 终结性评价

终结性评价又称事后评价，一般是在教学活动告一段落时为把握最终的活动成果而进行的评价。例如，学期末或学年末各门学科的考核、考试，目的是验明学生的学习是否达到了各科教学目标的要求。终结性评价注重的是教与学的结果，借此对被评价者所取得的成绩做出全面鉴定，对整个教学方案的有效性做出评定。

3. 按照评价表达分类

按评价表达分类，教学评价可分为定性评价、定量评价、过程评价与结果评价。

(1) 定性评价

定性评价是对评价资料作"质"的分析，是运用分析和综合、比较与分类、归纳和演绎等逻辑分析方法，对评价所获得的数据、资料进行思维加工。分析的结果有两种：一种是描述性材料，数量化水平较低甚至毫无数量概念；另一种是与定量分析相结合而产生的，数量化的描述性材料。一般情况下，定性评价不仅用于对成果或产品的检验分析，更重视对过程和要素相互关系的动态分析。

(2) 定量评价

定量评价则是从"量"的角度，运用统计分析、多元分析等数学方法，在复杂纷乱的评价数据中总结出规律性的结论。由于教学涉及人的因素，各种变量及其相互作用关系是比较复杂的，因此为了揭示数据的特征和规律性，定量评价的方向、范围必须由定性评价来规定。可以说，定性评价和定量评价是密不可分的，两者互为补充、相得益彰，不可片面强调一方面而忽视了另一方面。

(3) 过程评价与结果评价

前两种评价通常是根据评价内容的焦点来区分的。过程评价主要是关心和检查用于达到目标的方法和手段如何。例如，完成某一教学目标，是用录像教材好还是用程序化教材好。因此，过程评价往往是在教学过程或教学设计过程中进行的，倾向于完成还需要修改的形成性评价的功能，是在完成过程中对时间、费用和学生接受情况等方面的总结评价。结果评价（产品评价）是检查计划实施后的结果或产品使用中的情况。例如，某录像教材的教学效果或某教学设计方案的实施效果。结果评价倾向于完成终结性评价的功能，但也可提供形成性评价的信息。

二、信息化教学评价概述

(一) 信息化教学评价内涵

信息化教学评价是为了收集学生所掌握的知识和技能的数据,监测学生的学习行为并不断改进教与学的实效性,评价可以让教育者了解教学设计目标是否达到,并为修正教学系统提供实际依据。

(二) 信息化教学评价与传统教学评价的比较

为了达到信息化教育的培养目标,其教学评价必须要与各种相关的教学要素相适应,从而也必然与传统的教学评价之间存在不同,其区别可以概括为以下五点。

1. 评价目的不同

传统的教学评价侧重于评价学习结果,以便给学生定级或分类。评价通常包含根据外部标准对某种努力的价值、重要性及优点的判断,并依据这种标准对学生所学到的与没有学到的知识进行判断。为了评价学习结果,传统的评价往往是判断性的。而在信息化教学中,评价是基于学生表现和过程的,用于评价学生应用知识的能力,其关注的重点不再是学到了什么知识,而是在学习过程中获得了什么技能,这时的评价通常是建议性的。

2. 评价标准的制定者不同

传统评价的标准是根据教学大纲或课程编制者等的意图制定的,因而对团体学生的评价标准是相对固定且统一的;而信息化教学强调学生的个别化学习,学生在如何学、学什么等方面有一定的控制权,教师则起到督促和引导的作用。有学者建议使用名词"学生控制的教学"来表示这种以学为中心的教学,学生所"控制"的要素中也包括对"评价"的控制。因此,在信息化教学中,评价的标准往往是由教师和学生根据实际问题和学生先前的知识、兴趣及经验共同制定的。

3. 对学习资源的关注不同

在传统教学中,学习资源往往是相对固定的教材和辅导材料,因而相对忽视对于学习资源的评价,往往只是在教材和辅导材料等成为产品前,才有由特定学生与教师所实施的检验或实验性质的评价出现。而在信息化教学中,学习资源的来源十分广泛,特别是互联网在学习中的介入,更使学习资源呈现出取之不竭之势。然而,这些资源的质量跨度是很大的,有一流的精品,也有纯粹的垃圾。在这种情况下,如何选择适合学习目标的资源不仅仅是教师的重要任务,也是学生终身学习所要获得的必备能力之一。因而,在信息化教学评价中,对学习资源的评价受到更广泛的重视。

4. 学生所获得的能力不同

在传统的教学评价中,学生的角色是被动的。他们通过教师的评价被定级或分类,并从评价的反馈中认识自己的学习是否达到预期。然而，在信息化社会中，面对不断更新的知识，指望他人像传统教学中的教师一样适时地对自己的学习提供评价是不可能的。因而，作为一个合格的终身学习者，自我评价将是一个必备的技能，培养学生的这种技能本身就是信息化教学的目标之一，也是评价工作的任务之一。

5. 评价与教学过程的整合性不同

在传统教学中，评价往往是在教学之后进行的一种孤立的、终结性的活动，目的在于对学习结果进行判断。而在信息化教学中，培养自我评价的能力和技术本身就是教学的目标之一，评价具有指导学习方向、在教学过程中给予激励的作用，正是由于有了评价的参与，学生才有可能达到预期的学习结果。因此，评价是内嵌在真实任务之中的，评价的出现是自然而然的，也是整个学习过程不可分的一部分。

总之，信息化的教学评价有着与传统教学评价的种种不同之处，但在应用上两者并不是对立的。传统教学评价关注结果，评价的客观性强；而信息化教学评价关注过程和资源，有助于发挥学生的主动性。两者各有优势，一个成熟的教学设计者应该注意在实际教学中，将两者结合起来应用，只有这样才能取得有效的评价效果。

（三）信息化教学评价的原则

1. 客观性原则

客观性原则是指在进行教学评价时，从测量的标准和方法到评价者所持有的态度，特别是最终的评价结果，都应该符合客观实际，不能主观臆断或掺入个人情感。因为教学评价的目的在于给学生的学和教师的教以客观的价值判断，所以如果缺乏客观性就失去了意义，会导致制定错误的教学决策。

2. 整体性原则

整体性原则是指在进行教学评价时，要对组成教学活动的各方面作多角度、全方位的评价，而不能以点代面、一概而论。由于教学系统的复杂性和教学任务的多样化，教学质量往往从不同的侧面反映出来，表现为一个由多因素组成的综合体，因此为了反映真实的教学效果，必须把定性评价和定量评价综合起来，使其相互参照，以求全面且准确地判断评价客体的实际效果，但同时要把握主次，区分轻重，找准决定教学质量的主导因素。

3. 科学性原则

科学性原则是指在进行教学评价时，教师要从教与学相统一的角度出发，以教学目标体系为依据，确定合理的、统一的评价标准，认真编制、预试和修订评价工具；在此基础上，使用先进的测量手段和统计方法，依据科学的评价程序和方法，对获得的各种数据进行严格的处理，而不是仅依靠经验和直觉进行主观判断。

4. 指导性原则

指导性原则是指在进行教学评价时，应把评价和指导结合起来，不仅要使被评价者了解自己的优缺点,而且要为其以后的发展指明方向。也就是说,要对评价的结果进行认真分析,从不同角度查找因果关系,确认产生的原因,并通过信息反馈,使被评价者明确今后的努力方向。贯彻指导性原则,首先,必须在评价资料的基础上进行指导,不能缺乏根据地随意评论;其次,要反馈及时,指导明确,切忌耽误时机或含糊其词,使人无所适从;最后,要具有启发性,留给被评价者思考和发挥的余地。

5. 发展性原则

教学评价是促进教学的手段,因此教学评价应着眼于学生的学习进步和动态发展,着眼于教师的教学改进和能力提高,以调动师生的积极性、提高教学质量。

6. 以人为本原则

在信息技术环境下,评价是为人的终身发展服务的,评价应该为教师和学生的发展提供强有力的信息,以便更好地让评价对象认识自己、发展自己和完善自己。教学评价应体现以人为本的教育理念,体现对个体发展的尊重,关注和承认评价对象的差异性,以促进评价对象更好地发展。

(四) 信息化教学评价的设计

1. 设计评价体系

信息化教学评价体系的设计,应突出以人为本的特点,以课堂教学的要素和课堂教学实施的线性流程为线索,划分评价指标体系的指标。设计评价体系时应考虑以下三点。

(1) 结合时代的特点,适应社会不断发展的要求。对课堂的评价要能够体现社会发展对人才培养的要求,评价重点体现人本特色,从"人"出发进行评价,最终也要回归到对人的要求上。

(2) 明确师生角色的定位。信息化课堂上,教师不是讲台上的圣人,只是教学的引导者,不能替代学生思考。学习的过程是由学生自己完成的,教师主要的职责是提供给学生原有的知识经验和待解决的问题之间的结合点。因此,在评价课堂教学时,应该改变传统的师生角色的定位观念,明确教师的主导作用和学生的主体地位。

(3) 能力培养的实施情况是评价关注的主要内容。社会的发展对人才的知识、能力结构和培养目标提出了新的要求,能力的培养已经成为教学目标的一项重要内容。因此,在对教师的课堂进行评价时,教师对能力培养的关注与否是评价的一个主要内容。

2. 关于人的因素的评价

学生和老师是信息化教学评价的主体,学生主要考虑信息意识、信息能力和信息技术操作技能等,教师应考虑现代教育观念、信息意识、信息能力和信息技术操作技能的整合能力。

3. 教学环境的评价

教学环境是影响教学活动的各种外部条件,也是衡量信息化教学有效性的一个指标。教学环境的评价主要从教学课件、教学资源、教学氛围和媒体使用的状况等多个方面进行。

4. 针对教学过程的评价

对教学过程的评价是整个评价指标体系的重点内容。教学过程不仅指课堂实施，还包括课前的准备和课后的反思，对教学过程的评价不仅关注教学信息的传授情况、最终量化的教学结果，还关注教师的教学设计能力、对整个教学进程的把握能力、对教学信息的领悟运用能力，同时也关注学生主体性的发挥和学生能力水平的提高，强调评价者对评价情境的理解和关注，强调评价过程本身的价值。教学实施阶段是体现学生主体性是否得到关注的实践环节，要分别从教师和学生的表现中获取评价的信息。

三、信息化教学评价的方法

（一）量规评价

量规是一个真实性评价工具，它是对学生的作品、成果、成长记录袋或者表现进行评价的一套标准，同时也是一个有效的教学工具，是连接教学与评价之间的一个重要桥梁。

量规作为一种结构化的定量评价标准，往往从与评价目标相关的多个方面详细规定评级指标，具有可操作性好、准确性高的特点。应用量规可以比较客观地评价学习者的学习状况，不仅使教师可以进行评价，更为重要的是学生之间互评有了标准，使学习者之间的评价顺利进行。如果在教学前公布量规，量规还可成为学生完成学习作品的努力方向。

在设计量规时应注意以下三个原则：一是要根据教学目标和学生的水平来设计结构分量；二是要根据教学目标的侧重点确定各结构分量的权重；三是具体的描述语言要具有可操作性。

（二）学习契约

学习契约也称学习合同，是学习者与帮促者（专家、教师或学友）之间的书面协议或者保证书。这种评价方法来源于真正意义上的契约或合同。

学习契约是一种自主学习的教育哲学概念，将师生的课堂关系视为一种契约。学习契约一般用来解决学习责任的归属问题，是一种使自律学校的课堂和在家自学的团体能良好运行、师生都能接受的一种概念。

由于学习契约允许学习者控制自己的学习进程，因此在最大限度上满足了学习者的个别化需要，又因为学生自己参与了保证书的签订，了解预期的工作任务，所以有助于学生在较长的时间内根据契约的内容来评价自己的学习，保持积极的自律，反过来也能激发学生的学习动机与学习热情。当然，学习契约也不一定总是给学生很大的自由度，教师完全可以根据需要制定相对客观的学习指标，以便更好地提高教学效率、提升教学质量。

（三）电子学档评价（评定包）

电子学档评价又称评定包，是近年来在多个国家的教育中广泛应用的一种评价方法。

评定包又称档案袋，是按一定目的收集的反映学生学习过程以及最终成果的一整套材料，这些材料借助信息技术得以很好的组织与管理。这种评定包在客观上可有助于促进个人的成长,学生也能在自我评价中逐渐变得积极起来。评定包中可包含各种形式的学习材料,如录像带、书面文章、图画和应用程序等。

例如,一个艺术家的评定包可包含使用一系列艺术媒体和技术所创造的艺术作品、不断进步的作品、最初的草图和已完成的作品,以及报刊上刊登的教师、学生和同行的评论等。评定包使学生能在一段时间后检视自己的成长,从而努力成为更有见识、善于反思的评估者。评定包提供具体的参考资料,凭借这些资料,教师能辅导和支持学习者达到自己的目的。在网络化教育系统中,评定包的建立和维持可以自动进行,成为电子学档,其中不但保有学生的学习踪迹,还涉及学生的电子作品。

（四）概念图

概念图是一种图表,可用以指示课、单元或知识领域的组织。在识别与某一课题有关的概念后,学生可沿着空间等级层次或时间先后顺序的维度,创建心理模式,以此识别和标识概念间的相互关系。学生可通过绘图将概念联系起来,以表征这些概念对于他们个人的意义。由于概念图提供了了解知识和区分概念的能力,因此它们提供了对学生的理解和认知成长水平有用的途径。在实际应用中,教师可以和学生在进行头脑风暴的基础上制作一个概念图,这一显示主题和有关子主题的概念图对于学习活动的进行和评价有重要的意义,有助于学生以具体和有意义的方式表征概念。概念图的另一个优势是它可以记录人的思维过程（如头脑风暴中的集体思维过程）,这对于学生的反思十分有价值。

（五）绩效评估

所谓绩效评估,是指运用数理统计、运筹学原理和特定指标体系,对照统一的标准,按照一定的程序,通过定量定性对比分析,对项目一定经营期间的经营效益和经营者业绩做出客观、公正和准确的综合评判。

在信息化教学中,学生个人或小组针对某一主题独立完成任务,并以成果方式展示绩效已经成为一种普遍认可的学习模式,在这种学习模式中,绩效评估显得尤为重要。绩效评估设计不仅要关注学生创造成果或者完成所要求的既定任务的过程,而且需要一整套的辅助工作。为了绩效的真实性,学生应该与真实世界或者该世界的某些方面保持联系,即这应当是知识的应用,而不只是对知识的回忆。好的绩效评估反映了真实世界的复杂性并同时对许多方面进行测量。在绩效评估中,学生有机会显示广泛的才能,任务的完成使学生有可能起到类似真实世界场景中所期望的角色的作用。通过绩效评估,学生意识到学习不仅是记忆的练习,而且是不断探索既有具体训练的深度的极限,又能适应所学领域的复杂性的一种感悟。

（六）自我评价

自我评价是自我意识的一种形式,是主体对自己思想、愿望、行为和个性特点的判断和评价。自我评价不仅具有独特的自我功能,促进自我发展、自我完善和自我实现,而且具有重要的社会功能,极大地影响人与人之间的交往方式。以多学科的研究成果为基础,综合地探讨自我评价的功能和作用具有重要的理论和现实意义。

自我评价的作用是让学习者有针对性地反思与提高，自我评价的表单设计通常采用量规的方式，但更多的是采用问卷调查的形式。后一种方式可以帮助学习者通过回答预先设定好的问题来产生某种感悟，从而促使他们对自己的学习过程和学习成果进行重新审视和修订，增强他们的自主学习能力。

参考文献

[1] 刘家访：《教育原理》，武汉大学出版社2011年版。
[2] 何齐宗：《教育原理》，江西高校出版社2018年版。
[3] 陈焕章：《教育原理》，上海教育出版社2000年版。
[4] 柳海民：《教育原理》，东北师范大学出版社2000年版。
[5] 金一鸣：《教育原理》，高等教育出版社2002年版。
[6] 何齐宗：《教育原理与艺术》，高等教育出版社2011年版。
[7] 薛晓阳、蔡澄、马兰芳：《教育原理与策略》，江苏大学出版社2010年版。
[8] 张东良、周彦良：《教育学原理》，北京理工大学出版社2017年版。
[9] 魏贤超、胡伟、邱昆树等：《教育原理散论》，浙江大学出版社2013年版。
[10] 冯建军：《当代教育原理》，南京师范大学出版社2009年版。
[11] 扈中平：《教育学原理》，人民教育出版社2008年版。
[12] 傅建明：《教育原理与教学技术》，广东教育出版社2005年版。
[13] 冯建军：《现代教育原理》，南京师范大学出版社2001年版。
[14] 柳海民：《现代教育原理》，中央广播电视大学出版社2002年版。
[15] 汪刘生：《教育学原理》，浙江大学出版社2007年版。
[16] 周全林、陈建军：《现代教育技术》，武汉大学出版社2011年版。
[17] 张东良、周彦良：《教育学原理》，北京理工大学出版社2017年版。
[18] 申健强、李雄、胡勇：《实用教育学》，西南交通大学出版社2017年版。
[19] 袁晓斌：《现代教育技术理论与实践》，安徽人民出版社2005年版。
[20] 李继秀、汪昌华、陈庆华：《教育理论》，安徽大学出版社2008年版。
[21] 肖川：《教育的方向与方法》，新华出版社2016年版。
[22] 李玉斌：《现代教育技术实用教程》，高等教育出版社2006年版。
[23] 刘军、黄威荣：《现代教育技术》，北京师范大学出版社2010年版。
[24] 朱式庆：《教育技术学》，中国科学技术大学出版社2009年版。
[25] 黄宇星：《现代教育技术学》，福建教育出版社2003年版。
[26] 王中立、马明山：《现代教育技术》，西北工业大学出版社2003年版。
[27] 吴波、官敏：《现代教育技术教程》，复旦大学出版社2012年版。
[28] 孟祥增：《现代教育技术导论》，山东大学出版社2011年版。
[29] 杜士珍：《现代教育技术基础》，华中师范大学出版社2000年版。
[30] 张舒予、张新明：《现代教育技术应用教程》，安徽大学出版社2002年版。
[31] 雷体南、王锋：《现代教育技术教程》，华中科技大学出版社2010年版。
[32] 关立雁：《现代教育技术》，北京理工大学出版社2010年版。
[33] 黄映玲、陈丽霞、黄丹：《现代教育技术教程》，华南理工大学出版社2009年版。

[34] 张忠华、孙文敬：《"教育学原理"的知识体系应该是怎样的》《教育学术月刊》2022年第3期，第28～36页、第50页。

[35] 张博：《信息化背景下教育原理及教学模式的创新路径》，《湖北开放职业学院学报》2019年第13期，第8～9页。

[36] 魏正子：《基于信息视野教育原理的教学模式创新探析》，《文教资料》，2018年第1期，第188～189页。

[37] 唐丽伟：《效率与对话：教育技术化的价值取向及其调适》，《高教探索》，2021第10期，22～30页。

[38] 褚绮莲：《高校现代教育技术教材的对比研究》，《文学教育（下）》，2020年第10期，第19～21页。

[39] 齐梅：《教育学原理学科科学化问题研究》，《东北师范大学》，博士学位论文2006年。

[40] 司云飞：《教育学理论体系建构问题研究》，《东北师范大学》，硕士学位论文2019年。

[41] 安新清：《教育中技术的价值研究》，《山西大学》，硕士学位论文2021年。

[42] 李晴晴：《高校教师教育技术素养现状及提升路径研究》，《曲阜师范大学》，硕士学位论文2019年。

[43] 罗珍：《信息时代教育技术学的技术发展演变研究》，《深圳大学》，硕士学位论文2018年。